**JOHN DEERE**

존디어

# JOHN DEERE
# 존디어
## 애그테크 1위 기업

김근영 지음

클라우드나인
CLOUD 9

# 한국형 존디어의 탄생을 꿈꾼다

농슬라. 세상 사람들이 지금 존디어를 부르는 말이다. '농기계의 테슬라'라는 뜻이다. 존디어는 뉴욕증시에서 시가총액이 100위권 안에 드는 미국계 글로벌 농기계·중장비 제조회사다. 최근 빅데이터, 자율주행, 사물인터넷, 로봇, 인공지능 기술을 농업 트랙터와 건설장비에 성공적으로 구현해 농슬라라고 불린다. 현재 첨단 GPS(지구위치파악시스템), 머신러닝, 클라우드 컴퓨팅 기술을 채용한 트랙터와 글로벌 온라인 현장 관리 시스템으로 지구 농지의 3분의 1을 경작하고 있다. 기업의 공식 명칭은 '디어 앤드 컴퍼니Deere & Company'다. 사람들은 친근하게 '존디어'라고 부른다.

188년 역사를 가진 존디어가 산업혁명 이후 글로벌 농업 발전을 주도하고 있다. 존디어는 249년의 미국 독립 역사와 4분의 3을 함께해 미국 농업의 기술혁명사 그 자체다. 1837년 철제쟁기 제조업체로 시작해 1910년대에 트랙터 생산업체로 변신했다. 1960년대에 트랙터를 포함한 세계 농기계 업체 1위로 올라선 후 건설·산림과 가드닝·조경 업계로 진출했다. 1990년대 중반 정밀농업 로드맵을 작성하고 친환경 첨단 농업 기술 혁신을 주도해 산업계에서 불멸의 거목이 됐다. 기계 제작 업계의 지속가능성을 보여주는 존디어의 기술 혁신 협업 생태계는 타의 추종을 불허한다.

미국소비자기술협회CTA는 존디어의 존 메이 회장을 「세계가전전시회CES 2023」의 기조연설자로 초청해 농업·건설·가드닝 업계 사람들만 알고 있었던 이 은둔의 테크 자이언트를 세계인들에게 소개했다. 존디어는 2022년 9월 GPS 기반의 완전 자율주행 트랙터를 언론에 소개했고 「세계가전전시회 2023」에서 두 개의 첨단 장비를 발표했다. 하나는 로봇과 센서를 활용해 비료 살포 양을 3분의 2 이상 줄이고 생산성을 3분의 2 이상 늘리는 최첨단 발아용 비료 살포기였다. 다른 하나는 조용하고 안전성이 높아 도시에서 건축 공사와 도로 건설 현장에 사용하는 전기굴착기였다.

존디어의 첨단기술 협업 생태계는 「세계가전전시회 2023」 후에도 지속적으로 확장됐다. 2023년 존디어가 제공하는 스타트업 협력 프로그램에 항공우주, 인공지능, 스마트 장비 관리, 인공지능 드론, 지하 라이다LiDAR, ESG모니터링 기술을 보유한 8개 스타트업들이 참가했다. 같은 해 3월 존디어는 극단적인 상황에서 자율주행 트랙터의 운행 안전을 위해 로봇을 활용하는 기술을 보유한 인공지능 스타트업인 스파크AI를 인수했다. 7월에는 과수원과 숲에서 라이다 센싱 기술을 활용해 정밀하게 살포하는 지능형 살포 통제 시스템을 개발한 분무기 제조 스타트업인 스마트 어플라이를 인수했다.

2024년에도 존디어의 첨단기술 협업 생태계는 계속 새로운 모습을 보여주었다. 1월에 개최된 「세계가전전시회 2024」에서는 클라

**존디어, 알파벳(A), 테슬라, 아마존 주가**(2010. 6. 30.~2024. 11. 01.)

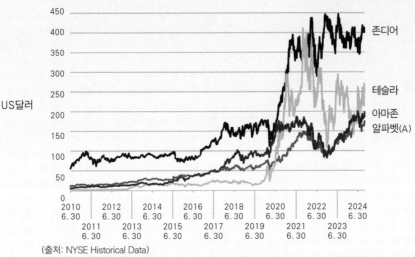

(단위: 달러)

(출처: NYSE Historical Data)

우드 기반의 글로벌 온라인 현장 관리 시스템인 존디어운영센터, 전자태그RFID 장비를 활용하는 자동 목화 수확기, 드론과 디지털 도로 지형 지도 시스템을 연결한 건설 장비인 도저 360으로 '지속가능성, 친환경디자인, 스마트에너지' 부문에서 혁신상을 수상했다. 2024년 존디어 스타트업 협력 프로그램에는 정밀위성을 활용한 지표면 온도와 수자원 측정 기술, 인공지능 의사결정, 항행을 위한 양자 센서, 쌍방향 충전 플랫폼, 디지털 물류 시스템 솔루션, 생산 관리 소프트웨어를 보유한 6개 기업이 참여해 존디어의 혁신기술 네트워크를 더욱 풍성하게 만들었다.

존디어는 매그니피센트 7과의 협업에 진심이다. 2019년 5월 아마존 창업자인 제프 베이조스 회장은 켄터키주에 15억 달러를 투자해 100대의 아마존 화물 전용기를 위한 28만 제곱미터 면적의 프라

임 항공 허브를 조성했다. 존디어의 농기계와 건설 장비를 포함한 중대형 장비 수송 플랫폼을 구축하기 위해서였다. 2024년 1월 존디어는 일론 머스크의 스페이스X 스타링크와 손잡고 존디어 트랙터들을 스타링크 인공위성과 연결해 전 세계를 대상으로 디지털 농업 서비스를 시작했다. 빌앤드멀린다게이츠 재단은 2011년 높은 배당금에 주목해 존디어 주식의 5%를 소유하게 됐다. 게이츠재단 기금의 투자 비중에서 존디어가 6위다. 코카콜라, 월마트, 페덱스보다 앞 순위다. 게이츠재단은 2024년 2,100만 달러의 배당금을 받았다.

존디어는 1933년 뉴욕증권거래소에 상장된 이래 시장에서 기술과 경영 역량을 평가받고 있다. 2010년 6월 30일부터 2024년 11월 1일까지 구글의 알파벳, 테슬라, 아마존 주가를 존디어와 비교하면 경쟁력을 알 수 있다. 알파벳 주가는 변화가 적다. 아마존은 변화가 적으나 때로 부침이 있다. 테슬라는 변화가 심하다. 존디어는 진화에 성공하면 주가가 다음 단계로 도약한다. 그래서 수익, 성장, 안정을 동시에 추구하는 투자자들이 좋아한다. 2024년 12월 기준으로 자사주 49%, 투자사, 연기금 지분을 합해 80%다. 개인은 0.15%이며 나머지는 미상이다. 주요 주주들은 게이츠재단을 포함한 연기금 기관들과 뱅가드그룹, 캐스케이드인베스트먼트, 블랙록, 스테이트스트리트, JP모건과 같은 자산운용사들이다.

코로나19 이후 주가 변화 패턴도 인상적이다. 아마존을 제외한 존디어, 알파벳, 테슬라는 팬데믹 선포 시기에 주가가 내려갔다가 급등했다. 알파벳은 최고 2배 정도 상승했다가 다시 100달러 아래로 하강한 후 상승 중이다. 테슬라는 최고 8배 가까이 상승했으나 상승과 하락의 변화가 극심하다. 아마존은 75% 정도 상승한 후 일정 수준을 유지하다가 원래대로 내려왔고 다시 2배 정도 상승했다. 존디어의 주가는 최고 4배 가까이 상승했으며 상승과 하락의 진폭이 있으나 테슬라만큼은 아니다. 주가가 300달러에서 450달러 사이 구간에서 비교적 안정적으로 변화한다.

존디어는 2022년 중반에 주가가 한 번 크게 하락했다. 러시아-우크라이나 전쟁에서 우크라이나를 지지하고 러시아와 대립했기 때문이다. 존디어의 기업 경영 측면에서 큰 손해가 발생하는 결정이었지만 용기 있게 앞장서서 감수했다. 글로벌 기업으로 자신이 있었기 때문이다. 그 이후 주가는 우리가 예상했던 대로다. 가치관을 중시하고 기술 경쟁력이 있는 존디어 주가는 바로 원위치를 회복했다.

존디어는 적대적인 인수합병이 불가능하다. 첫째, 기업 규모와 사업구조가 안정적이다. 2024년 말 시가총액이 1,200억 달러에 달한다. 우리나라 상장사와 비교하면 SK하이닉스와 LG에너지솔루션을 제치고 삼성전자의 절반이다. 2023년 기업 자산이 1,000억 달러를 넘었다. 계열사들을 제외한 본사 매출액만 613억 달러에 순이익은 102억 달러였다. 본사 임직원은 8만 3,000명이다. 미국과 해외의 매출 비중이 비슷하다. 농업, 건설·산림, 가드닝·조경 부문의 비중이 4:3:3으로 균형적이다. 경제 전문지 『포춘』은 2022년도 미국 기업 순위에서 존디어를 84위로 선정했다.

둘째, 지배구조가 안정적이다. 존디어 경영진은 안정적인 기업경영 환경에서 리더십을 발휘한다. 경영자들은 실무 부서에서 시작해 차근차근 올라왔다. 총 10명인 존디어 CEO의 평균 재임기간은 18년이 넘는다. 전문 경영인 체제인 6대 이후 CEO들의 평균 임기도 8년 이상이다. 미국 대기업 CEO들의 평균 재임기간 약 5년이나 기업평가 사이트 CEO스코어가 조사한 한국 대기업 전문 경영인들의 평균 임기 3년 반과 비교해 훨씬 길다. CEO가 교체될 때 미래 비전을 중심으로 정해진 원칙에 따라 진행돼 한 번도 갈등이나 분쟁이 발생하지 않았다.

상당수가 농민의 자식들인 임직원들의 회사 만족도는 매우 높다. 임직원 연봉은 아마존이나 애플과 같은 첨단기업보다 약간 적지만 직업 안정성이 좋다. 매년 낮은 가격으로 자사주 매입 기회를 제공해 직원 대다수가 30년 이상 근무한다. 주식 가치가 계속 상승해 보유한 자사주로 은퇴 후 생활이 가능하다. 존디어의 사사주 비중은 49%다. 기관투자자 수는 3,000여 개이며 최대 기관투자자 비중이 8% 이하다.

셋째, 존디어는 우군이 많다. 창업자 정신인 혁신, 품질, 정직, 약속을 기업의 핵심 가치로 188년 동안 소중하게 지켜 사람들이 신뢰한다. 임직원, 농민, 지역주민들과 100년 이상 고통 분담을 함께해 신뢰자본이 튼튼하다. 윤리규정을 준수하고 공동의 선을 위한 시민기업으로서 노력해 사람들이 사랑한다. 창업주 가문은 존디어재단을 설립해 사회에 기여했다. 지역사회와의 유대가 끈끈해 기업 탄생지인 몰린에 있는 본사는 신입사원 채용 1위라는 타이틀을 한 번도 뺏긴 적이 없다. 1980년대에는 쇠퇴하던 몰린의 도시재생사업을 주도해 활력을 불어넣었고 지역 부흥을 이끌었다. 주요 부서 건물들을 본사 주변의 중서부 작은 도시들에 입지시켜 주민들에게 고용 기회를 제공했다. 존디어와 미국 중서부 대학들과의 협력 체계도 뿌리가 깊다. 함께 직원 교육과정을 개발하고 첨단 연구개발 사업을 추진해 대학의 연구 역량과 경쟁력을 높였다. 그래서 미국 중서부 사람들은 존디어를 자신의 분신처럼 여긴다.

존디어는 이런 활동들을 통해 중서부 주민들에게 자긍심을 불어넣는 대표 기업으로 자리매김했다. 지역대학 졸업자가 존디어에 입사하면 부모가 주변에 자랑한다. 대학생 인턴도 해마다 경쟁률이 세다. 기업이 지역주민들의 자긍심이고 지역의 우수한 인적 자원이 그 기업에 입사하는 선순환 구조다. 왜 미국인들이 존디어라는 기업을 사랑하는지를 보여주는 한 단면이다.

이 기업은 미래가 밝다. 유엔은 세계 인구가 현재의 80억 명에서 향후 100억 명으로 증가한다고 말했다. 전 세계적으로 농지가 감소하고 있다. 심각한 환경오염, 기후변화, 세계적인 농업인 감소, 에너지 가격 상승으로 농업 여건은 악화되고 있다. 식량보호주의가 확산되고 있다. 글로벌 애그테크 1위인 존디어는 첨단기술을 활용한 경제적이면서 친환경적인 농업으로 인류의 식량문제가 해결 가능하다고 말한다.

우리나라 농업의 현실을 살펴보자. 우리나라는 현재 농가 저소득과 인구 감소로 농업인구가 줄고 있다. 농촌 고령화와 전문성이 떨어지는 외국인 노동자로 노동력이 약화되고 있다. 농법은 막대한 비료와 농약, 제초제 살포로 환경 감수성이 낮다. 지구온난화와 기후변화로 농업의 기후위기가 높아지고 있다. 자연재난은 더 빈번해지고 더 강력해지고 있다. 비책이 없을까?

우리나라는 식탁의 위기가 항상 존재하는 식량안보 위험국가다. 소비자들은 더 강력해진 글로벌 식량보호주의와 애그플레이션(농산물 가격 상승에 따라 일반 물가가 상승하는 현상)으로 시장에 갈 때마다 장바구니가 가벼워짐을 느낀다. 그런데도 정부와 정치권은 전 세계적으로 물가 비상이 걸릴 때마다 임시 미봉책으로 고비를 넘으려 하고 부처와 정당의 손익계산에만 몰두한다. 우리는 어떻게 이 문제를 해결할 수 있을까?

기술은 농업을 바꾸고 농민의 인생도 바꾼다. 식량주권국가의 꿈은 실현 불가능하지 않다. 정밀농업이 그 비책이다. 우리나라는 현재 채소, 과일, 버섯 등을 대상으로 하는 정밀농업에 뛰어나다. 그러나 핵심은 곡물이다. 쌀은 자급자족한다. 문제는 콩, 밀, 옥수수다. 콩은 자급률이 약 8% 이내다. 밀과 옥수수는 1% 내외다. 글로벌 식량전쟁이 발생하면 우리나라의 빵, 분식, 고기 가격이 천정부지로 오를 것이다. 애그플레이션으로 인한 경제난으로 정부가 흔들린 몇몇 국가의 사례가 남의 일이 아니다. 그래서 아직 시간이 있을 때 대비해야 한다.

한국형 존디어의 탄생이 그 시작점이다. 철강, 반도체, 조선에 포스코, 삼성전자, HD현대중공업이 있듯이 우리나라의 식량안보를 책임지는 '농업의 포스코'가 있다고 상상해보자. 농민의 자식들이 취업하고자 하는 고연봉의 일자리를 지속적으로 창출하는, ESG를 실천해 지역사회가 자랑스러워하는, 기후위기와 약화되는 농촌 노동력에 해결책을 제시하는 글로벌 농업 대기업을 상상해보자. 대한민국의 농업 뉴노멀을 위한 로드맵이 필요한 때다.

# 차례

1장

# 쟁기 제조업체에서
# 테크 기업이 되다

# 1
# 지구 농지의 3분의 1을 경작하다

"농업은 역사적인 전환점을 맞이했습니다."

존디어의 존 메이 회장이 2023년 세계가전전시회CES에서 한 선언이다. 농업이 더 크고 더 많은 자원을 소비하던 시대에서 작지만 더 경제적이고 지속가능한 지능형 기술로 무장한 시대로 넘어가고 있다는 것이다. 이 지능형 기술은 이미 현실에서 쓰이고 있다. '더 적게 소모하면서 더 많이 생산한다Doing More with Less.'라는 모토 아래 존디어운영센터와 연결된 전 세계의 50만여 대 트랙터들이 소프트웨어, GPS(지구위치파악시스템), 머신러닝, 클라우드 컴퓨팅 기술 등을 활용해 지구 농지의 3분의 1을 경작하고 있다. 존디어는 이미 빅데이터 기업으로 변신했다.

## 강철쟁기에서 자율주행 콤바인을 만들다

미국소비자기술협회CTA가 세계가전전시회 2023의 기조연설자로 존디어 회장을 초청한 데는 이유가 있다. 존디어는 2019년 세계가전전시회에 처음 참가하면서 지난 25년 동안 비밀리에 투자해온 자율주행, 사물인터넷, 인공지능 기술이 집약된 '자율주행 콤바인(복식수확기)'을 선보였다. 세상은 깜짝 놀랐다. 농기계 제조업체가 갑자기 인공지능이라니 놀랄 수밖에 없었다. 그때부터 우수한 IT 전문가들이 존디어로 몰려들었다.

누구도 존디어가 세계가전전시회에 참가할 유형의 기업이라고 생각하지 못했다. 처음에 GPS 기술로 시작한 정밀농업이 세상에 등장해서 무르익을 때까지 약 25년이 걸렸다. 그리고 이 시점에서 존디어가 제시한 메시지는 명확했다. 오늘날의 농업에서 자율주행과 고도로 정밀한 GPS 데이터를 활용하는 기술이 핵심적인 역할을 한다는 것이다.

존디어가 출품한 자율주행 콤바인은 2.5센티미터 이내의 이동 정밀성을 자랑하는 GPS와 인공위성 위치 추적 기반의 자율주행 기술을 사용했다. 존디어의 자율주행 콤바인이 첨단기술을 논의하는 자리에서 빠지지 않았던 것은 최대 관심사인 자율주행, 사물인터넷, 인공지능 기술을 실제로 구현했기 때문이다. 테슬라와 구글을 포함한 자율주행 업계는 존디어가 농기계와 건설 장비를 제조하는 업체라서 경쟁 상대로 생각하지 않았다. 모두 이 새로운 강자의 출현에 경악했다.

존디어가 강조하는 것은 하나다. "혁신기술로 경제적이고 지속가능한 농업이 가능하다."라는 것이다. 그들은 현재에 만족하지 않고 실현 불가능해 보이는 목표를 설정해 농업 혁신에 매진한다. 품질과 혁신이라는 창업자 정신을 실천하기 위해 강철쟁기에서 트랙터를 거쳐 정밀농업까지 항상 미래 기술의 발전을 주도해왔다. 기술 혁신이 수많은 경쟁자를 물리치고 업계를 제패하는 원동력이 됐다.

존디어는 농기계와 건설 장비 제조를 주력으로 하는 글로벌 기업이다. 농기계 제조 부문에서 세계 1위다. 약 200조 원 규모인 세계 농기계 시장에서 2021년 점유율이 16.1%로 업계 2위인 CNH의 거의 2배다. 건설 장비 부문에서도 세계 5위를 점유하고 있다. 미국 내에서는 세계 1위이자 건설 징비 제조 명가인 캐터필러Caterpillar에 뒤이어 업계 2위를 차지한다. 겉보기에는 기계 제조업에 종사하는 전형적인 기업이다. 기업의 공식 명칭은 '디어 앤드 컴퍼니Deere & Company'다. 사람들은 공식 명칭보다는 이 기업을 친근하게 존디어라고 부른다. 존디어는 창립자의 이름이자 회사의 제품명이다. 기업 홈페이지도 '미국 존디어John Deere US'로 표기하고 있으며 홈페이지 도메인도 'deere.com'을 사용한다.

존디어는 만만한 기업이 아니다. 1933년 뉴욕증권거래소에 상장한 후 계속 성장해 시가총액이 2024년 12월 기준 약 1,200억 달러에 달한다. 우리나라의 코스피 상장사와 비교하면 시가총액 2위를 다투는 SK하이닉스나 LG에너지솔루션을 제치고 1위인 삼성전자 다음이다. 본사는 미국 일리노이주 몰린에 있다. 본사인 세계 본부가 사업을 총괄하며 독일의 유럽 본부와 브라질의 남미 본부와 함께 전 세계 30여 개 국가에 있는 100개 이상의 지사를 통해 다양한 사업을 수행하고 있다. 정보통신기술ICT 혁명이 본격적으로 진행되던 1990년대 후반부터 기업 인수합병을 활발하게 추진했다. 현재 GPS, 소프트웨어, 인공지능, 로봇, 자율주행, 정밀농업, 금융, 서비스 등 다양한 부문에서 90여 개의 계열사를 거느리고 있다. 경제 전문지인 『포춘』은 존디어가 2022년 미국 500대 기업 중에서 84위라고 발표했다.

존디어의 기업 자산은 최근 1,000억 달러를 넘어섰다. 2023년 계열사들을 제외한 본사 매출액이 615억 달러이며 순이익은 102억 달러였다. 본사 임직원은 8만 3,000명이며 계속 증가하고 있다. 매출은 농업 부문이 약 40%고 건설과 산림, 조경과 가드닝이 나머지를 반분한다. 미국과 해외의 매출 비중이 비슷하다. 해외에서는 유럽과 중앙아시아의 매출이 20%를 점유해 가장 높다. 캐나다와 남아메리카가 각각 10%를 차지한다. 나머지 10%는 아시아, 아프리카, 오세아니아 등에서 달성했다. 주력 부문의 시장 장악력이 뛰어나다. 산업별, 지역별로 매출이 균형을 이루어 외부요인에 잘 흔들리지 않는다.

존디어는 역사가 188년으로 목표 산업의 미래를 보는 혜안이 탁월하다. 타이탄 기업들과 경쟁해도 두려워하지 않는다. 자신이 잘 아는 산업에서 기반을 다진 후 비전을 세우고 뛰어난 사람들로 자원을 조직해 발전 가능성이 큰 인접 분야로 진출해왔다. 이런 전략에서 실패한 사례가 거의 없다. 맞상대한 기업들도 대단하다. 1920년대에는 자동차 업계 최강이었던 포드가 트랙터 제조에서 철수하도록 만들며 거물로 성장했다. 그뿐만 아니다. 1950년대에 건설 장비 업계로 진출해 세계 최고 기업인 캐터필러와 치열하게 경쟁했으며 고마쓰Komatsu, 밥캣Bobcat을 물리치고 미국 건설 장비 업계 2위를 차지했다.

존디어는 원래 강철쟁기 제조 회사였는데 농기구, 농장용 마차, 경운기와 수확기 사업에 진출했다. 20세기 초반에는 매출액이 미국 강철쟁기 제조회사의 2위부터 9위까지를 합한 것보다 더 많은 업계

1위였다. 1910년대에 트랙터 제조업으로 진출해 1963년 업계 1위로 등극했다. 1990년대 중반 정밀농업 로드맵을 작성한 후 빅데이터, 자율주행, 사물인터넷, 로봇, 인공지능에 투자해 첨단기술 기업으로 성공적으로 변신했다.

### 농기계가 아니라 농사 풍년 솔루션을 판다

존디어가 품고 있는 꿈은 야심차다. 첨단기술과 솔루션을 고객들에게 제공해서 경제적이면서도 지속가능한 가치를 창출하는 빅데이터 기술 기업이 되려고 한다. 고객에게 (농)기계가 아니라 (농사 풍년) 솔루션을 파는 것이다. 그들은 회사의 주력 부문별로 2026년과 2030년 목표를 설정했다. 존디어는 사업을 생산과 정밀농업 부문, 소형 농기계와 가드닝 부문, 건설과 산림 부문 세 가지로 구분했다. 생산과 정밀농업 부문에서는 2026년까지 약 200만 제곱킬로미터 이상의 서비스 계약 농지를 확보하고 그중 절반은 높은 수준의 서비스 계약을 체결하겠다고 한다. 2030년까지는 존디어와 서비스를 계약하는 전체 농지의 4분의 3에 환경친화적이고 지속가능한 서비스를 제공하는 것이 목표다.

소형 농기계와 가드닝 부문에서는 2026년까지 신규로 판매하는 소형 농기계 장비를 모두 존디어운영센터에 연결된 제품으로 출시하려 한다. 또한 가드닝 장비와 소형 유틸리티 트랙터는 전기 차량으로 주문할 수 있도록 하는 것이 목표다. 전기 배터리로 작동하는 완전 자율주행 농업용 트랙터도 시장에 출시할 예정이다.

건설과 산림 부문에서는 2026년까지 20개 이상의 전기 차량과 하이브리드 전기 차량 모델을 선보이려고 한다. 그리고 전 세계 육지 면적 중에서 스마트그레이드SmartGrade 관리 시스템이 적용되는 지역을 50%까지 확장하려는 목표를 세웠다. 그뿐만 아니다. 산림 장비를 위한 지능형 붐 통제Intelligent Boom Control 시스템을 적용하는 지역을 100%로 상향하고 도로 건설에서는 정밀 건설 기술 솔루션을 적용하는 지역을 85%까지 상향한다는 목표를 세웠다.

이 목표가 달성되면 2026년까지 150만 대의 기계가 존디어운영센터와 연결된다. 그리고 2026년까지 이산화탄소를 소량 배출하거나 전혀 배출하지 않는 탄소 대체 동력 솔루션을 제공할 수 있게 된다. 2030년까지 자원 순환형 매출 규모는 10%까지 성장한다. 존디어가 2030년까지 제시한 목표들을 달성해 농업, 가드닝, 건설이 달라지는 세상을 한번 생각해보자.

존디어운영센터에서 원격으로 관리되는 자율주행 트랙터들이 지구촌 농지 면적의 절반에서 최적의 조건을 유지하면서 곡물을 생산한다. 농민에게 일손이 부족해도, 인력의 숙련도가 낮아도 문제가 없다. 환경친화적인 여건에서 곡물을 생산하고 농지를 관리한다. 생산 비용이 크게 낮아진 곡물은 경쟁력이 강하다. 매년 생산되는 곡물의 양이 크게 변화하지 않아 농가소득이 안정된다. 환경 규제가 강화돼도 이산화탄소 배출이 적기 때문에 문제가 없다.

잔디깎이와 같은 조경과 가드닝 장비도 자율주행이 가능해 존디어운영센터에서 원격으로 관리할 수 있다. 전기 차량은 모든 모델에서 주문할 수 있는데 소음이 적고 이산화탄소를 배출하지 않아서 환경친화적이다. 장비 부품은 재생할 수 있으며 지속가능한 물질로 제작돼 환경 규제에 영향을 받지 않는다. 안전사고도 적다. 소형 농기계도 모두 동일하게 적용된다. 건설 중장비와 산림 장비도 자율주행이 가능해진다. 작업 현장에 과거보다 노동력을 적게 투입해도 일정에 차질이 없다. 도시 작업 현장에서는 소음이 적고 환경친화적인 전기 차량이나 하이브리드 차량이 사용된다. 스마트 기술을 적용해서 사고를 감지하면 전기가 차단돼 장비가 멈춘다. 폐기물 배출이 적고 용수를 적게 소비한다.

존디어의 업계 라이벌인 CNH와 AGCO도 정밀농업 기술에 수십억 달러를 투자했다. 농업 분야의 여러 스타트업도 첨단기술 개발에 뛰어들었다. 그러나 아직 존디어처럼 성과를 내지 못하고 있다. 21세기 들어 존디어의 매출액, 수익, 사산, 직원 수가 증가했다. 『포춘』의 기업 순위와 시가총액 순위도 계속 상승하고 있다. 창업자 정신으로 충만한 직원들과 판매원들이 고객들과 함께 만들어낸 신화다.

언론은 10년 넘게 주식시장을 이끌어온 팡(페이스북, 애플, 아마존, 넷플릭스, 구글)의 시대가 저물고 있다고 말한다. 그리고 '새로운 팡 2'의 시대가 오고 있다고 주장한다. 글로벌 투자은행 뱅크오브아메리카BoA가 만든 새로운 팡 2는 에너지, 항공방위 산업, 농업, 원자력과 신재생에너지, 금과 금속 광물이다. 최근의 경제 불안을 불러일으키는 인플레이션의 원인이 되는 에너지, 원자재, 전쟁 관련 산업을 의미한다.

2022년 12월 『블룸버그』는 "팡의 시대가 끝났다. 역사상 한 시대의 시장을 주도한 기업들이 그 시대가 저문 뒤 다음 시대를 주도한 적이 없다."라고 말했다. 삼성증권은 2022년 3월 리포트에서 새로운 팡 2가 전쟁이나 무역 갈등과 같은 지정학적 위험과 인플레이션 압력에 강하고 가치주로서 배당수익률이 높다고 분석하면서 존디어를 주목해야 할 종목으로 선정했다. 그만큼 우리나라에서도 존디어에 관심이 커지고 있다.

# 2
# 농업 혁명을 이끄는 애그테크의 최전선이다

존디어는 디지털 전환DX을 이끄는 두 가지 비밀병기가 있다. 존디어운영센터Operations Center와 정보솔루션그룹ISG, Intelligent Solution Group이다. 존디어운영센터가 몸체라면 정보솔루션그룹은 두뇌다. 이 둘은 존디어를 다른 회사와의 경쟁을 넘어서 차원이 다른 기업으로 도약시킨 게임체인저다.

존디어운영센터는 클라우드 기반으로 농장과 건설 현장을 관리하는 시스템이다. 존디어는 다른 기업들이 농기계와 건설 장비의 성능을 홍보할 때 농민과 건설업자에게 운영센터를 소개한다. 정보솔루션그룹은 농기계와 건설 장비 제작 사업을 혁신하기 위해 통합된 정보솔루션을 기획하고 제도화하는 선도 부서다. 정보솔루션그룹은 존디어가 생산하는 모든 제품을 개발하고 운영 시스템을 기획하며 데이터를 분석하는 부서다.

존디어운영센터에 대한 이해를 돕기 위해 트랙터를 자동차로 비유해보자. 자동차 회사들이 승용차 판매를 위해 엔진 파워, 디자인, 내부 공간과 옵션 등을 홍보하는 중이다. 그런데 존디어는 고객에게 이렇게 말한다.

"운전하기 피곤하고 힘드시죠? 저희 제품은 직접 운전하지 않으셔도 운영센터가 다 알아서 합니다. 편안하게 집에서 커피 마시고 계시면 자율주행차가 알아서 장을 보고 아이를 픽업하고 세탁물을 찾아옵니다. 음주해도 운영센터가 대신 운전해 안전하게 집으로 모십니다. 차량 운행 정보로 다음 운행에서 더 빠르고 편안한 길로 모십니다."

존디어는 다른 트랙터 업체들과 차원이 다른 첨단기술 기업이 됐다.

### 농지, 농기계, 농산물, 농장, 직원 전반을 관리한다

존디어운영센터는 웹, 노트북, 핸드폰으로 언제 어디서나 정보를 활용할 수 있는 온라인 현장 관리 시스템이다. 사람과 시스템이 협력해 쉬는 날 없이 온종일 정보를 모니터링하고 관리하고 분석하고 공유한다. 존디어운영센터는 현장 운영에 필요한 핵심 업무를 규정하고 관리한다. 그리고 현장 작업에서 실수를 줄이고 효율화하는 계획을 수립하고 실행한다. 거의 실시간으로 현장의 작업 수준과 생산성을 모니터링하는 똑똑한 조력자인 셈이다. 현재 농장에서 축적된 기술과 운영 시스템을 건설 현장, 산림과 벌목 현장, 골프장 등으로 확대하고 있다.

그럼에도 존디어운영센터가 가장 많이 활용되는 현장은 당연히 농장이다. 농장 작업을 효율적으로 더 잘해 비용을 줄이고 이익을 높일 수 있게 관리한다. 이번 농사철에서 나온 성과물을 분석해 다음 농사철에서 생산성을 향상하도록 개선한다. 존디어운영센터는 정보화와 자동화를 통해 가내 농업을 정밀농업으로 전환하고 있다.

"데이터는 당신의 작업을 위한 원료다."

존디어운영센터의 모토다. 사람이 매일 하는 작업의 세세한 사항을 데이터로 전환해 사용한다면 더 효율적이고 생산적이며 이익을 극대화하는 농업을 할 수 있다는 의미다. 존디어는 명실상부한 빅데이터 회사로 변신에 성공했다. 이 모토를 위해 세 가지를 강조하고 있다. 첫 번째는 데이터에 기반한 의사결정을 위해 정확한 시기에 올바른 정보를 수집해 지식을 축적하는 것이다. 두 번째는 농부가 어디에 있든지 중요한 순간에 필요한 일을 할 수 있도록 돕는다. 세 번째는 좋은 데이터는 생산성을 높여 이익을 늘리는 의사결정을 할 수 있게 작용한다는 것이다.

존디어운영센터는 농장과 농기계들 그리고 운영센터 직원과 전문가 등으로 이루어진 운영자들 사이에 데이터가 매끄럽게 연결되도록 관리하고 통제하는 기관이다. 핵심적인 농업 기능을 최적화할 수 있는 데이터를 갖고서 농지, 농기계, 농산물, 농장, 운영센터 운영자들을 모두 포함해 농장 전반을 관리한다. 예를 들어 농장 작업을 시작하기 전에 계획을 세우고 제이디링크JDLink와 같은 통신 장비를 활용해 농기계와 농업 관련 데이터를 자동으로 수집하고 공유하는 역할을 한다. 고객의 동의하에 존디어 판매원이 장비 상태를 원격으로 확인할 수도 있고 농장 정보, 작업 범위, 트랙터 동선, 장애물을 데이터베이스와 지도로 만들어 작업 효율성을 높일 수도 있다.

존디어운영센터는 다음과 같이 5단계로 운영된다. 1단계에서는 해당 농장과 관련이 있는 존디어운영센터의 모든 데이터를 연동한다. 그 농장에서 오늘 작업을 하는 농기계들과 존디어운영센터 간에 자동으로 데이터가 공유되도록 시스템을 작동한다. 농장의 농기계에서 데이터를 수집해 중앙집중화된 데이터 관리 시스템으로 보낸다. 계획대로 농기계들이 쟁기질, 파종, 비료와 제초제 살포, 수확과 같은 농장 일을 하면 작업 단계별로 즉시 새로운 작업 데이터가 수집된다.

2단계에서는 작업 지침서와 생산 데이터를 참고해 업무 범위, 트랙터 동선, 생산중목별 생산량, 탱크 혼합, 자동화 수준 등에 따라 업무의 우선순위를 설정한다. 순위에 따라 해당 농장의 농기계들에 원격으로 작업을 지시한다. 작업 지시와 진행 상황이 30초마다 실시간으로 기록돼 농기계와 4세대 디스플레이 모니터에 공유된다. 잔여 작업량, 투입 장비와 생산성, 습도 수준, 작업 변화 폭과 같은 데이터가 축적된다. 농기계는 5초마다 장비가 수행한 사항을 기록한다. 농기계의 위치, 이동 속도, 연료 소모량, 엔진 효율성, 작업 중단기간, 이동 상태 등과 같은 데이터가 축적된다. 고객은 오늘의 업무 범위와 진행 상황을 트랙터에 설치된 4세대 디스플레이 모니터, 노트북, 핸드폰과 같은 다양한 수단으로 실시간으로 확인할 수 있다.

3단계에서는 존디어운영센터 운영자들이 신속하게 농기계의 작업에 관한 보고서와 지도를 작성해 고객에게 제공한다. 고객은 작업을 변경할 수 있으며 새로운 보고서를 요청할 수 있다.

4단계에서는 고객이 존디어운영센터가 제공한 보고서와 지도를 통해 농기계 상태가 어떠한지, 계획에 비해 얼마나 작업했는지를 확인할 수 있다. 작업시간 대비 작업면적과 같은 작업 생산성, 작업 속도와 연료 소비율, 습도와 같은 정보가 제이디링크 모뎀을 통해 데이터 관리 시스템과 4세대 디스플레이로 공유된다.

마지막 5단계에서는 농기계의 성능을 평가해 언제 새로운 장비를 구매해야 하는지 의견을 제시한다. 유사한 조건의 농장들에서 장기간 적용한 다양한 농법과 농산물 생산성을 비교해 다음 농사철에서 시도할 최적의 품종과 농법을 제공한다. 농장에 투입된 농기계들과 작업방식을 평가해 더 효율적인 계획을 제안한다. 계획서와 보고서를 작성하고 보완할 수 있도록 데이터를 정리하고 업데이트하면서 관리한다.

이렇게 존디어운영센터는 디지털 장비를 활용해 고객이 활용할 수 있는 데이터를 다루는 일을 한다. 데이터를 단순화하고 자동화해 연결함으로써 고객이 전에는 할 수 없었던 농장 작업을 평가해 개선할 수 있도록 돕는다. 다음 그림은 존디어운영센터가 고객을 어떻게 돕는지를 보여주는 개념도, 작업보고서, 작업지도 사례다.

존디어는 2013년 4세대 통제센터Gen 4 Command Center라는 첨단 정보기술을 트랙터에 장착하면서 존디어운영센터 사업을 본격화했다. 2019년 7월에는 존디어의 자회사 온골프가 골프장 관리 소프트웨어 회사인 온링크를 인수했다. 온링크는 골프장 장비와 인력, 물, 비료와 살충제, 경기 여건 등과 관련한 데이터를 수집해 골프 코스를 최적으로 관리하는 클라우드 기반의 골프장 관리 플랫폼이다. 존디어는 온링크의 기술을 농업 부문에도 적용해 또 다른 혁신을 꾀하고 있다.

이러한 혁신은 계속됐다. 2020년 10월에는 노스다코타주 파고에 있는 농장 관리 소프트웨어 회사인 하비스트 프로핏을 인수했다.

**존디어운영센터의 운영 개념도**

**쟁기질 작업에 관한 데이터와 작업 완료 보고서**

**2018년 수확지도와 2017년 가을 쟁기질 동선지도**

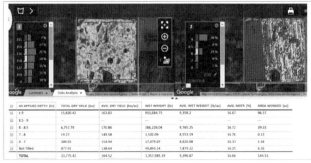

(출처: 존디어, 「Your Farm Runs on Data」 보고서)

2015년에 설립된 이 회사는 개별 농장의 매출과 비용을 분석해 최적의 이익을 산출한 후 대안을 제시하는 독보적인 기술을 보유하고 있다. 존디어의 고개들은 데이터에 기반한 의사결정이 얼마나 경제적으로 이익이 되는지를 알 수 있는 소프트웨어를 개발해달라고 요구해왔다. 존디어는 고객들의 요구를 받아들여 하비스트 프로핏을 인수해 솔루션을 존디어운영센터에서 제공했다. 이로써 고객은 다양한 데이터 분석을 통해 자신의 농장이 지속가능하면서도 이익을 극대화할 수 있는 품종과 농법을 찾아 빠르게 의사결정을 내릴 수 있게 됐다.

2023년 1월 18일에는 '존디어운영센터 프로'라는 새로운 서비스를 시작한다고 발표했다. 기존 존디어운영센터에서 제공하지 못했던 특별한 트랙터 작업 계획과 물류 관리 역량을 추가로 제공하는 서비스였다. 2월 2일에는 스마트 어플라이 기술을 적용한 지능형 살포 통제 시스템을 통해 고객의 살포기 데이터를 존디어운영센터에서 효율적으로 관리하고 최적의 작업을 지시할 수 있게 됐다고 발표했다. 이로써 고객은 불필요한 농약 살포를 사전에 방지하고 이익을 극대화할 수 있는 의사결정을 내릴 수 있게 됐다. 3월 2일에는 신형 제이디링크 M모뎀이 장착된 5세대 유니버설 디스플레이를 내놓았다. 더 빠르고 정밀한 스타파이어 7000 유니버설 디스플레이를 모든 트랙터에서 사용할 수 있게 된 것이다. 5세대 디스플레이는 관찰 영역을 35% 더 확대했고 3배나 빠른 고급 성능을 자랑한다.

존디어운영센터는 존디어가 빅데이터 기업으로 변신하는 데 핵심적인 역할을 하고 있다. 존디어가 생산하는 트랙터와 농기계들 그리고 건설과 산림 장비들은 GPS에 기반한 데이터들을 존디어운영센터로 실시간으로 송수신한다. 존디어운영센터는 이 장비들이 작업을 따르는지 작업 상황을 모니터링하면서 필요하면 새로운 작업 지시를 내릴 수도 있다.

## 농기계 제조업체에서 빅데이터 기업으로 진화한다

존디어의 정보솔루션그룹은 데이터를 가치로 바꾸는 부서다. 존디어운영센터와 연결된 존디어 농기계들에서 수집한 모든 데이터를 활용해 더 효율적이고 지속가능한 생산 시스템을 개발하며 혁신을 주관한다. 존디어의 모든 사업 영역인 건설, 산림, 조경, 가드닝, 골프장 관리 등이 대상이다. 최근에는 정보솔루션그룹의 업무 영역이 회사 건물과 공장 시설, 경영과 금융 관련 데이터, 대리점과 영업 관련 데이터, 장비 고장과 사고 관련 데이터 관리 등으로 확장됐다. 정보솔루션그룹은 존디어를 농기계와 건설 중장비 제조업체에서 빅데이터 솔루션 기업으로 진화시키는 선봉장이다.

정보솔루션그룹은 1987년에 가장 열악한 조건에서도 제대로 기능하는 고도로 견고한 전자 장비와 시스템을 개발하는 업무를 수행하는 부서로 탄생했다. 원래는 농업, 고속도로 건설, 중장비 건설, 산업 통제, 원자재 관리 등의 사업을 대상으로 했는데 1994년 업무와 역할이 새롭게 바뀌었다. 7대 CEO 한스 베커러 회장이 정밀농업 기술을 미래의 발전 방향으로 설정하자 정보솔루션그룹도 새롭게 변신했다. 이때가 정보솔루션그룹의 시작점이라고 보기도 한다. 정보솔루션그룹은 변신의 첫 번째 성과물로 존디어에서는 처음으로 디지털 농산물 지도를 작성했다. 5년 후에는 농기계가 정보를 수신하는 스타파이어 디스플레이어를 제작했다. 2002년에는 첫 번째 그린 스타 디스플레이 2600을 개발했다. 2000년에 아이오와주 어번데 일로 이주했고 현재는 빅데이터 분석 부서로 진화해 존디어가 창출 하는 모든 데이터를 다룬다. 존디어의 스마트 기술 제품과 서비스를 개발해 문제를 해결하는 핵심 허브로서 인공지능과 머신러닝, 통신 기기와 연결망, 컴퓨터 시각과 로봇, 센서와 사물인터넷과 관련한 첨 단기술을 제품에 접목하고 있다.

정보솔루션그룹의 진화는 계속되고 있다. 2023년 4월 존디어는 웹 기반의 이동형 도구인 존디어자산센터를 출범한다고 발표했다. 자산센터는 고객이 보유한 장비들에 대한 정보를 언제 어디서든 확 인할 수 있고 매뉴얼, 품질 보증, 제품 지원 서비스에 쉽게 접근할 수 있는 원스톱 장비 관리 플랫폼이다. 고객이 보유한 장비들의 유지 관 리를 추적해 구매와 수리를 계획하고 부품을 구매하며 핵심적인 농 장 작업을 수행하는 방법을 제시하는 등의 서비스도 제공한다. 존디 어는 현재 빅데이터 기업으로 변신했다. 빅데이터를 활용해 새롭게 시작한 농업 소프트웨어 이익률이 85%로 기존 장비 판매수익률인 25%보다 3배를 넘어 회사를 한 차원 더 높게 발전시킬 수 있기 때문 이다. 2030년 목표 주가를 2020년 1월보다 약 3배인 500달러 이상 으로 끌어올릴 수 있는 배경이다. 그래서 빅데이터를 활용한 사업 영 역을 확대하려고 한다. 다음 사례가 대표적이다.

2023년 4월 26일 존디어는 웹 기반의 장비와 솔루션 사업을 하 는 정밀농업 기술 회사인 PCT애그클라우드PCT Agcloud와 협력해 곡 물, 면화, 대두 농작물에 대해 존디어운영센터 데이터를 공유한다고 발표했다. 양사의 협력은 최적의 질소비료 관리 기술을 가진 PCT애 그클라우드의 '프로틴 프로' 시스템을 통해 존디어의 '하비스트랩

3000'의 성능을 향상하기 위해서였다. 존디어가 2018년에 출시한 하비스트랩 3000은 수확기가 밀, 보리, 카놀라를 추수할 때 곡물에 함유된 단백질, 탄수화물, 지방 성분을 실시간으로 측정해 데이터를 존디어운영센터에 송신하는 장비다. 프로틴 프로 시스템은 여러 대의 농기계에서 자동으로 데이터를 보정하고 농기계 간 교차되는 작업 지역을 설정해 질소비료 사용량을 줄인다. 농산물을 더 적합한 품종으로 교체하기 위한 데이터를 존디어운영센터로 송신하는 기능도 있다. 고객은 수확하는 즉시 곡물의 질과 영양가를 수확지도에서 확인해 올해의 수익성을 파악할 수 있다.

그러면 존디어가 미래를 위해 관심이 있는 첨단기술은 어떤 것들이 있을까? 빅데이터 기업을 지향하는 존디어가 2019년부터 개최하고 있는 스타트업 협력 프로그램에 초청된 스마트 기술을 살펴보면 미래 기술들을 파악할 수 있다. 존디어가 주목하는 다크호스 기술들은 다섯 가지다.

첫째, 마이크로 농작물을 보호하고 관리하는 기술이다. 존디어는 파종하는 모든 씨앗의 잠재력을 극대화하는 것이 더 풍성하고 품질 좋은 수확을 할 수 있는 길이라는 사실을 잘 알고 있다. 제초제, 살충제, 살균제를 포함해 농약에 들어가는 비용이 총곡물생산비의 약 20%를 차지한다. 전통적인 전면 살포는 농약의 약 3분의 2를 낭비하는 방식이다. 그래서 존디어는 2030년까지 농약의 효율성을 20%까지 개선하기 위해 시앤드스프레이See & Spray 기술을 개발했다. 이 기술은 토양의 황토색에서 녹색을 감지하는 기술을 상용화한 것으로 잡초를 제거하는 데 사용된다. 토양 오염을 줄여 토양과 하천을 회복하고 생물 다양성을 개선하며 경제성을 높이는 효과가 있다. 존디어는 농작물 보호와 관리를 위해 효용성 있는 기술을 찾고 있다.

둘째, 질소비료의 효율성을 증진하는 기술이다. 살포하는 질소비료 양을 줄여도 생산성에 문제가 없다면 지구촌 생태계의 지속가능성이 개선된다. 한 연구 결과에 따르면 살포하는 질소비료의 약 50%는 곡물의 생장에 쓰이지 않는다. 질소비료는 곡물생산에 중요한 탄소화합물이다. 예를 들어 옥수수를 생산할 때 사용되는 비료는 온실가스 배출량의 약 75%를 점유한다. 최근에는 비료 사용비용이 제초제, 살충제, 살균제 비용보다 더 많이 들고 있다. 따라서 더 효율적인 질소비료 사용 방안이 필요하다. 존디어는 최적의 질소비료 사용을 위한 데이터 분석기법을 개발하고 있다. 하비스트랩 3000과 같은 장비에서 존디어운영센터로 전송한 데이터로 최적의 비료 투입 농법을 연구하고 있다. 존디어는 2030년까지 질소비료 사용의 효율성을 20%까지 개선하려고 한다.

셋째, 꽃가루 매개체의 다양성을 확보하는 기술이다. 존디어는 벌과 나비와 같은 꽃가루 매개체를 보호하는 기술에 관심이 많다. 벌과 나비와 같은 곤충은 식물 간 꽃가루를 전달해 농작물 생산에 영향을 미친다. 벌은 우리가 먹는 식량의 약 3분의 1에 꽃가루를 매개한다. 꽃가루를 매개하는 곤충이 사라지면 농작물 생산에 큰 차질이 발생한다. 그래서 생물 다양성을 유지하기 위해 꽃가루를 매개하는 곤충을 보호하는 기술 개발과 사업에 투자하고 있다.

넷째, 빅데이터에 기반한 솔루션 서비스다. 존디어운영센터에 축적되는 빅데이터를 활용해 다양한 솔루션 서비스를 개발하고 있다. 솔루션 서비스는 대부분 정보솔루션그룹에서 개발한다. 존디어는 솔루션 서비스를 적용하는 차별화된 농장 관리 서비스 계약을 미래의 주요 사업 부문으로 생각한다. 농장에서 송신되는 데이터뿐만 아니라 판매 대리점에서 수집되는 고객 정보, 판매된 제품, 수리 등과 관련한 데이터도 솔루션 서비스의 원천이 된다.

다섯째, 드론 관련 기술이다. 드론은 존디어가 오랫동안 사용 방안을 고민했으나 농업 개선 방향을 찾지 못해 활용하지 않았다. 그런데 2023년 스타트업 협력 프로그램에 인공지능에 기반한 농업용 드론을 개발한 스타트업이 참여했다. 존디어는 드론을 활용해 대규모 농장 단위로 농작물의 생장을 관리하려고 한다. 인공위성으로 광범위한 지역에 걸쳐 농작물을 관리하는 것과 계열사인 라이트에서 개발한 필드 카메라를 활용해 정밀하게 농작물을 관리하는 것 사이의 격차를 드론으로 보완할 수 있을 것이다. 우리는 머지않아 존디어를 통해 드론 기술의 농업 잠재력을 확인할 수 있을 것이다.

# 3
# 경제적으로 환경적으로 지속가능한 농업을 한다

존디어는 2023년 세계가전전시회 개막식의 기조연설에서 2개의 혁신기술을 소개했다. 하나는 발아용 비료 살포기인 이그잭트샷이다. 이그잭트샷은 파종기가 심은 씨앗이 잘 싹틀 수 있도록 발아용 비료를 뿌리는 살포기다. 다른 하나는 전기 배터리로 작동하는 전기 굴착기다. 존디어는 이 두 혁신기술이 고객들의 이익을 높이고 더 생산적이며 지속가능한 농업과 건설업을 실현한다고 말했다.

### 최첨단 비료 살포기로 경제적 농업을 보여주다

이그잭트샷은 플랜터(파종기)의 일종이면서 최첨단 발아용 비료 살포기다. 로봇과 센서 기술을 활용해 정확한 장소에 적절한 양의 발아용 비료를 살포한다. 과거에는 씨앗을 심은 줄을 따라 액체 상태의 발아용 비료를 계속 살포해 낭비가 많아서 비경제적이었다. 이그잭트샷은 파종한 지점에만 물총을 쏘듯 적절한 양을 살포하는 기술이다.

존디어가 다양한 농장에서 실험한 결과 이그잭트샷은 살포하는 발아용 비료의 양을 3분의 2 이상 감량한다. 농민들이 고되게 파종하지 않으면서도 경제적으로나 환경적으로나 지속가능한 농업을 할 수 있다. 연구 결과 생산성이 60~70% 증가하는 것으로 나타났다. 현재 존디어는 견인형, 고정형, DB, 맞춤형 등 4개 유형의 플랜터를 출시하고 있으며 기존 플랜터는 성능을 업그레이드할 수 있다.

견인형 플랜터는 제법 규모가 크고 갈지 않은 농지에서 다양한 용도로 활용할 수 있다. 12개의 모델이 출시돼 있으며 모델 긴 차이는 파종하는 줄의 수, 씨앗 간격, 이동 폭, 곡물 용량을 조정하는 중앙 시스템, 탑재된 장비, 정확한 용량의 비료 살포 기능 여부다. 고정형 플랜터는 일반적이거나 얕게 간 농지에 적합한 콤팩트하고 경제적인 유형이다. 8개의 모델이 출시되는데 모델 간 차이는 견인형 플랜터와 동일하다.

DB 플랜터는 다목적 용도로 광활한 농지에 주로 사용된다. 견인형 플랜터를 광활한 농지에 적합하게 변형한 것이다. 12개의 모델이 있다. 작업 범위는 최소 13미터에서 최대 36미터이며 이동에 필요한 도로 폭도 견인형 플랜터보다 더 넓다. DB 플랜터는 고객의 요구에 맞춤형으로 제작한다. 트랙터의 무게, 작업 범위, 씨앗 파종 줄의 수와 간격을 조정할 수 있다. 특별한 바퀴 휠과 타이어를 요구할 수도 있고 심지어 특정 씨앗은 파종하지 않게 할 수도 있다.

맞춤형 플랜터는 고객이 원하는 요구에 대해 컨설팅을 통해 방안을 찾아 설계를 변경해 제작한다. 존디어의 장비와 장치 중 원하는 것이 있으면 탑재할 수도 있다.

2021년 3월 존디어는 업계 최초로 액체비료 살포 방식을 다양하게 구현하는 플랜터를 트랙터와 통합한 제품을 출시했다. 기존에는 플랜터와 트랙터가 별도였다. 그런데 이 플랜터는 탱크 용량을 늘리고 지표면 압력을 줄였으며 파종과 비료 살포를 동시에 수행하는 정밀농업 기술을 적용한 혁명적인 제품이었다. 종자 저장 탱크 용량을 30% 늘려 고객이 플랜터에 씨앗을 채우려고 왕복하는 횟수를 줄였다. 액체비료 탱크는 약 2,270리터로 조정할 수 있다. 또한 이동 시 안정성을 높이고 타이어를 개선함으로써 땅에 가해지는 압력도 73%나 감소했다. 토양밀집도가 낮아지면 작물이 뿌리내리기가 좋아져 생산성이 더 높아졌다. 플랜터를 절반 정도 채우고 운행하면 이동 속도가 시속 32킬로미터로 빨라졌다. LED 조명도 야간작업을 수월하게 할 수 있도록 성능을 높였다. 게다가 존디어운영센터에서 작업을 통제하고 빅데이터를 분석해 농법을 개선할 수도 있다.

## 전기 굴착기로 건설 장비 시장을 주도하다

존디어가 야심 차게 소개한 두 번째 첨단기술인 전기 굴착기에는 2021년 인수한 오스트리아 스타트업 크라이젤 일렉트릭이 제작한 전기 배터리를 장착했다. 크라이젤 배터리는 더 빨리 충전되며 충전 비용도 낮아 건축 공사 현장과 도로 건설 현장에서 운영 비용을 줄일 수 있어 경제적이다. 성능이 좋은 크라이젤 배터리를 장착해 장비의 안정성과 내구성이 높아져 건설 장비에 요구되는 동력과 기능 측면에서도 전혀 문제가 없었다.

또 다른 장점도 있다. 기존 건설 장비에 비해 작업 소음이 훨씬 작다. 석유를 쓰지 않아 공해 물질도 배출하지 않는다. 고장이 적으며

**존디어의 전기 굴착기**

(출처: 존디어 홈페이지)

장비의 부품 수가 적어 관리하기도 쉽다. 전기로 작동하기 때문에 공사장이 조용하고 매연이 없으며 전원을 끄면 바로 멈춰 사고 위험이 낮다. 특히 위험을 감지하는 스마트 장비들을 장착하면 안전성도 높아진다. 존디어의 전기 굴착기는 도시에 있는 건설 현장에 빠르게 도입됐다.

존디어가 2023년 세계가전전시회에서 전기 굴착기를 소개 한 후 두 달이 지났을 때 미국 라스베이거스에서 콘엑스포CONEXPO 2023이 개최됐다. 콘엑스포는 세계 3대 건설 장비 전시회로 2,000개 이상의 업체가 참가했다. 존디어는 여기에서 계열사인 비트르겐그룹Wirtgen Group과 개발한 9개의 전기형과 하이브리드형 건설 장비를 공개해 모두를 깜짝 놀라게 했다.

존디어는 고객들이 다양한 수요에 대처해 전기형과 하이브리드형 동력원을 장착한 장비들을 개발했다. 계열사인 크라이젤 일렉트릭의 배터리가 크게 도움이 됐다. 존디어는 장비의 연료 경제성, 엔진 부품 지속성, 강력한 파워 측면에서 과거보다 크게 발전했다. 나아가 비포장도로 환경에서 달리는 전기 차량의 충전 문제를 해결하기 위해 전기 충전 인프라 기술 개발에도 노력했다. 제품 충전을 비롯해 데이터, 연결성, 장비 지원, 금융 서비스 등을 모두 아우르는 광범위한 생태계인 전기 통합 시스템을 구축하려는 것이다. 여기에는 야간 충전과 빠른 충전을 위한 다양한 기술 개발을 포함한다.

존디어가 추진하는 전기 통합 시스템은 생산하는 모든 장비와 전기 충전소들이 충전이 필요하면 자동으로 연결되고 쉽게 재충전되도록 하는 것이다. 이 시스템은 존디어운영센터에서 운영할 수 있도록 개발하고 있다. 존디어운영센터가 전기형 또는 하이브리드형 장비들을 원격으로 관리해 고객이 스마트폰이나 컴퓨터로 장비나 작업을 원격으로 모니터링하고 편리하게 사용하거나 충전하도록 돕는 것이다. 라이언 캠벨 부서장은 건설 업계를 선도하는 존디어의 기후변화 완화 의무를 강조했다. 그는 첨단기술과 솔루션으로 고객들이 경제적이면서도 지속가능한 가치를 추구할 수 있도록 도와야 한다고 말한다.

존디어는 고객들이 건설 산업에서 환경발자국을 줄이는 더 많은 선택권을 가질 수 있도록 2026년까지 20여 개의 전기형과 하이브리드형 모델을 포함해 다양한 전기 동력 건설 장비를 출시할 예정이라고 밝혔다.

# 4
# 위치 추적과 컴퓨터 기술로 정밀농업을 한다

    1990년대는 미국과 존디어에게 대전환의 시대였다. 세 가지 중요한 변화가 미국을 바꿨다. 첫 번째 변화는 1991년 소련의 붕괴였다. 미국과 대립하며 세계를 둘로 분열시켰던 소비에트 연방이 해체됐다. 철의 장막이 무너져 80여 년간 지속됐던 냉전이 끝났다. 미국은 지구촌에서 유일한 초강대국이 됐다. 두 번째 변화는 정보통신기술 혁명이다. PC, 인터넷, 스마트폰은 신경제라는 새로운 경제구조를 창출했다. 신경제는 "사람, 지식, 인간관계, 지적 재산, 특허, 예측 능력 등 무형 자산을 바탕으로 하는 경제"라고 정의된다. 지식, 정보, 아이디어, 플랫폼, 관계, 조직 자산, 사회적 자본이 중심이 된 권력이 이제는 무력과 자본 권력을 누르는 시대가 왔다. 세 번째 변화는 세대교체다. 오늘날 미국 인구의 22.5%인 7,600만 명이 1946~1964년에 태어난 베이비부머 세대다. 전체 인구의 4분의 1에 가까운 상당한 규모다. 이 세대에 속한 첫 번째 미국 대선후보가 1992년 대선에서 승리했다. 1946년에 태어난 민주당의 빌 클린턴 후보다. 그는 두 살 어린 앨 고어 부통령 후보와 함께 전전戰前 세대인 조지 부시 대통령을 꺾었다.

베이비부머 세대는 정보통신기술에 친숙했다. 대학 교육을 받은 여성인구 비율도 높았다. 전문직 노동시장이 확대되면서 그들의 비중이 빠르게 상승했다. 당시 7대 CEO 한스 베커러 회장이 이끄는 존디어는 1910년대 3대 CEO 윌리엄 버터워스 회장의 트랙터 산업 진출과 맞먹을 정도로 산업 혁신의 중요한 순간을 맞이했다. 1991년 소비에트 연방이 해체되자 미소 냉전이 끝났다. 막대한 예산을 사용했던 미국 국방부의 예산이 삭감됐고 첨단 군사 기술이 민간에 공개됐다. 폭격의 정확도를 높이고 사막 모래바람 속에서 적과 아군의 탱크 위치를 파악하려고 개발했던 GPS 기술이 1990년대에 민간기업으로 흘러 들어갔다. 처음에는 렌터카 업체가 도난 차량의 위치를 추적하기 위해 사용했지만 곧 다양한 분야로 전파됐다.

국방부에서 민간으로 이전된 기술은 GPS를 비롯해 스마트 기술, 사물인터넷, 인공지능, 로봇, 무선통신, 바이오테크 등 다양했다. 존디어는 그중에서 GPS 기반 위치 추적과 컴퓨터 분석 기술에 관심을 보였다.

### 농사 비용 절감, 생산성 향상, 자동화를 한다

존디어가 정밀농업을 하기 위해 가장 먼저 필요했던 기술이 물체의 정확한 위치를 파악하는 기술이다. 인공위성이 지상에 있는 물체 위치를 파악하는 기술을 GNSS(위성측위시스템)라고 한다. GPS는

1970년대 초 미국이 군사적 목적으로 만든 위성측위시스템이다. 존 디어는 현재 트랙터를 포함한 자사의 농기계들이 지구상에서 어디에 있든지 간에 약 2.5센티미터의 오차 범위로 그 위치를 실시간으로 안다.

존디어는 신속하게 GPS를 기반으로 하는 새로운 기술 개발에 뛰어들었다. 1994년에 존디어의 엔지니어 테리 피켓Terry Pickett은 GPS를 기반으로 트랙터 위치를 파악하는 정밀농업 기술에 투자해야 한다고 경영진을 설득했다. 피켓은 그렇게 하면 동일한 장소에 씨를 중복으로 뿌리는 일을 방지해 농작물 생산성이 높아진다고 말했다. 한스 베커러 회장은 피켓의 안을 승인했다. 특별팀을 구성해 정밀농업 기술에 대한 보다 장기적인 로드맵을 작성할 것을 지시했다. 또한 실리콘밸리를 포함한 첨단기술연구단지에 있는 기술 보유 기업들과 협력할 방안도 찾아보라고 했다. 이렇게 차세대 농업 혁명을 위한 전담팀이 구성됐다.

존디어는 2년 후인 1996년 GPS 기반의 정밀농업 시스템인 그린스타를 구축했다. 그린스타가 작동하는 데 필요한 GPS 수신기를 출시했는데 디자인 때문에 '초록 달걀과 햄'이라는 별명으로 불렸다. 존디어가 정밀농업을 향해 첫발을 내디딘 GPS 수신기는 트랙터, 살포기, 콤바인과 같은 농기계에 장착됐다. 존디어는 디지털로 농작물 수확지도를 만드는 일에 착수했다. GPS 수신기는 인공위성 기술을 활용해 트랙터를 조종하고 농작물 수확지도를 만들고 파종기와 살포기를 조종하고 가축을 관리했다. 존디어는 정밀농업의 혁신을 선도했다.

농민은 땅에 의존해 생계를 유지하는 사람이다. 그들은 대대손손 경험으로 축적된 전통적인 기술에 따라 농사를 짓는다. 그러나 전통적인 농업은 과도하거나 부족한 농업용수, 과다한 비료, 농약, 살충제 사용 문제가 있다. 그래서 20세기 중반부터 친환경적이면서 지속 가능한 정밀농업에 대한 요구가 쏟아졌다. 20세기 후반에 진행된 정보통신기술 발전은 농업에서 인공위성에 기반한 토지 맞춤형 곡물 생산 관리의 시대를 열었다. 1990년대 후반 존디어는 더 효율적이고 경제적인 정밀농업을 탄생시킨 주역이 됐다.

존디어에게 1994년은 정밀농업으로 방향을 전환한 기념비적인 해였다. 3년 후 SBAS(위성항법보정시스템)과 GPS 개발에 성공했고 디지털로 농작물 생산지도 제작에 나섰다. 전 지구적으로 GPS에 기반한 농업 관련 데이터가 생성되고 축적되자 회사가 어느 방향으로 얼마나 성장할지 가늠할 수조차 없게 됐다. 트랙터, 건설 중장비, 가드닝 산업에 진출했을 때처럼 특유의 기획력을 발휘했다.

정밀농업을 위한 핵심 기반 기술을 확보한 후 베커러 회장이 지시한 특별팀이 정밀농업 기술 로드맵을 작성했다. 계획의 비전으로 파종을 최적화하고 비료, 농약, 연료, 시간 낭비를 최소화해 농업의 비효율성을 크게 줄이는 것을 제시했다. 그럼으로써 농민들에게 농사가 즐거운 일이 되도록 만들겠다고 했다. 농민이 정밀농업 기술을 활용해 농기계 사용에서부터 농장 관리와 데이터 분석까지 농장을 운영하고 관리하는 일을 최적화할 수 있도록 돕겠다는 포부를 밝혔다. 베커러 회장은 회사의 목표를 다음 세 가지로 세웠다.

첫째는 적은 비용이다. 과거보다 씨앗, 비료, 농약을 더 적게 살포하는 첨단 농기계를 개발한다. 정확한 관리와 실행으로 최소한의 비용을 쓰게 한다. 둘째는 더 많은 생산량이다. 생산 과정을 단계별로 개선해 농작물 생산량을 높인다. 셋째는 더 효율적인 농장 일이다. 반복되는 농장 일을 자동화하고 원격 시스템을 활용해 농기계가 더 빠르고 스마트하게 작동하도록 한다.

사업 영역은 5단계로 구분했다. 1단계, 농사 전 땅을 고른다. 2단계, 씨를 적절하게 뿌린다. 3단계, 곡물 생장 관리를 최적화한다. 4단계, 효율적으로 수확한다. 5단계, 데이터를 분석하고 평가한다. GPS와 같은 GNSS 기술을 포함해 필요한 요소 기술로 이동통신 장비, 로봇, 관개수로, 사물인터넷, 센서, 유동적 파종, 기상 모델링, 질소 기술, 표준화 등 총 10개를 선정했다. 해당 기술을 보유한 기업 현황과 기술 수준, 발전 가능성과 협력 방안 등을 고려해 자체 개발과 기업 합병을 시기별로 구상했다.

현재 존디어는 최소 6개 이상의 GPS 수신기를 제공하고 있다. 각 수신기는 정확도, 데이터 전송시간 간격, 내구성, 전송방식, 필요한 하드웨어에 따라 차이가 있다. 가장 성능이 낮은 GPS 수신기의 오차는 약 15센티미터 이내다. 가장 성능이 우수한 SF-RTK 스타파이어 7000은 위치 정확도를 한층 더 높인 다중 별자리 인공위성 신호용 차세대 장비다. 매년 사용할 때마다 차량 안내 동선이 더 정확해지고 범위와 관할 영역에 대한 오차가 줄어든다. 장비의 오차 범위는 약 2.5센티미터 이내이며 내구성이 5년 이상이다. 기존 최고 장비인 SF-RTK 스타파이어 6000과 연계할 수도 있고 속도도 73%나 빠르다.

존디어의 GPS와 연동되는 디지털 농작물 생산 지도는 트랙터에 장착한 터치스크린 방식의 모니터에서 확인할 수 있고 고객이 자택 컴퓨터로 볼 수 있다. 트랙터에 장착하는 터치스크린 방식의 모니터는 차량 안내 동선, 적용률, 입력 위치 관리가 쉽다. 구형 존디어 트랙터나 다른 회사 트랙터와도 호환성이 높아 쉽게 운영할 수 있다. 존디어는 GPS, 수신기, 디지털 지도라는 세 가지 기술을 기반으로 2000년대 초부터 정밀농업에 대한 꿈을 펼치기 시작한다.

### 자율주행 트랙터가 농장 일을 스스로 알아서 한다

존디어는 자체적으로 GPS를 개발하면서 동시에 선도 기업과도 협력했다. 1990년대 초 캘리포니아주 정부는 고용 비중이 높은 방위산업 시장이 침체하자 스타트업들을 지원하기 위한 인큐베이터 센터들을 설립하고 대기업들과의 협력을 장려했다. 존디어는 이곳의 스타트업들과 여러 차례 워크숍을 개최했으며 협력 연구를 지원했다. 그러다가 1994년 개최한 한 워크숍에서 1992년 설립된 나브콤테크놀로지Navcom Technology를 만났다.

나브콤은 전 지구를 대상으로 5센티미터 수준의 정밀 측위 서비스를 제공하는 정밀 측위 분야에서 선두 기업이었다. 나브콤은 이 워크숍에서 농산물 디지털 지도를 구축할 수 있는 스타파이어라는 정밀 측위 시스템에 대한 아이디어를 발표했다. 존디어가 이 아이디어에 흥미를 갖게 된다. 그래서 이 시스템을 구현하기 위해 나브콤과 손잡고 스탠퍼드대학교 연구진과 나사의 제트추진연구소JPL 엔지니어팀을 끌어들여 통합연구팀을 구성했다. 이 통합연구팀이 1997년 RTK(실시간 이동 측위) 기술을 적용해 더 정밀한 GPS 서비스를 제공하는 새로운 dGPS 시스템 개발에 성공했다. 2년 후 존디어는 나브콤을 인수했다.

고객이 트랙터 운전석에 앉아 아무것도 안 하거나 집 안 거실에 앉아 커피를 마실 때도 트랙터가 알아서 정해진 안내 동선을 따라 적절한 속도로 이동하면서 농사를 짓는다고 상상해보자. 존디어는 이런 자율주행 서비스를 현재 제공하고 있다. 자율주행 트랙터가 파종기, 살포기, 수확기와 같은 농기계를 장착하고 농장 일을 스스로 알아서 한다. 존디어가 나브콤을 인수했기에 가능해졌다.

자율주행은 교통수단이 운행하며 발생할 수 있는 온갖 상황과 변수에서 얼마나 안전하게 상황에 대처하는가에 따라 기술 수준을 6단계로 구분한다. 0단계는 교통수단이 완전 수동으로 운행하는 것을 말한다. 운전자가 아무런 도움을 받지 않고 스스로 운전하는 단계다. 1단계는 운전자가 차량으로부터 정속 주행이나 차로 이탈 경보 서비스를 받는 상황이다. 2단계는 차로 유지 이외에도 자동제어 기능이 2개 이상 작동해 운전을 보조하는 부분 자동화 단계다. 3단계는 일반적으로는 자율주행 시스템이 교통상황을 파악해 운전하고 자율주행이 어려운 상황에서는 시스템이 운전자에게 운전하도록 하는 조건부 자율주행이다. 4단계는 악천후와 같은 위험 상황이 아니면 시스템이 운행하는 고도 자율주행이다. 마지막으로 5단계는 운전자가 필요 없는 완전 자율주행이다.

자동차 산업에서 자율주행을 선도하는 기업들은 현재 3단계 서비스를 제공한다고 홍보한다. 머지않아 5단계의 완전 자율주행 차량이 출시된다고 말하지만 2016년 이후 주행보조장치ADAS가 작동하고 있는데 발생한 사고가 30건 이상이다. 사망자도 최소 14명이다. 2023년에도 2월에 주행보조장치가 작동하던 테슬라 차량에서 사망사고가 있었고 3월에는 스쿨버스에서 내리는 학생을 치어 다치게 했다. 우리나라 정부는 4단계와 공공 자율주행 서비스가 가능한 융합형 '4단계+자율주행'을 2027년 달성하는 것을 목표로 한다. 그런데 존디어는 이미 5단계 자율주행을 하고 있다.

존디어가 5단계 자율주행 서비스를 제공할 수 있는 것은 테슬라나 현대자동차와 같은 자동차 제조기업들과 여건과 상황이 다르기 때문이다. 자동차 제조기업은 빠른 속도로 도로를 이동하는 자동차에 필요한 자율주행을 고민한다. 그래서 라이다LiDar와 같이 펄스 레이저를 발사해 주변 물체로부터 반사돼 돌아오는 거리, 속도, 형상 정보 등을 통해 주변을 3차원으로 인식하는 기술을 사용한다. 도로에서는 사고와 재난으로 확대될 수 있는 여건과 상황에 대한 경우의 수가 엄청나게 많다. 그중 하나만 통제가 제대로 되지 않아도 큰 인명피해가 발생할 수 있다.

존디어의 트랙터는 도로의 자동차보다 자율주행을 실행할 수 있는 여건과 상황이 훨씬 좋다. 트랙터는 최고 속도가 일반적으로 시속 40~50킬로미터로 승용차보다 절반 이하로 느리다. 드넓은 농지에서 작업하므로 장애물도 별로 없다. 일정한 시기에 일정한 작업을 수행하기 때문에 자율주행이 대처해야 하는 여건과 상황에 대한 경우의 수가 많지 않다. 외부 시스템을 통해 자율주행을 통제하거나 내부 시스템을 통해 자율적으로 운행하기가 쉽다.

존디어의 트랙터는 이상한 상황이 발생하거나 위기가 닥치면 상대적으로 안전하게 대처할 수 있다. 사람이 탑승하고 있다면 자율주행을 종료하고 운전하거나 존디어운영센터에 연락해 조처하게 한다. 긴급 상황이 발생하더라도 트랙터 속도가 느린데다가 대체로 평지에서 작업하고 다른 차량이 없기 때문에 대피할 수 있다. 사람이 탑승하고 있지 않다면 인명피해가 전혀 발생하지 않는다. 인공지능은 스스로 대처할 수 없는 상황이라면 트랙터를 멈추고 고객이나 존디어운영센터에 후속 조치를 요청한다. 도로가 아니기 때문에 혼잡이 발생하거나 다른 사고를 일으키지 않는다. 악천후가 닥치면 트랙터 운행을 중단시킬 수 있다. 그래서 존디어의 트랙터는 자율주행 4단계를 건너뛰고 5단계로 바로 갈 수 있었다.

자동차 업계는 존디어와 상황이 다른 데도 긴장한다. 첨단기술이 하루가 다르게 발전하고 있다. 속도가 느리고 경우의 수가 적은 트랙터에 최적화된 존디어의 자율주행 기술이 언제 자동차 업계에 통용될지 모른다. 존디어의 수많은 트랙터가 현재 세계 각지에서 운행되면서 자율주행에 필요한 기상, 대지, 차량에 대한 상당한 데이터를 수집해 활용하고 있다. 실제로 운행하면서 오류에 대처하는 경험을 축적한다. 도로 운행과 달리 규제가 거의 없기 때문에 해보고 싶은 실험은 다 해볼 수 있다. 축적된 기술을 운행노선이 지정된 대중교통에 적용해도 하나도 이상할 게 없다. 성공하면 도로 주행으로 확대할 수 있다. 테슬라, 제너럴모터스, 애플과 같은 자율주행 자동차 제조 기업이 존디어의 행보를 유심히 살피는 이유다.

존디어를 차세대 자율주행 업계의 다크호스로 평가하는 자율주행 전문가들도 있다. 그런데 존디어는 이미 건설 중장비, 산림 장비, 골프장 잔디깎이, 가드닝 장비와 같은 다른 분야에 자율주행 개념을 도입하고 있다. 존디어의 약진에 긴장한 캐터필러가 자율주행 트럭을 개발했다. 언젠가는 사람이 없는 광산과 벌목장과 건설 현장을 보고 정원사가 없는 골프장과 식물원을 볼 수 있을 것이다.

2022년 세계가전전시회에서 존디어는 농산물 생산을 위한 완전 자율주행의 8R 트랙터를 선보였다. 이 트랙터는 트루셋Truset이라는

**완전 자율주행 8R 트랙터**

(출처: 존디어 홈페이지)

경작 시스템과 GPS 경로 안내 시스템과 같은 첨단 장비들을 장착했다. 8R 트랙터는 2022년 하반기에 상용화됐다. 존디어는 자율주행 소프트웨어에 대한 지배력을 높여 2030년까지 총매출의 10%를 달성할 계획을 세웠다.

완전 자율주행 트랙터는 고객이 농지로 트랙터를 이동시켜 모바일 앱으로 작동시키면 스스로 알아서 이동하면서 쟁기질이나 파종과 같은 작업을 한다. 고객은 트랙터에 주유하거나 다른 작업을 하며 모니터링하고 트랙터가 장애물로 이동하지 않도록 대처하면 된다. 모바일 앱을 통해 트랙터가 보는 대로 볼 수 있어 트랙터가 잘못된 길을 가는 것을 방지할 수 있다. 이것도 나브콤테크놀로지의 아주 정밀한 GPS 기술이 있기에 가능하다.

존디어는 완전 자율주행 트랙터가 왜 필요한가를 분명히 밝히고 있다. 세계 인구가 현재의 80억 명에서 2050년까지 100억여 명으로 증가하면 지구촌 식량 수요가 50%까지 증가할 것으로 예상되고 있다. 이런 상황에서 농민들은 더 적은 농지, 숙련도가 낮은 인력, 기후변화로 인한 농업 불안정, 토양 영양분 손실과 오염, 잡초와 해충 문제를 극복하고 세계 인구를 먹여 살려야 한다. 존디어는 이런 문제들이 가장 위기의 기간에도 농사를 지어야 하는 농민들에게 영향을 미치고 있다고 생각한다.

존디어운영센터는 모바일 장비를 통해 고객에게 실시간으로 영상, 이미지, 데이터와 업무 수행 결과를 제공한다. 고객은 트랙터 속도나 경작 깊이와 같은 작업 요소들을 조정할 수 있다. 원격으로 작업 이상이나 기계 고장을 확인해 문제에 비로 대치할 수 있다. 존디어는 완전 자율주행 트랙터를 미국 중서부 농장들에서 시험 운행했다. 많은 농민이 트랙터를 운행하면서 익숙해졌고 운행 후 사용 의견을 제공해 도움을 주었다.

존디어의 완전 자율주행 트랙터 기술은 업계 최정상이다. 출시하는 트랙터 중에서 가장 최신의 자율주행 성능을 가진 제품은 오토트랙 기술을 적용한 자율주행 트랙터들이다. 모두 완전 자율주행 기능이 장착돼 수동으로 운전할 필요도, 작업 속도를 높이거나 늦출 필요도 없다. 고객은 때때로 자신의 농장을 둘러보고 싶어 한다. 모든 좌석이 가죽시트로 돼 있는 운전석은 시야가 완전히 트여 있다. 각종 첨단 장비를 장착하고 있어 마치 화성 대지를 달리는 우주 자동차 같다. 그런데 현재 실제로 농장에서 사용되는 트랙터들이다. 존디어가 30여 년 전에 나브콤테크놀로지와 협력한 덕분에 이런 발전이 가능했다.

# 5

# 위기 때마다 세상에 없던 제품들을 만들다

1985년 미국 농업은 최악의 상태였다. 존디어와 농기계 업계 선두 자리를 놓고 80여 년을 경쟁했던 인터내셔널 하비스터가 무너졌다. 존디어는 다음 해인 1986년 호적수가 사라졌는데도 2억 3,000만 달러의 기록적인 적자를 냈다. 1980년에 48달러였던 주가가 계속 하락해 절반 아래인 22.5달러로 떨어졌다. 1987년에는 판매가 전년도보다 나았지만 침체에서 벗어나지 못했다. 적자는 1억 9,000만 달러를 기록했다. 그해는 존디어의 창립 150주년이었다.

트랙터를 포함한 농기계 시장이 다시 활기를 찾기 전에 무엇인가 손실을 만회할 비책이 필요했다. 존디어는 당시에 급격하게 성장하던 전지형 차량ATV, All-Terrain Vehicle을 주목했다. 그래서 150주년을 기념해 '게이터Gator'를 개발해 출시했다. 게이터는 다섯 바퀴가 달린 다목적 전지형 차량으로 새로운 시장을 열었다.

가드닝은 1990년대 불황 극복의 또 다른 비책이었다. 존디어는 1963년 가드닝 시장에 진출했다. 존디어는 오늘날 가드닝 업계의 선두기업이다. 가드닝은 정원과 같은 주택 인근의 토지에서 꽃, 채소, 식물과 잔디 등을 키우는 것을 말한다. 미국에서는 19세기 말부터 가드닝이 하나의 산업으로 발전했다. 제2차 세계대전이 종전된 후 대도시 인근 교외 지역으로 베이비부머 세대가 이주하면서 큰 산업으로 성장했다. 현재는 전문 잡지의 연간 발행 부수가 수백만 부를 넘는다. 유료 가드닝 채널 방송사도 있다.

존디어의 가드닝 부문은 골프장 페어웨이, 러프, 그린을 위한 잔디 깎이부터 벙커용 쇠스랑, 통풍기, 코스 쓰레기 처리를 위한 특별 장비까지 생산한다. 존디어가 오늘날 가드닝 시장을 석권한 것은 우연이 아니다. 존디어는 시장 진출 초기의 실패에서 얻은 교훈을 바탕으로 계속해서 혁신과 도전을 해 업계 정상에 올랐다. 1993년부터 결실을 봐 가드닝 산업 매출액이 사상 처음으로 10억 달러를 넘어섰다. 오늘날 존디어의 총매출액에서 건설과 산림 부문이 29%이고 조경과 가드닝 부문이 30%를 점유하고 있다. 이를 모두 합한 매출액이 농업 부문보다 1.5배나 많다.

## 다목적 전지형차 게이터로 새로운 시장을 만들다

1987년 전지형차 업계가 격변할 때 존디어가 게이터를 출시했다. 험지 이동을 위한 기존의 전지형차들과는 형태뿐만 아니라 시장 수요와 목적이 완전히 다른 다목적 전지형 차량이었다. 전기로 들리는 덤프가 운전석 뒤에 설치돼 있었다. 처음에 게이터는 5륜이었으나 곧 4륜과 6륜 차량이 출시됐다. 게이터는 험한 지형을 다니기 위한 용도보다는 농장, 목장, 다양한 작업장에서 활용될 수 있도록 개발됐다. 물론 특수 목적을 위해 주문하면 험한 지형에서도 사용할 수 있도록 개조해 판매했다.

3륜 전지형차는 1980년을 전후해 미국과 캐나다 등 황무지가 많은 나라에서 도로가 없는 험한 지형에 접근하기 좋은 차량이었다. 처음에는 미국과 캐나다 사냥꾼들을 중심으로 수요가 있었다. 혼다가 주도해 전지형차가 영화와 TV 시리즈에서 빈번하게 노출되자 많은 사람이 관심을 가지게 됐다. 곧이어 구호와 험지 작업과 같이 다양한 용도에 활용됐고 레저와 스포츠를 위한 용도로까지 확장됐다.

1987년 3륜 전지형차 제조업체들은 큰 변화를 맞이했다. 3륜 전지형차에 대한 안전 문제가 심각하게 대두되어 법제도 개선이 필요했다. 위험한 전지형차를 회수하고 생산과 판매 행위를 금지하자는 여론으로 전지형차 시장이 무너지고 있을 때 존디어가 게이터를 출시했다. 레저와 스포츠 시장을 겨냥했던 기존 전지형차 제조업체들과 전혀 다른 시장을 목표로 했다. 게이터는 존디어가 가장 잘 아는 농장, 목장 등 다양한 작업장에서 다목적으로 사용할 수 있는 제품이었다. 게이터 시장은 나중에 경기장, 골프장, 구급과 구호 현장, 제설 작업, 군사용으로 영역이 확장됐다.

게이터는 트랙터보다 크기가 작았지만 잔디깎이를 위해 개발한 엔진이나 디젤 엔진을 장착해 힘이 좋았다. 연속 가변 변속기CVT를 장착해 클러치나 변속이 필요 없었다. 오토바이처럼 운전할 수 있어 전통적인 전지형차보다 운전하기가 더 쉬웠다. 필요하면 시속 40킬로미터 가까이 속도를 낼 수 있었다. 게다가 제설 삽날, 연삭기, 대포 견인기와 같은 장비들을 연결해 작업에 투입할 수 있었다. 최대 적재

용량이 272킬로그램에 달했다. 구조가 유사한 다른 업체들의 차량들도 화물 적재를 위해 운전석 뒤에 적재함을 설치했지만 게이터처럼 동력이 강하지 못해 험한 지형에서 트레일러를 끄는 일과 같은 임무를 수행하지 못했다. 힘이 좋은 게이터는 가능했다. 골프 카트보다 승객을 더 안락하게 수송하고 무거운 짐을 끌면서 울퉁불퉁한 언덕을 올라가도 큰 문제가 없었다. 구조가 단순해 유지관리가 쉬웠고 현장에서 바로 수리할 수 있었다.

게이터는 대성공을 거뒀다. 전지형차 제조업체들이 1980년대 이후 레저와 스포츠용으로 네 바퀴 전지형차를 생산했을 때도 게이터는 다양한 분야에서 다른 목적을 위한 차량으로 자리를 잡았다. 존디어 엔지니어들과 헨리 드레이퍼스 어소시에이츠가 공동으로 개발한 게이터는 수많은 기관으로부터 우수제품상을 받았다. 존디어는 1980년대 후반의 불황을 게이터 판매로 극복한다. 1988년 회사 매출액이 전년도에 비해 30%나 급증해 지난 6년간의 적자 불황에서 벗어나 3억 1,500만 달러의 수익을 올린다. 게이터는 처음 개발했을 때는 생각하지 못했던 분야에서도 사용됐다. 군대와 스포츠팀에서는 부상자들을 운송하기 위해 간이침대를 장착한 게이터를 주문했다. 캐나다에서는 구급차로 사용해서 의사들이 새로운 수요층으로 떠올랐다. 게이터는 다목적 전지형차 업계의 시장을 확장했고 그때마다 게이터의 새로운 모델이 추가됐다.

2001년 뉴욕시에서 9·11 테러가 발생했을 때 존디어는 구조대가 무너져 내린 월드트레이드센터의 잔해를 치우고 구조 활동을 할 수 있도록 게이터 50대를 제공했다. 미군은 게이터가 만능 차량이라는 사실을 실감했다. 그래서 군사용으로 M게이터를 개발해 보스니아,

아프가니스탄, 이라크에서 벌어진 전쟁에서 부상병 이송과 군수물자 수송에 활용했다. 최근에는 존디어와 아이로봇이 협력해 M게이터를 전장에서 장애물을 피해 보병과 다른 차량을 따라가는 무인 자동 지상 차량인 R게이터로 발전시켰다.

## 하이브리드 잔디깎이로 녹색산업의 기수가 되다

1980년대부터 미국에서 골프 붐이 일었다. 1980년 약 6,000개였던 골프클럽은 2013년 1만 개를 넘어섰다. 골프가 크게 인기를 끌면서 골프장 인근에 주거단지를 건설하는 사업이 유행했다. 이러한 추세를 파악한 존디어는 가드닝 부문을 골프장 운영에 필요한 제품 일체를 생산하는 사업으로 영역을 확대했다. 농기계 제작을 통해 습득한 노하우를 활용해 골프장에서 필요한 모든 장비를 최고급으로 생산했다. 가장 잘 아는 분야를 기반으로 성장이 예견되는 인접 분야의 사업을 확장하는 전략이 빛을 발해 골프장을 중심으로 가드닝 시장을 장악하기 시작한다.

존디어는 1963년 농업용 트랙터 시장에서 인터내셔널 하비스터를 추월해 1위 자리를 빼앗았을 때 가드닝용 트랙터인 '모델 110'을 출시했다. 농업용 트랙터 시장에서 부동의 1위 자리를 확고히 하자 1969년 '모델 112'를 생산했다. 그러나 두 제품 모두 고객에게 외면받고 결국 1971년에 생산을 중단했다. 초기에는 고전했으나 연구개발을 계속해 1981년 경쟁력 있는 2개의 모델을 출시하면서 서서히 가드닝용 트랙터 업계에서 상위권으로 진입한다.

존디어는 가드닝용 트랙터를 위스콘신주 호리콘 공장에서 생산해 미국과 캐나다 시장에 공급했다. 1990년대 초까지 가드닝용 트랙터 생산 부서는 농기계 생산 부문에 속해 있었다. 한스 베커러가 회장에 취임한 다음 해인 1991년 가드닝용 트랙터 생산 부서를 별도 부서로 독립시킨다. 그리고 독일 회사 사보SABO를 인수했다. 1932년에 설립된 사보는 잔디깎이와 연관 장비를 생산하는 기업이다.

1990년대 들어 가드닝 장비와 트랙터 업계에서는 존디어에 맞설 기업이 거의 없었다. 가드닝용 장비를 생산한 지 30년째인 1992년 호리콘 공장은 200만 대 생산을 돌파했다. 1993년 존디어의 잔디깎이와 가드닝용 트랙터 판매액이 사상 처음으로 10억 달러 고지를 넘었다. 한스 베커러 회장의 독립 부서 설치라는 승부수가 통한 것이다. 강력한 경쟁자였던 인터내셔널 하비스터의 가드닝 사업 부문은 이미 1981년 가드닝과 유틸리티, 야외활동 장비를 생산하는 MTD에 매각됐다. 가드닝용 트랙터를 처음 발명한 휠호스도 1986년 잔디깎이, 제설 장비, 관개수로 시스템을 제작하는 토로Toro에 800만 달러에 매각됐다. 휠호스 상호는 가드닝용 장비 업계에 20년 동안 더 남아 있다가 2007년 사라진다.

존디어는 1995년에 중저가 잔디깎이와 가드닝 장비로 시장을 공략했다. 이 장비들은 탑승할 수도 있고 뒤에서 미는 것도 가능했다. 이 잔디깎이와 가드닝 장비를 2002년까지 판매했는데 로버트 레인 회장 때 미국의 대표적인 건축 자재 회사인 홈디포와 협력관계를 맺으면서 정리했다. 2000년이 되자 존디어는 농기계 부문을 제외한 건설, 산림, 가드닝, 골프 장비들과 기타 생활용품을 합한 비농업 부문 매출액이 50%를 점유해 성공적으로 사업 다각화를 이룬다.

로버트 레인 회장이 이끄는 존디어는 2000년대 전반기에 가드닝 시장의 장악력을 한층 더 강화했다. 2000년 12월 상업용 잔디깎이

등 조경 전문가용 장비를 생산하는 그레이트 데인Great Dane을 인수했다. 3주 후인 2001년 1월에는 FdG어소시에이츠FdG Associates로부터 조경과 관개 장비 제조업체인 맥기니스 팜스McGinnis Farms를 인수해 녹색산업으로 진출했다. 2000년 매출액이 1억 5,000만 달러였던 맥기니스 팜스는 미국 39개 주와 캐나다 온타리오주에 200개 이상의 지사를 보유하고 있었다. 맥기니스 팜스를 인수하며 존디어는 녹색산업에서 강력한 경쟁자로 성장했다.

2001년 4월 존디어는 계열사인 맥기니스 팜스를 '존디어 랜스케이프스'로 상호를 변경하고 본사의 가드닝 부문과 합병한다. 존디어 랜스케이프스는 곧 4억 달러의 총수입을 올렸다. 존디어가 조경업자와 소비자를 연결하자 장비, 부품, 금융, 서비스 등에서 다양한 사업 기회가 열렸다. 녹색산업에 대한 사람들의 관심이 점차 커지자 수익성이 높아져 성장동력이 한층 더 강해졌다. 존디어는 기존에 진행했던 가드닝 사업에 조경과 관개 장비를 포함시켜 1,000억 달러 규모의 녹색산업 시장으로 사업 영역을 확장하겠다는 비전을 보였다.

존디어는 맥기니스 팜스와 합병한 지 한 달 후인 2001년 5월 뉴욕에 있는 리치톤Richton International Corporation을 1억 2,500만 달러에 인수했다. 당시에 4,500만 달러의 부채가 있었던 리치톤은 자회사로 센추리 레인 에이드Century Rain Aid와 리치톤 테크놀로지 그룹Richton Technology Group을 소유했다. 센추리 레인 에이드는 미국 최대의 조경, 관개 장비 제조업체였는데 170여 개의 지사를 보유하고 있었다. 리치톤 테크놀로지 그룹은 관개 장비 부문에서 컴퓨터 하드웨어, 소프트웨어, 시스템을 지원하는 회사였다. 이 두 자회사는 서로 시너지 효과를 내면서 리치톤의 총매출액의 약 80%를 담당했다. 존디어는 센추리 레인 에이드의 지사들을 통합해 북미에서 가장 큰 조경 업체 지사들을 보유하면서 녹색산업의 타이탄이 됐다. 또한 존디어는 리치톤 테크놀로지 그룹의 첨단 관개 장비 기술을 흡수해 미국의 녹색산업 시장을 주도한다. 존디어는 주택 소유자뿐만 아니라 조경 전문가들에게 장비와 부품, 서비스, 금융 등을 종합적으로 제공하는 원스톱 종합기업이 됐다.

2006년 조경과 관개 장비, 묘목 육성시설 부문에서 미국 최고 기업이 된 존디어는 2007년 업계의 위상을 굳히는 전략을 펼친다. 2007년 3월 레스코Lesco를 인수했다. 레스코는 클리블랜드에서 출발해 잔디 관리와 해충 방제, 조경, 골프 코스 관리 사업에서 괄목할 만한 성장을 이룬 회사다. 레스코가 보유한 345개 지점과 114개 이동 판매점을 합치자 존디어의 녹색산업 판매 대리점 수가 2배 이상으로 늘어났다. 동부 해안가 지역을 중심으로 존디어의 시장점유율이 크게 증가했다.

존디어가 골프장과 가드닝 시장에서 가장 역점을 두고 판매하는 제품은 전기 잔디깎이다. 기존 잔디깎이는 소음이 컸다. 게다가 유압액이 누출돼 잔디가 죽고 토양이 오염돼 골프장 관리자들에게 큰 문제였다. 존디어가 출시한 '하이브리드 그린 잔디깎이'는 골프장 업계에서 호평을 받았다. 하이브리드 그린 잔디깎이는 낮에는 전기로 작동해 소음이 없고 사람들이 없을 때는 휘발유를 쓰고 초정밀 전자장치를 장착해 유압액 누출도 방지했다. 환경친화적으로 문제를 해결하자 신제품 수요가 폭발했다.

업계를 장악한 존디어는 2023년 2월 소음과 진동이 없는 주거지용 전기 동력 잔디깎이를 출시했다. 최초로 동력원이 완전히 전기인 제품이었다. 사용이 단순하고 유지관리가 쉬우며 소음과 진동이 적은 잔디깎이를 원했던 교외 거주자들이 환호했다. 7개월 후인 2023년 9월에는 6개의 상업용 전기·하이브리드 동력 잔디깎이 모델들을 새롭게 선보였다. 기존 모델들을 개량한 잔디깎이들도 공개했다. 골프장에서 존디어 제품을 사용하는 데는 이런 이유가 있다.

## 농업용수 최적화 기술로 물 부족을 해결하다

존디어가 가드닝 산업 말고도 녹색산업에 진출한 효과를 크게 본 분야는 농업이다. 존디어는 맥기니스 팜스와 리치톤의 관개시설과 소프트웨어 전문가들을 확보해 농업용수 최적화 기술을 개발했다. 이동식 기상 모니터링 기술과 지표수 관리 기술이 그 결과물이다. 수자원과 농기계 관리를 위한 첨단기술로 축적된 정보를 기반으로 빅데이터 농업 기업이라는 더 위대한 꿈을 꿀 수 있게 됐다.

존디어는 전 세계를 대상으로 사업을 하다 보니 물이 부족한 지역에서 적절한 용수 관리가 중요하다는 사실을 잘 안다. 그래서 세계자원연구소WRI의 '수자원 위험 지도Aqueduct Water Risk Atlas'를 활용해 주요 사업 국가인 중국, 인도, 멕시코가 수자원 부족 지역이라는 사실을 파악했다. 존디어는 이 국가들을 대상으로 수자원 관리에 들어가 2017년 대비 2022년 수자원 사용량을 8%까지 체계적으로 줄여나갔다. 장비 세척, 페인팅 시스템의 사용 감축, 최적의 냉방 사용 등 수자원을 최적으로 관리하는 방안을 실행한 결과였다. 물 부족 국가 이외에도 전 세계의 각 사업 지역에서 수자원 관리를 하고 있다. 직원들에게 물 사용에 대한 경각심을 심어준다. 현재의 수자원 사용을 점검해 더욱 효율적인 수자원 사용 방안을 모색해 사업에 적용하고 있다.

존디어는 더 도전적인 목표를 세워 2030년까지 수자원 부족 국가들에서 담수 사용량을 최대 10%까지 감소하기로 했다. 최적의 물 사용과 재사용, 인프라 유지관리의 개선, 중수도 사용 등을 계획했다. 존디어의 멕시코 공장은 수자원 보존을 위해 냉각탑을 건조 시스템으로 바꾸고 사전 처리를 통해 역삼투와 연수 시스템을 최적화했다. 또한 누수 감지 체계를 세워 예방적인 유지관리, 누수 지점 찾기, 육안 점검이 실행되고 있다. 방수 시스템도 잘돼 있다. 이런 노력으로 2017년과 비교해 2022년에는 740만 갤런의 물을 절약했다.

존디어가 농업을 위해 개발한 수자원 관리 기술은 세 가지다.

첫 번째는 이동식 기상 모니터링 기술이다. 트랙터에 설치된 이동식 기상 모니터를 통해 풍속, 풍향, 습도와 같은 현재의 기상 조건을 파악해 사전에 준비된 시나리오에 따라 필요한 농작물 보호 조치를 취한다. 이 장치가 작동되는 동안 모든 기상 조건을 기록하고 보고서를 작성한다. 존디어는 이 장치를 통해 수자원에 대한 어마어마한 정보를 축적하고 있다.

두 번째는 지표수 프로 플러스Surface Water Pro Plus라는 기술이다. 이 기술은 농지 전체를 대상으로 지형의 미묘한 높이 차이까지 조사해 지도로 제작한다. 이렇게 오토트랙 장비를 활용해 조사한 3차원 데이터를 기반으로 곡물 생산이 최적화되도록 농지의 배수 방향을 개선하고 배수로를 만든다. 쉽게 말해 조사한 데이터를 활용해 두렁 궤적을 산정한 다음 물이 자연스럽게 흘러가도록 농지에 최적의 두렁을 만드는 것이다. 농지에 최적의 배수 체계를 구축함으로써 농작물 침수로 인한 손실을 방지했다.

세 번째는 아이그레이드iGrade 기술이다. 이 기술은 존디어 트랙터와 장비가 수자원 관리 소프트웨어의 지형 설계에 따라 실제로 지형을 변형하도록 한다. 예를 들어 농지에 물이 잘 흐르도록 경사면을 만들거나 물길을 모아 한 곳으로 이동할 수 있도록 지형을 변형한다. 레이저 장비를 사용해 보정 없이 평지에서 실시간 이동 수준의 정확도로 지형을 조성하므로 수자원을 최적으로 관리하도록 돕는다.

  존디어는 이 세 가지 기술을 통해 농지의 기상을 모니터링하고 정보를 관리하며 수자원 사용을 효율화했다. 또한 농산물의 피해를 방지하고 농업용수를 최적으로 사용해 생산량을 최대화했다.

# 6
# 첨단 디지털 농업 기술 생태계를 주도하다

존디어는 한스 베커러 회장이 차세대 농업 혁명을 위한 로드맵을 작성한 1990년대 중반 이후 20여 년이 지나자 그동안의 기술 개발과 적용 경험을 통해 자신만의 길을 확실하게 파악했다. 그리고 그 길을 함께 갈 동반자 기업들에 손을 내밀었다. 2010년대에 9대 CEO 새뮤얼 앨런 회장의 주도로 스마트 기술 기업으로 빠르게 변신했다. 2013년 후반기에는 4세대 통제센터라는 첨단 정보기술을 트랙터에 장착했다. 그리고 스마트 기술을 농업에 구현하기 위해 첨단기술 기업들을 대상으로 매우 공격적으로 인수합병을 했다.

새뮤얼 앨런 회장의 임기 동안 정밀농업 부문에서 리불로 모노솀, 하기, 블루리버 테크놀로지, 마조티와 같은 다양한 기업들이 존디어의 손을 잡았다. 2019년에 시작한 11대 CEO 존 메이 회장의 임기 동안 존디어의 정밀농업 기술은 한 차원 높은 수준으로 도약한다.

베어플래그 로보틱스, 라이트, 거스 오토메이션, 스파크AI, 스마트 어플라이 등 첨단기술 기업들이 합류했기 때문이다. 존디어는 정밀 농업 분야에서 축적된 첨단기술을 건설, 산림, 조경, 가드닝 분야로 확장했다.

인공지능 업계는 최근 존디어가 전통 산업군에 속하면서 인공지능을 활용하는 첨단 디지털 기업으로 변신에 성공했다고 평가했다. 2021년 MIT 슬론경영대학원과 보스턴컨설팅그룹BCG이 공동 연구한 보고서에 따르면 인공지능 기업들은 디지털 역량을 가지고 시작해도 불과 11%만 성공했다. 전통 기업들은 디지털 기술에 친숙하지 않아 인공지능을 사업에 활용해도 성공하기 힘들다고 했다. 그래서 인공지능 업계는 전통 기업인 존디어가 스마트 기술 기업으로 변신해 인공지능, 머신러닝, 로봇과 사물인터넷에 투자해 성공하는 것을 보고 놀라움을 표현하고 있다.

### 스마트폰으로 농사짓는 세상이 왔다

4세대 통제센터는 트랙터의 오디오에서부터 조명, 현가장치, 변속기까지 관리하고 조정하는 터치스크린 장비다. 오토트랙이라는 경로 안내 시스템을 통해 농기계를 작동하고 모니터링하며 작동 내용을 세세하게 기록한다. 4세대 통제센터는 고객이 터치스크린 장비를 통해 작업을 변경하면 시스템이 요구에 맞춰 트랙터를 조정한다. 고객은 실시간으로 전송된 빅데이터를 자택의 컴퓨터와 존디어의 빅데이터 저장 플랫폼인 정보자원은행에 저장할 수 있다.

4세대 통제센터를 통해 데이터가 축적되면 고객의 요청에 따라 존디어에 소속된 자문위원들이 데이터를 분석해 작업의 질과 효율

**4세대 통제센터 모니터**

G5 플러스 통제센터 모니터          트랙터에 설치된 액티브 필 컨트롤 자율주행 통제기
(출처: 존디어 홈페이지)

성을 높일 수 있는 개선안을 분석 결과와 함께 제출한다. 4세대 통제
센터는 존디어의 기존 트랙터들과 다양한 농기계들의 성능을 개선
할 수 있다. 트랙터와 같은 농기계는 데이터와 통신 장비를 통해 사
람이 탑승하지 않거나 운전하지 않아도 작업을 스스로 한다. 그래서
농장 운영에 유연성이 생긴다. 데이터 분석 결과를 활용하면 더 정밀
하게 작업을 통제하고 보고서를 작성할 수 있다. 데이터로 지도를 제
작하면 작업 지점을 지정할 수 있어 여러 작업을 동시에 실행할 수
있다.

존디어는 4세대 통제센터를 개선해 2016년부터 프리미엄 액티
베이션이라는 고급 서비스를 제공하고 있다. 정밀농업에 필요한 장
비들을 한 세트로 저렴한 가격에 판매한다. 비료와 제초제를 정확
한 장소에 살포하고 중복 살포나 미살포를 방지한다. 여러 대의 트랙
터가 공동으로 작업하면 전체 작업을 계획해 동시에 여러 대에 업무
를 지시할 수 있다. 작업지도에 수행한 업무를 기록하고 그 데이터를
30초마다 전송해 존디어운영센터에서 안전하게 보관한다.

존디어의 트랙터들을 사용하면 4세대 통제센터를 통해 다양한 작업에 정밀농업 기술들을 활용할 수 있다. 옛날에는 사람이 토지를 쟁기로 고르고 씨를 흩뿌렸다. 지금은 농기계가 그 일을 대신한다. 존디어는 땅 고르기 작업을 수행하는 농기구에 대해 세계 최고라고 자부한다. 창업자가 강철쟁기를 개선해 회사를 설립했기 때문이다.

존디어는 6개의 쟁기를 생산하고 있다. 땅 아래로 파고드는 작업 깊이가 5~20센티미터다. 쟁기의 이동 속도는 시속 8~22.5킬로미터다. 땅을 고르는 쟁기 중 최신 제품은 시속 10~16킬로미터로 이동하면서 약 12~15센티미터 깊이로 작업한다. 한 번 이동할 때의 쟁기질 범위가 최소 7.8미터에서 최대 21.2미터까지다. 1제곱킬로미터 넓이의 대지를 25번만 왕복하면 쟁기질이 끝난다. 가을에 땅을 분쇄하는 쟁기도 시속 8~9.7킬로미터로 이농하면서 2.5밀리미터의 오차를 가진 정확도로 작업한다. 수직으로 약 40센티미터까지 땅을 파는 쟁기는 가로로 최소 6미터에서 최대 12미터의 범위까지 작업할 수 있다.

존디어가 쟁기질에 적용한 오토패스 기술은 농지의 토양 유형, 기후와 기상 조건, 재배 곡물별 생산량, 영양가, 선호하는 농법 등에 관한 데이터를 다년간 수집하고 분석한 결과를 활용해 해당 농지에 가장 적합한 쟁기질을 한다. ST 시리즈의 쟁기가 지정한 정보를 가장 최상으로 구현한다. 초음파 센서를 사용하는 트루셋 액티브TruSet Active라는 장비는 농지의 지형이 울퉁불퉁하거나 푹 꺼져 있어도 지정된 깊이대로 쟁기질을 유지하도록 작동한다.

존디어는 파종기에도 혁명을 가져왔다. 농경지 규모나 파종기간이나 씨앗 종류에 상관없이 사용할 수 있는 다양한 파종기를 출시하고 있다. 이 파종기들은 농지의 토양 여건에 제한받지 않으며 정밀농

**쟁기질에 적용된 오토패스 기술**

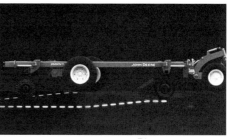

2430 끌쟁기

일정하게 쟁기질하는 트루셋™ 액티브

(출처: 존디어 홈페이지)

업 기술을 적용해 생산성을 높였다.

존디어는 최근에 파종기인 '프로시리즈 오프너ProSeries Opener'가 씨앗을 손상하지 않고 더 정확한 깊이에 심도록 성능을 개선했다. 그 결과 씨앗들이 과거보다 더 잘 발아하고 일정하게 생장했다. 동일한 농지에서 수확량이 증가했다. 존디어는 제품 개발에 고객들의 요청을 반영한다. 규모가 작은 농지를 위한 쟁기와 파종기의 개발도 고객들의 요청에 따른 것이다. 또 파종 시간이 매우 짧은 지역을 위해 '브로드캐스트 스프레더'를 개발했다. 이 제품은 약 15미터의 범위에 씨앗, 석회, 비료를 살포할 수 있다. 존디어는 농민들에게 파종 성공 사례도 제공했다.

존디어는 새뮤얼 앨런 회장이 지도력을 발휘했던 2010년대에 파종과 관련한 정밀농업 기술을 빠르게 발전시켰다. 2015년 11월 존디어는 유럽에서 정밀농업을 선도하는 리불로 모노셈을 인수하기로 양사가 합의했다고 발표했다. 인수 조건에는 프랑스에 있는 4개, 미국에 있는 2개의 모노셈 시설들이 포함돼 있었다. 한 달 후에는 아이오와주 클라리온에 위치한 살포기 업체인 하기를 인수했다. 하기는 아이오와주립대를 졸업한 레이 하기가 1933년 가족이 운영하는 농장에서 더 효율적으로 옥수수 씨앗을 살파하기 위한 실험으로 시작됐다. 그는 다음 해에 하기 하이브리즈Hagie Hybrids를 설립했고 1947년 세계 최초로 자주식 살포기를 발명해 기업을 성공으로 이끌었다.

2017년에는 이탈리아 에밀리아로마냐 지역의 기업인 마조티를 인수했다. 1948년에 설립된 마조티는 농업, 관광, 자동차 경주를 사업 영역으로 하는 기업이다. 1987년 식물과 환경을 보호하면서 생산성을 높이는 자주식 살포기를 개발해 이탈리아와 전 세계 업계에서 주목받았다. 존디어의 정밀농업 기술은 곡물 보호를 위한 정밀농업 기술을 저렴한 가격에 제공해 생산성을 높이는 마조티의 기술로 한층 더 발전했다.

존디어는 초창기부터 더 많은 수확을 위해 특별한 기능을 장착한 콤바인을 생산했다. 존디어의 콤바인은 기능 최적화와 자동화를 위한 장비들이 장착돼 있어 완전 자율주행을 위한 농지 탐지 센서를 통해 작업이 실시간으로 조정되고 데이터가 전송된다. 운전석에 가죽 시트, 발걸이, 할로겐 조명, 저장 공간, 냉장고, 블루투스 스피커 등이 설치돼 있다. 시야 확보에 뛰어나며 편리하고 쾌적하다. 작업과 도로 주행을 위한 조명이나 곡물 탱크 확인을 위한 거울과 작업 카메라가 설치돼 있어 여러모로 작업에 도움이 된다. 콤바인에는 곡물을 수확해 탱크에 저장하는 드레이퍼, 옥수수를 수확하는 콘헤드, 수확한 곡물을 모으는 픽업벨트 등을 장착했다. 존디어는 3개의 면화 수확기 모델과 3개의 사탕수수 수확기 모델도 생산한다. 곡물선별기와 곡물 세척기도 있다.

## 콤바인 어드바이저

콤바인 어드바이저를 장착하면 영상으로 수확한 곡물의 품질을 실시간으로 확인할 수 있다. (출처: 존디어 홈페이지)

무엇보다 놀라운 점은 무선통신 장비인 JD링크 모뎀, 4600통제센터 디스플레이 등으로 존디어운영센터와 실시간으로 정보를 교환하고 운영에 대한 지원을 받을 수 있다는 것이다. 존디어가 콤바인 자동화를 위해 개발한 '콤바인 어드바이저Combine Advisor'를 통해 농업 환경이 변하면 자동으로 콤바인 작업을 조정해 곡물 손실을 최소로 줄인다. 고객이 작업 수준을 설정하면 환경이나 작물이 바뀌어도 콤바인이 스스로 알아서 조정하면서 작업한다.

또한 존디어의 콤바인은 다양한 장비들이 장착돼 있어 스스로 알아서 수행하는 것이 가능하다. 그리고 커넥트 모바일 장비는 대상 농지에서 과거에 수확한 농작물 데이터와 현재 수확한 농작물 데이터를 표기한 지도로 수확량과 품질을 비교한다. 이런 정밀농업 장비들을 통해 존디어의 콤바인은 수확량을 최대로 올린다.

존디어는 건초 사료를 위한 수확기도 생산한다. 이 수확기에 설치된 하비스트랩 3000은 수확한 건초의 습도와 건조 상태, 영양가, 탄수화물, 섬유질, 섬유 상태, 당분 등을 측정한다. 이 장비는 현재의 건조 상태를 평가해 적절한 적재량을 조정한다. 작업을 하면서 적절한 수확 범위도 자동으로 결정한다. 서로 섞기 전에 적재한 건초를 평가해 건초를 잘 혼합한다. 3차원 카메라를 장착한 액티브 필 컨트롤은 자동으로 곡물 수송트럭과 트레일러를 확인해 곡물을 흘리지 않고 꽉 채워 담도록 한다.

존디어는 콤바인과 수확 장비, 건초 사료 수확기와 수확 장비에 정밀농업 기술을 적용한 각종 데이터 장비들을 설치했다. GPS와 통신 장비를 통해 장비에서 수집된 데이터는 실시간으로 콤바인과 수확 장비들을 작동하는 데 활용된다.

## 혁신기술 생태계로 농업을 이끌다

오늘날 존디어가 자랑하는 인공지능 자율주행 농업은 2017년 9월 새뮤얼 앨런 회장이 캘리포니아주 샌프란시스코에 기반을 둔 블루리버 테크놀로지를 3억 500만 달러에 인수하면서 본격화됐다. 2011년에 설립된 블루리버 테크놀로지는 면화 잡초 제거에 특화된 컴퓨터 기반의 농업용 로봇을 설계하고 제작해 판매하는 첨단기술 기업이다. 블루리버 테크놀로지는 인공지능에 기반한 시앤드스프레이라는 기계를 발명했다.

시앤드스프레이는 고객에게 중요한 식물이 제초제로 손상되지

72 **존디어** 애그테크 1위 기업

않도록 농지에서 개별 식물을 탐지하고 확인하고 관리하는 수준을 결정하기 위해 인공지능 기술을 활용했으며 제초제를 정밀하게 살포하기 위해 로봇 노즐을 장착했다. 잡초가 제초제에 대해 내성이 생기지 않도록 해당 잡초에 효능이 있는 제초제를 정확한 양만 정확한 지점에 살포했다. 환경을 해치지 않으면서 생산량을 높였다.

존 메이 회장의 임기 동안 존디어의 정밀농업 기술은 첨단기술을 보유한 기업들과 협력하며 빠르게 발전했다. 2019년 존디어의 스타트업 협력 프로그램에 첨단 자율주행 기술을 보유한 스타트업 베어플래그 로보틱스가 참가했다. 실리콘밸리 서니베일에 본사가 있던 베어플래그 로보틱스는 2017년에 출범한 신생 농업 기술 스타트업으로 농지에서 트랙터가 자율주행으로 작업할 수 있도록 장비와 소프트웨어를 만드는 사업을 했다.

스타트업을 위한 Y 협력 프로그램의 지원을 받아 탄생한 베어플래그 로보틱스로서는 이 만남이 존디어와 일할 수 있는 천금 같은 기회였다. 존디어는 이 스타트업의 잠재력을 꿰뚫어보았다. 베어플래그 로보틱스는 카메라, 라이다, 레이더 기술을 탑재해 주변 상황을 360도 관찰할 수 있는 장비를 제작했다. 트랙터를 별도로 제작하는 것이 아니라 기존 트랙터를 인공지능 기술이 장착된 장비로 보강해 효율성과 생산성을 높였다. 비즈니스 모델은 제품 판매와 구독 서비스가 있다. 구독 서비스에 가입하면 장비와 서비스를 이용할 수 있다. 미국 농민들의 고령화로 숙련된 노동력을 확보하기가 점점 어려워져 스스로 운행하는 첨단 자율주행 기술에 관심이 높았던 존디어에 도움이 되는 회사였다.

베어플래그 로보틱스는 여러 대의 트랙터가 집단으로 자율주행을 하고 언제 어디서든지 통제할 수 있으며 활동 데이터를 활용할 수 있는 자율주행 기술 개발에 성공했다. 존디어는 베어플래그 로보틱스에 기업 인수를 제안했다. 전 세계 수많은 농민이 자율주행 트랙터를 이용해 더 많은 농산물을 생산함으로써 세계 식량 생산 비용을 낮출 수 있도록 돕겠다는 기업의 설립 목적을 존디어와 함께 이루자고 했다. 베어플래그 로보틱스의 농업 전문가, 엔지니어, 기술자들에게 당근도 제시했다. 높은 인수 금액뿐만 아니라 존디어 계열사로서 다른 계열사들과 센서 융합, 시각 기술, 데이터 소프트웨어, 하드웨어 부문에서 협력할 기회와 예산을 지원하겠다는 것이었다. 더 큰 기업으로 성장할 기회였다. 베어플래그 로보틱스는 존디어의 제안을 받아들였다.

2021년 8월 두 회사는 인수 금액 2억 5,000만 달러에 합병을 합의했다. 베어플래그 로보틱스는 존디어가 인수한 후에도 실리콘밸리에 남아 존디어가 첨단기술 생태계 네트워크를 유지하는 데 첨병이 됐다. 농민들에게 첨단 자율주행 기술을 제공해 더 좋은 성과를 달성하도록 돕겠다는 궁극적인 목표가 베어플래그 로보틱스와 존디어를 한마음으로 뭉치게 했다. 존디어의 자율주행 전문가들과 베어플래그 로보틱스의 농업 전문가, 엔지니어, 기술자들이 합세하자 시장에 출시가 가능한 첨단기술 솔루션이 완성됐다. 회사가 개발한 첨단기술 솔루션은 존디어의 세계적인 대리점 시스템을 통해 전 세계 농민들에게 빠르게 전파됐다. 존디어는 소프트웨어 지배력을 높여 2030년까지 총매출의 10%를 달성할 계획을 세웠다. 양사의 기술진들은 한마음으로 협력해 놀라운 작품을 만들어낸다.

2022년 3월 존디어는 옥수수, 대두, 면화를 대상으로 하는 '시앤드스프레이 얼티미트<sub>See & Spray Ultimate</sub> 시스템' 개발에 성공했다고 발표했다. 잡초에 정량의 제초제만을 뿌려 토양에 잔류하지 않도록 하는 '센스앤드액트<sub>sense & act</sub>' 기술을 정밀농업에 적용한 사례였다. 그동안 넓은 지역에 살포됐던 제초제를 잡초에만 살포할 수 있게 됐다. 시앤드스프레이 얼티미트 시스템은 말 그대로 보고 뿌리는 시스템이다. 인공지능과 머신러닝 기술을 사용한 이그잭트어플라이 ExactApply 기술로 주변의 잡초들을 확실하게 제거해 농작물마다 최대 생산성을 올릴 수 있게 했다. 블루리버 테크놀로지가 설계한 이 시스템은 신형 탄소섬유로 만든 긴 막대 형태의 장비에 장착된 카메라와 프로세서들이 컴퓨터 시각과 머신러닝 기술을 활용해 농작물과 잡초를 구분했다. 이로써 고객은 제초제 비용을 절약하고 운행정지 횟수를 줄이며 하루 동안 더 넓은 면적에 살포할 수 있게 됐다.

시앤드스프레이 얼티미트 시스템의 또 다른 장점은 두 가지 제초제를 저장할 수 있는 내부 분리형 저장탱크다. 이 분리형 저장탱크로 잡초 제거 효율성이 7%나 증가했고 제초제에 대한 잡초의 내성이 줄어들었으며 작물 보호가 개선돼 생산량이 증가했다. 환경 측면에서도 미래를 위한 좋은 농업으로 전환됐다. 저장탱크의 규모는 1,000갤런과 1,200갤런이며 하나는 정밀 살포용이고 다른 하나는 일반 살포용이다. 농지에서 시앤드스프레이 얼티미트 시스템이 작동하는 동안 4세대 디스플레이는 트랙터가 작업을 완료한 지역 중에서 얼마나 제초제가 뿌려졌는지를 비교해 제초제 절감 비율을 보여준다. 작업이 끝나면 존디어운영센터가 농지별로 잡초가 있었던 위치를 표시한 지도를 제공한다. 고객은 이 잡초 위치 지도와 자신의 농지 지도를 비교해 농지 관리에 대한 의사결정을 내릴 수 있다. 매년 데이터에 기반한 의사결정들이 축적되면 환경친화적인 농업을 할 수 있다.

2022년 5월 존디어는 자율주행 트랙터를 개발하기 위해 수많은 특허와 지적 재산을 가진 인공지능 스타트업 라이트를 인수했다. 캘리포니아주 팰로앨토에 있는 라이트는 자율주행 차량을 위한 깊이 감지 기술과 카메라 기반 감지 기술을 보유했다. 2013년에 설립된 후 그동안 1억 8,000만 달러의 투자 유치에 성공했다. 투자기업 중에는 손정의 회장의 소프트뱅크 비전펀드도 있었다. 존디어는 라이트 직원 중 일부를 본사 직원으로 채용했다.

존디어는 라이트의 클래리티Clarity 플랫폼을 자율주행 트랙터 시스템과 통합하기를 원했다. 그동안 도로를 주행하는 자율주행차들은 라이다 시스템을 주로 사용했다. 그런데 농지에서 이동하는 트랙터들은 도로만큼 수많은 정보를 빠르게 처리할 필요가 없었다. 그래서 존디어는 기존 라이다 시스템 대신에 여섯 쌍의 스테레오 카메라가 장착된 새로운 8R 자율주행 트랙터에 라이트의 시각 기반 접근 방식을 적용하기로 했다. 차량 운전에 장애가 되는 비교적 큰 물체를 파악해야 하는 도로와 달리 농지에서는 실시간으로 아주 작은 잡초까지 확인하고 모니터링할 필요가 있다. 그러한 목적으로는 라이트의 시각 중심 접근방식이 더 적합했다.

농지에서는 아주 작은 잡초라도 일주일 후 다시 오면 벌써 크게 자라 작물에 필요한 각종 영양소를 가로채고 햇빛을 가려 작물 생장에 영향을 미쳤다. 라이트의 연구진은 테슬라의 오토파일럿 2단계 자율주행 기술에 적용되는 시각 중심 접근방식이 비판할 게 많다고 말했다. 그들은 기계가 주변 지역을 정확하고 안전하게 이동하기 위해서는 인간과 같은 시각이 중요하다고 주장했다. 테슬라의 라이다가

먼지구름 속에서는 잘 기능하지 않는다고도 말했다. 라이다의 움직이는 부분들은 울퉁불퉁한 거친 환경에서 문제가 발생했다. 농기계는 최대 20미터 앞을 보고 시속 16킬로미터 속도로 가면 충분했다. 존디어와 계열사 블루리버 테크놀로지의 전문가들은 라이다 시스템이 자율주행 트랙터에 적합하지 않다는 라이트의 주장에 동의했다. 그래서 라이트를 인수했다.

라이트의 카메라 기반 감지 플랫폼은 10센티미터에서 1킬로미터 범위까지 3차원 구조물들을 볼 수 있다. 초당 9,500만 개의 지점을 동시에 인지할 수 있다. 초당 30회나 주변 지역을 3차원 시각으로 처리하는 싱글 프로세싱을 사용했다. 기존 스테레오 비전 시스템에 카메라를 추가로 설치하고 보정과 독특한 신호 프로세스를 활용해 매우 정확하게 농지 모습을 제공했다. 존디어가 인수한 베어플래그 로보틱스와 라이트는 자율주행 트랙터 개발을 위한 첨단기술 기업이다. 존디어는 이들 기업을 인수한 후에도 향후 2년 동안 150개의 첨단 정보기술을 추가로 보유할 계획이라고 발표했다.

2022년 9월 존디어의 협력사인 거스 오토메이션은 존디어 판매 대리점을 통해 과수원에 특화된 자율주행 제초제 살포기 '거스'를 개발해 판매했다. 전기로 작동하는 이 첨단 제초제 살포기는 자율주행으로 작동하기 때문에 고객이 제초제에 노출되지 않고 살포기에서 멀리 떨어져 안전하게 컴퓨터로 최대 8대의 살포기를 관리할 수 있다.

고객은 안전하고 정밀하며 효율적인 거스를 도입함으로써 운영 비용을 포함한 제반 비용을 줄일 뿐더러 생산성을 높일 수 있다. 거스는 길이가 약 7미터, 높이가 2미터, 막대형 장비 길이에 따라 폭이

2.5미터에서 6미터에 달했다. 수압으로 작동하고 높이 조절이 가능한 막대형 장비는 폭이 5.5미터에서 6.6미터인 도로에 적합했다. 가지를 젖히는 기능도 있어 나무와 농작물의 손상을 방지했다. 자율주행 기술도 적용했다. 과수원 나무의 줄을 따라 작업할 수 있도록 라이다 기술을 사용했다. 살포기에 장착된 9개의 센서가 과수원 농지에서 자라는 잡초를 감지하고 조준해 제초제를 뿌렸다.

거스를 사용하고 난 뒤부터 제초제 사용량이 줄었는데 대기나 토양으로 흩어지는 양도 줄었다. 고객의 건강과 환경과 생산된 농산물의 안전이 향상됐다. 동일한 문제에 봉착한 우리나라 농촌에서 하는 고민에 대해 존디어는 이미 해결책을 제시한 셈이다. 존디어는 농민들의 요구사항에 잡초 감지 기술을 추가해 고부가가치 농산물 산업을 더 높은 단계로 끌어올렸다. 농민들은 제초제 사용량 감소로 비용 절약과 지속가능한 농업 생태계라는 두 마리 토끼를 잡을 수 있었다.

2023년 5월 존디어는 첨단 자율 추진 살포기인 시앤드스프레이 프리미엄 시스템을 출시했다. 옥수수, 목화, 대두뿐만 아니라 휴한지에도 사용할 수 있다. 프리미엄 시스템은 2개의 저장탱크를 가진 얼티미트 시스템과 달리 하나의 탱크를 사용했지만 얼티미트에 근접한 성능을 가졌다. 존디어의 붐트랙 프로BoomTrac Pro 2.0으로 카메라가 장착된 긴 막대형 장비의 안정성이 향상됐다. 머신러닝 기능이 다중 이미지에서 농작물과 잡초를 구분해 더 선명한 영상이 제공됐다.

존디어는 첨단기술 기업을 계속해서 인수하고 있다. 2023년 3월에 인수한 인공지능 스타트업 스파크AI는 극단적인 상황에서 실시간으로 로봇이 문제를 해결하도록 사람이 데이터를 직접 검증하고 수정하는 휴먼인더루프HITL, Human In The Loop 기술을 개발하는 기업이다. 존디어는 스파크AI 기술을 활용해 극단적인 상황에서 자율주행 트랙터의 운행 안정성을 확보하고자 했다. 스파크AI의 인수로 존디어 정보솔루션그룹의 역량도 높아졌다.

제초제를 과도하게 살포하면 환경오염이 심각해지고 농업의 경제성이 떨어진다. 이런 문제를 해결하기 위해 존디어는 2023년 7월 스마트 어플라이를 인수했다. 스마트 어플라이는 인디애나주 인디애나폴리스에 본사가 있는 정밀 살포 장비 제조업체. 이 회사는 과수원, 포도밭 등에서 사용하는 분무식 살포기의 정밀성과 성능을 획기적으로 개선한 지능형 살포 통제 시스템인 스마트 어플라이를 개발했다. 과수원 농장주들은 스마트 어플라이를 도입해 화학물질 사용을 줄였고 대기 부유와 오염물질 확산을 방지했다. 그 덕분에 지속 가능성을 지키면서도 고부가가치 농작물을 최적으로 생산할 수 있었다.

존디어는 스마트 기술을 활용한 친환경 농업을 위해 2020년부터 스마트 어플라이와 협력해왔다. 그러면서 과수원과 포도밭과 같은 가격이 비싼 과일을 생산하는 고부가가치 농업으로 영역을 확장해왔다. 고부가가치 농업이 직면한 노동력, 비용 문제, 규제 강화, 친환경 목표 추구에 대한 약속을 지키기 위해 스마트 어플라이를 인수했다. 존디어는 이 시스템이 화학물질 사용량을 평균 50% 줄여 화학물질 확산을 93%, 대기 부유물질을 87% 감소한다고 발표했다.

스마트 어플라이는 고도로 정밀한 라이다 감지 기술을 활용해 개별 나무의 무성한 나뭇잎들에 적합한 최적 용량을 자동으로 결정해 살포하는 시스템이다. 이 시스템은 사람이 조작하지 않아도 과수원 트랙터가 나무 사이를 지나갈 때 자동으로 살포를 멈춘다. GPS 기반

**시앤드스프레이**

(a) 시앤드스프레이 얼티미트의 작업 모습

(b) 시앤드스프레이 프리미엄에 장착된 노즐

(c) 시앤드스프레이 프리미엄에 장착된 카메라

(출처: 존디어 홈페이지)

소프트웨어는 나무마다 살포된 농약과 제초제 데이터를 실시간으로 전송한다. 존디어는 수집된 데이터를 활용해 나무별로 살포 물질, 일시, 용량, 화학물질 감소량, 나무의 건강 상태, 과수원 전체 살포 상태 등을 분석한 보고서를 작성해 고객에게 제공한다. 고객은 이런 보고서로 최적의 생산성, 이익, 건강, 지속가능성을 깊이 이해할 수 있게 됐다.

2014년에 설립된 스마트 어플라이는 20여 명의 직원이 근무하는 신생 회사에 불과했으나 존디어의 판매망을 통해 첨단 시스템을 미국, 오스트레일리아, 뉴질랜드, 남아프리카공화국, 캐나다, 영국에 판매해왔다. 존디어는 스마트 어플라이를 인수한 후 글로벌 네트워크를 활용해 더 공격적으로 판매할 계획을 세웠다. 또한 스마트 어플라이 기술로 전 세계의 고부가가치 농작물에 대한 새로운 시장을 조성할 야망도 드러냈다.

존디어는 이렇게 여러 혁신적인 기업과 협력하면서 혁신 생태계를 구축했다. 이 생태계는 농업 생산성 향상뿐만 아니라 농민들의 노동과 삶의 질을 바꾸어놓았다. 바로 존디어가 추구하는 가치와 맞아떨어지는 결과였다.

# 2장

# 혁신 기업으로 끊임없이 변신하다

# 1

# 시대의 흐름을 읽고 세계적인 기업이 되다

1820년대 미국 영토는 조선의 20배가 넘었다. 광활한 지역에 인구가 적은 마을이 드문드문 있는 전형적인 농업 국가였다. 미국인들은 모든 것을 스스로 해결해야만 했다. 미국의 농촌에는 숙련된 기술자가 없었다. 있어도 장비와 재료가 부족했다. 사람들은 아메리카 선주민, 앞선 정착민, 유럽에서 온 이주민들로부터 온갖 기술을 배웠다. 그리고 다양한 분야에서 배운 지식과 기술들을 서로 혼합했다. 지식과 기술을 공유했고 다음 세대에 전수했다. 미국인들은 매우 실용적인 행동을 선호하는 팔방미인이 됐다. 미국에서는 1836년 새로운 특허법이 제정돼 특허가 관리될 때까지 모방과 차용이 만연했다.

19세기 초반 농업 국가 미국에서 최고의 직업은 대장장이였다. 숲이 우거진 북아메리카 대륙의 동부와 중부에서 집을 짓기 위해 필요한 것은 나무를 자르고 다듬고 세우기 위한 도구였다. 사람들은 도끼와 톱, 망치와 대패, 못과 꺾쇠를 찾았다. 서부로 가는 마차를 위해서는 말편자와 바퀴 테가 필요했다. 농기구와 철로와 선박을 만들기 위해서도 철이 필요했다. 전쟁 때는 대장장이가 총, 칼, 대포와 총알을 제작했다. 금과 은을 제련해 금괴와 화폐를 주조했다. 황동이나 청동과 같은 합금을 생산해 생활용품과 동상을 제작했다. 마을마다 숙련된 대장장이가 항상 부족했다. 이러한 시대의 흐름을 읽고 세계적인 기업을 일군 사람이 존 디어다.

## 강철쟁기 개량으로 대평원의 땅을 부수며 몰린 시대를 열다

존 디어는 1804년 미국 북동부의 버몬트주에서 태어났다. 당시 버몬트는 전형적인 농촌이었다. 주민은 메이플 시럽을 만들기 위한 설탕단풍나무 수액을 채취하고 양털을 얻으려고 양을 키우며 생계를 이었다. 존 디어가 4세 때 아버지가 집안일로 영국에 가다 실종됐다. 어머니는 가족의 생계를 위해 양복점 운영을 맡았다.

존 디어는 17세가 되던 1821년 버몬트주 최초로 대학교 설립 인가를 받은 미들버리대학교에 다니고 있었다. 어느 날 그는 미국이 루이지애나를 매입한 후 미국 인구가 2배로 증가했다는 소식을 접했다. 그때 증가한 인구 중 대다수가 미시시피강 서쪽인 루이지애나로 향했다. 버몬트주에서는 1817년 겨울에 발생한 강추위로 많은 사람이 아사 직전에 몰렸다. 상당수 주민이 버몬트주에서는 미래가 없다고 생각했다. 그런 생각에 동조했던 존 디어는 다니던 대학을 중퇴한다.

존 디어는 야금술을 배우기 위해 미들버리읍에서 가장 성공한 대장장이였던 벤저민 로런스Benjamin Lawrence의 도제로 들어갔다. 그의 대장간에서 5년간 일하고 독립한 1년 후에 드매리어스 램Demarius Lamb과 결혼했다. 그들에게 모두 9명의 자식이 태어났다. 존 디어는 버몬트주의 작은 읍들인 버겐스와 레스터에 있는 대장간에서 일했다. 그후 버몬트주에서 가장 큰 도시인 벌링턴에서 자신의 대장간을 열었다.

그는 품질에 집착하는 대장장이였다. 제품은 우수했으나 시간이 많이 걸렸다. 여러 대장장이가 경쟁하는 벌링턴에서는 벌이가 시원치 않았다. 설상가상으로 그의 대장간에서 화재가 두 번이나 발생해 파산 위기에 처했다. 1836년 미국 북동부 지역인 뉴잉글랜드의 경제는 매우 나빴다. 존 디어는 낙후된 시골 도시에서는 꿈을 펼칠 수가 없다고 생각했다. 그때 미시시피강 유역에 있는 일리노이주로 이주한 친구가 그곳으로 오기를 권유했다. 1836년 그는 모든 것을 정리하고 고향과 가족을 떠나 운하를 항해하는 선박과 마차를 갈아타고 일리노이주 그랜드디투어로 향했다. 그의 나이 32세였다.

그랜드디투어는 미국에서 세 번째로 큰 도시인 시카고에서 약 160킬로미터 떨어져 있어 차로 2시간이 걸리는 작은 마을이다. 존 디어가 오기 한 해 전인 1835년에 버몬트 출신인 레너드 앤드러스Leonard Andrus가 세웠다. 앤드러스와 디어는 미들버리대학교에서 함께 공부한 동창생이었다. 대장간을 운영할 수 있는 기본적인 장비들을 가져온 존 디어는 1837년 집을 짓고 앤드러스와 함께 대장간을 열었다. 기업 존디어의 창립이었다. 앤드러스의 소개로 주민들이 농기구 수리를 부탁했다. 존 디어가 실력을 발휘하자 쇠스랑과 삽을 주문했다. 자리를 잡은 후 버몬트에서 가족들이 합류했다. 존 디어가 버몬트를 떠날 때 엄마 배 속에 다섯 번째 자식인 찰스가 있었다. 찰스는 후에

아버지를 뒤이어 기업 존디어의 2대 CEO가 된다.

존 디어의 대장간은 새로운 이주민들과 주변 입소문으로 번창했다. 솜씨 좋은 대장간이 있는 그랜드디투어의 인구가 증가했다. 그랜드디투어의 실력자 앤드러스가 세운 수력 제분소와 다른 사업들도 번창했다. 1837년 존 디어는 그의 인생을 바꾼 '행운의 여신'을 만난다. 바로 강철쟁기다. 그는 어느 날 한 농민이 강철쟁기를 가져와 불평하는 것을 묵묵히 들었다. 그때 품질에 집착하는 그의 본능이 깨어났다.

일리노이주를 포함한 미국 중서부의 땅이 문제였다. 그 거대한 벌판은 빙하기에 두께가 2~3킬로미터인 빙하로 덮여 있었다. 마치 맷돌 수십 장에 오랫동안 짓눌린 치즈케이크 같았다. 기온이 오른 홀로세 때는 땅이 온통 풀밭이었다. 수천 년 동안 셀 수 없이 많은 아메리카들소가 중서부 벌판에서 이동하며 풀을 뜯어 먹고 배설하고 땅을 다졌다. 그래서 풀뿌리들이 깊이 박혀 서로 뒤엉킨 땅에 고랑을 파기 어려웠다. 아메리카 선주민들은 농사를 짓지 않고 들소를 사냥하며 살았다. 토양은 엄청나게 비옥했지만 밀도가 높고 끈적거려 쟁기질을 하면 농기구에 들러붙었다. 질긴 풀뿌리에 쟁기를 끄는 소가 매우 힘들어했다. 농부는 농기구에 들러붙는 흙을 손으로 일일이 털어내야 했다.

당시 중서부 지역에서는 여러 명의 발명가가 다양한 방식으로 쟁기를 만들었다. 1833년 미국에서 최초로 강철쟁기가 탄생했다. 시카고시 인근에서 일하던 존 레인John Lane이라는 대장장이가 목재판에 여러 개의 보습을 달아 철제쟁기를 발명했다. 그는 다른 대장장이들이 자신이 만든 강철쟁기를 개량할 수 있도록 허가했다.

존 디어는 여러 날을 고민한 끝에 재단사들이 바느질을 하기 전에 처리하는 방식을 철제쟁기에 적용하기로 했다. 중서부의 흙이 잘 들러붙지 않고 풀뿌리를 잘 끊어내도록 보습 길이를 조정한 후 강철 날을 달았다. 흙이 자연스럽게 떨어지도록 철제쟁기의 형태를 개량하고 광택 연마를 했다. 그가 개량한 쟁기는 처음에는 잘 팔리지 않았으나 차츰 입소문을 타기 시작했다.

1843년 일리노이주 미시시피강 유역에 '제분소의 도시'라는 의미를 가진 몰린이 건설됐다. 신도시에는 건물이 몇 채 없었다. 하지만 존 디어는 미래를 내다보고 대장간을 몰린으로 이전하자고 했다. 그랜드디투어에 투자한 것이 많았던 앤드러스는 반대했다. 그래서 둘은 동업 관계를 끝내기로 했다. 대신에 그랜드디투어 대장간에서 함께 일했던 감각이 뛰어난 대장장이이자 기계제작자이며 엔지니어인 로버트 테이트Robert Tate가 합류했다.

존 디어는 대장간에서 회계를 담당했던 존 굴드John Gould도 설득했다. 또한 존 디어는 투자할 돈이 없던 굴드에게 연 6%의 금리로 돈을 빌려주었다. 그렇게 1848년 기업 존디어의 몰린 시대가 열린다. 몰린으로 이전한 존 디어의 혜안은 빛을 발했다. 대장간은 첫 1년에 2,300개의 쟁기를 팔았다. 다음 해부터는 매년 4,000개 이상 판매했다. 존 디어의 강철쟁기는 "대평원의 땅을 부순 쟁기"로 유명해졌다. 한 지역 언론사는 "나폴레옹 쟁기 제작자"라고 칭송했다.

### 길핀 설키 쟁기로 파산, 전쟁, 소송을 넘어 1위로 도약하다

19세기 중반 존디어의 2대 CEO인 찰스 디어는 전쟁을 두 차례 맞닥뜨렸다. 1857~1864년 동안 진행된 기업 존디어의 생존 전쟁과 1861~1865년에 발생한 남북전쟁이다. 찰스는 첫 번째 전쟁을 통해 존디어의 생존을 위협했던 재정위기를 극복하고 미국 쟁기 업계를 장악할 기반을 굳건하게 다졌다. 당시 찰스는 알지 못했지만 미국 역사를 뒤흔든 남북전쟁은 존디어의 미래를 위한 도약의 길을 준비했다.

1857년 미국에 금융위기의 쓰나미가 닥쳤다. 둘째 사위인 웨버는 장인인 존 디어에게 경영권을 처남인 찰스에게 넘기도록 설득했다. 학생 때는 능력을 보여주지 못했던 찰스는 존디어에 입사한 후 매우 영민하고 빠르게 기업경영의 세계를 배웠다. 그는 현장을 중시했다. 새롭게 진출하는 지역의 잠재고객들에게 쟁기를 소개하기 위해 현장에서 솔선수범해 시범을 보였다. 아버지는 찰스를 과거의 동업자였던 굴드에게 보내 회사의 재정 관리에 대해 배우도록 했다. 굴드는 기꺼이 찰스를 지도했다. 찰스가 판매 부서에서 3년 동안 축적한 경험과 역량은 위기에서 크게 빛을 발한다.

1857년 금융위기 이후 수많은 기업이 유동성 위기를 극복하지 못하고 무너졌다. 존디어도 외상에 따른 현금 유동성 문제와 원료 구매 청구서 쇄도로 몰락하기 직전이었다. 전대미문의 이 상황은 금융과 회계 지식으로 무장한데다가 사업가적 판단이 빠른 새로운 시대의 인물이 대처해야 했다. 현장을 종횡무진으로 다니는 젊은이면 더 좋았다. 찰스가 적임자였다. 21세에 CEO가 된 찰스의 어깨에 그 무거운 짐이 지어졌다.

찰스는 바로 행동에 나섰다. 먼저 존디어의 현금 흐름, 외상장부, 악성 채무 목록을 꼼꼼하게 살폈다. 판매 부서에서의 경험을 바탕으로 판매대금을 지불하지 않는 농민들과 협상하기 위해 지역별로 순회 일정을 계획해 직접 만났다. 순회하는 동안에도 새로운 시장을 개척하고 존디어의 제품을 시연했다. 지역별 농업 특성, 경쟁사들의 동향, 고객인 농민들의 성향과 요구사항을 꼼꼼하게 수첩에 기록한 후 대책을 고민했다. 그는 그 기간에 기업의 미래에 대한 생각을 정리해 결의문을 작성했다. 그는 빚에 대한 두려움으로 기업을 이끈 아버지와 달리 결의문을 기반으로 경영했다.

찰스의 노력은 곧 빛을 발한다. 현장에 충실한 정보를 통해 문제를 구체적으로 파악했다. 새로운 판매 전략을 수립해 악성 채무를 줄였다. 기존 고객과의 유대를 강화하자 새로운 고객이 찾아왔다. 잘못된 조건으로는 원료 구매와 제품 판매를 거절했다. 기업에 현금 유동성이 풍부해지자 금융권의 대출 이자율이 낮아졌다. 첫째 매형인 채프먼은 은행원 경험을 바탕으로 회사 재정 관리에 크게 도움을 주었다. 아버지 시대에 큰 우환거리였던 빚으로 인한 파산 공포가 사라졌다.

존디어가 1857년의 금융위기에서 서서히 탈출하던 1861년에 미국을 두 동강 낸 전무후무한 위기인 남북전쟁이 발발했다. 4년 동안 지속된 이 남북전쟁에서 미국 연방정부 링컨 대통령은 혜안과 비전으로 전쟁을 승리로 이끌었고 미국의 연방제를 지켰다. 남북전쟁이 끝난 다음 해에 캔디스완 회사Candee, Swan & Co.라는 새로운 쟁기 제조업체가 몰린에서 개업했다. 그들은 제품 설명서에 강철쟁기와 다른 농기계들을 제작한다고 광고했다. 존 디어가 아내를 잃고 고향인 버몬트로 몇몇 가족과 함께 여행을 떠났을 때다. 캔디스완 회사는 남북전쟁 이후 급격하게 성장했던 농기계 사업에서 조금이라도 이익을 보기를 원했다. 그래서 존디어의 터전 바로 앞마당에서 사업을 개시했다.

몰린은 주민이 2,000여 명밖에 안 되는 작은 마을이라 서로 잘 알았다. 1866년 캔디스완 회사가 제품 설명서를 공개하자 사람들은 설명서, 글자체, 제품 그림 등이 존디어의 것과 거의 같다는 것을 알아챘다. 심지어 인쇄소도 같은 곳을 사용했다. 판매 제품들의 종류와 형태도 거의 유사했다. 제품의 번호 시스템, 특정 부분에서의 숫자와 글자 위치, 광고 도안도 차용했다. 존디어는 처음에 홍보로 대응했지만 결국 소송으로 대처했다.

1869년 11월 5일 존디어는 2년간 지속된 이 재판에서 이겼다. 윌킨슨 판사는 캔디스완 회사와 다른 회사들이 현재의 회사명, 광고, 판매에 '몰린 쟁기'를 사용할 수 없다고 판결했다. 윌킨슨 판사는 재판 결과를 오타와에 있는 일리노이주 대법원으로 보냈다. 캔디스완 회사는 즉각 항소했고 존디어는 항소심에서 패소한다. 일리노이주 대법원의 시드니 브리즈 판사가 캔디스완 회사의 위법 사항보다 존디어의 독점이 더 중요한 쟁점이라고 보았기 때문이다. 존디어가 몰린 상표권을 독점하면 농기계와 같은 지역 특성이 강한 산업에서는 경쟁사가 클 수 없다고 판단했다.

찰스는 이 패소에서 아주 큰 교훈을 얻었다. 그는 이제 독점이라는 새로운 과제에 대비해야 한다는 사실을 마음에 새겼다. 소송을 시작했을 때는 전혀 몰랐던 이슈였다. 미국 연방정부가 1890년 '거래를 제한하는 모든 계약, 결합, 공모'와 '부당한 독점'을 금지하는 '셔먼독점금지법Sherman Antitrust Act'을 실행하기 20년 전이었다. 존디어의 몰린 쟁기 소송 패소 경험은 후에 트랙터 업계에 진출했을 때 큰 도움이 된다. 존디어는 트랙터 업계 1위였던 인터내셔널 하비스터가 독점 금지로 발목을 잡힌 틈을 타 트랙터 업계에 진출한다. 아이러니

한 반전이다.

존디어는 이 재판을 진행하면서 회사의 유산, 정직, 품질에 대한 강조가 회사 명성을 지키는 데 중요하다는 사실을 깨달았다. 재판 중에도 회사 매출은 계속 증가했고 재정은 튼튼했다. 재판이 끝났을 때 미국에 심각한 가뭄이 닥쳐 많은 농기계 업체가 고통받았다. 존디어는 별다른 매출 감소가 없었다.

강철쟁기에 이어 존디어를 오늘날과 같은 글로벌 기업으로 만든 두 번째 혁신 제품은 '길핀 설키 쟁기Gilpin Sulky Plow'다. 길핀 설키 쟁기는 1875년 존디어의 기계 기술자 길핀 모어가 개발했다. 설키 쟁기는 이륜 탑승쟁기를 일컫는다. 1863년 존디어는 마차를 개량해 첫 번째 탑승 농기계인 호크아이 탑승쟁기를 만들었다. 그 호크아이 탑승쟁기에 바퀴를 달고 탑승할 수 있도록 개조해서 길핀 설키 쟁기를 내놓았다.

찰스와 기계 기술자 길핀 모어Gilpin Moore는 운명처럼 만났다. 길핀은 펜실베이니아주 체스터카운티에서 대장장이의 아들로 태어나 14세까지 그곳에서 어머니와 친척들과 함께 살며 학교에 다녔다. 그 후 직장 때문에 록아일랜드에 떨어져 살았던 아버지의 대장간에 합류해 일하면서 학업을 이어갔다. 그는 기계 제작에 특별한 재능이 있었다. 곧 록아일랜드의 기계 업계에서 떠오르는 전문가로 주목받았다. 존 디어의 둘째 사위 웨버가 길핀에게 존디어에 입사할 것을 권유했다. 찰스는 자신보다 여섯 살이 많은 길핀 모어와 서로 통하는 면이 많다는 것을 알게 됐다.

호크아이 탑승쟁기는 존디어가 남북전쟁 참전으로 부상을 입고 신체장애를 겪게 된 농민들을 위해 개발했다. 최초의 탑승쟁기는

1866년 일리노이주 저지빌에 거주하던 프레더릭 데븐포트Frederick Davenport가 개발해 특허를 받았다. 데븐포트는 1873년 세인트루이스에서 대중을 상대로 탑승쟁기에 대한 공개 시연을 한 후 16대를 팔았다. 길핀 모어는 그 사례를 보고 호크아이 탑승쟁기를 개조해 저렴한 가격에 단순하고 견고한 탑승쟁기를 개발했다. 남북전쟁 이후 1893년 경제공황까지 28년 동안 미국 자본주의가 급격하게 성장하면서 수많은 기업이 명멸했던 시기를 '도금 시대Gilded Age'라고 부른다. 길핀 설키 쟁기는 도금 시대 동안 미국 중서부 지역의 쟁기 제조업체였던 존디어를 전국적인 기업으로 성장시킨 혁신 제품이다. 존디어는 이 쟁기로 파산, 전쟁, 소송을 넘어 업계 1위로 도약한다.

존디어가 재판에 시달렸을 때 길핀 모어는 존디어에서 기술자로서는 최고의 자리까지 영전했다. 이때 기술자에 대한 찰스의 안목이 빛을 발했다. 존디어의 대표 기술자가 된 길핀은 작동이 쉬우며 성능이 우수한 길핀 설키 쟁기를 계속 개량해 출시했다. 길핀은 쟁기에 대해 총 31개의 특허를 받았다. 길핀 설키 쟁기가 존디어의 상품설명서에 소개되자마자 고객 주문이 쇄도했다. 찰스는 1878년 파리박람회에 길핀을 대표로 하는 참가팀을 구성한 후 길핀 설키 쟁기를 출품했다. 파리 박람회에서 길핀과 길핀 설키 쟁기는 홍보에 성공해 최고의 명예를 얻었다. 1881년 길핀은 동력을 강화한 탑승쟁기를 선보였다. 존디어는 길핀 설키 쟁기의 성공으로 1873년과 1884년에 발생한 경제위기를 순조롭게 극복했다. 존디어 직원들은 길핀을 '탑승쟁기의 왕'이라고 불렀다.

그러나 유명 인사가 된 길핀 모어는 회사에서 자신의 기여가 정당하게 평가받지 못한다고 생각했다. 찰스는 이러한 길핀의 불만을 파악하고는 회사 지분의 6%를 주고 동업자로 대우했다. 존디어의 지분은 모두 가문 사람들이 소유했는데 가문 구성원이 아닌 사람에게 회사 지분을 넘긴 것은 길핀이 처음이었다. 그런데도 길핀은 외부의 영입 회유에 계속 흔들렸다. 1888년 록아일랜드 쟁기회사Rock Island Plow Co.가 설립됐을 때 홍보물에 길핀이 동참한다는 내용을 실렸다. 찰스는 격노했고 길핀이 회사에 남도록 설득했다. 길핀은 1890년 존디어의 역사를 만든 중요한 인물로 은퇴한다.

창업자 존 디어의 둘째 아들인 찰스 디어는 54년 동안 헌신적으로 미국의 도금 시대를 헤쳐나가며 지역 쟁기 제조업체였던 존디어를 미국 쟁기 제조업계의 최대 회사로 키웠다. 찰스가 이끈 존디어는 20세기 초에 생산 규모가 2위부터 9위까지 기업을 합한 규모보다도 더 커졌다.

# 2
# 새로운 시장이 열릴 때 뛰어들어 주도해간다

강철쟁기 제조업체로 시작한 존디어가 오늘날과 같은 대기업으로 성장한 것에는 세 가지 이유가 있다. 첫 번째는 어떤 사업을 왜 해야 하는가에 대한 혜안이 뛰어났다. 두 번째는 그 사업을 언제 시작할지를 잘 판단했다. 마지막은 그 사업을 어떻게 풀어나갈지에 대한 포석과 순서를 훌륭하게 전개했다. 존디어를 이끌어온 10명의 CEO에게는 저마다 하나 이상의 난제가 있었다. 그들은 그 난제들을 훌륭하게 다루었다. 3대 CEO인 윌리엄 버터워스에게 떨어진 과제는 트랙터 산업에 진출하는 것이었다.

존디어가 트랙터 산업에 뛰어들었을 때 시장에서는 이미 10여 개가 넘는 트랙터 제조업체가 있었다. 사실 존디어는 최초로 강철쟁기를 생산한 업체가 아니다. 존디어는 시장의 성장판이 열리는 임계점의 초기 단계에 뛰어들어 혁신과 경쟁을 통해 시장의 주도권을 확보해온 기업이다. 1910년대 미국 농업에서는 산업화가 촉진되면서 트랙터가 최대 화두였다. 문제는 존디어가 트랙터 산업으로 진출하는 결정을 내리기가 쉽지 않았다는 것이다.

19세기 후반 미국의 농업계에서는 세 가지 중요한 기술 진보가 있었다. 첫 번째는 존디어가 선두 자리를 차지한 강철쟁기다. 두 번째는 매코믹이 설립한 매코믹 하비스팅 머신의 말이 끄는 수확기다. 마지막 기술 진보는 증기기관 트랙터다. 창업주 존 디어는 1858년 일리노이주에서 개최된 박람회에서 증기기관 트랙터를 처음 보았다. 19세기 말이 되사 강철쟁기와 말이 끄는 수확기는 기술 발전이 어느 정도 성숙 단계에 이르렀다. 트랙터의 시대가 다가오고 있었다.

증기기관 트랙터는 무겁고 느리며 석탄을 많이 소모해 효율성이 떨어졌다. 그래서 시장에서 활용되기에는 실용적이지 못했다. 더 혁신적인 기술 도약이 필요했다. 존 디어는 이러한 사실을 파악하고 1859년 조지프 포크스와 협력해 강철쟁기를 장착한 증기기관 트랙터를 일리노이주 박람회와 시카고 경연대회에 출품해 대상을 받았다. 그때 그는 증기기관 트랙터의 단점을 속속들이 간파하고 트랙터 시장의 성장판이 열릴 때까지 기다리라고 지시했다.

## 트랙터 개발 실패에서 얻은 교훈으로 혁신을 추구한다

1890년대 들어 증기기관 트랙터를 대체할 혁신기술이 출현했다. 시작은 몰린에서 그리 멀지 않은 아이오와주의 작은 마을 프롤리치에서였다. 발명가 존 프롤리치John Froelich가 세계 최초로 휘발유로 구동되는 트랙터를 발명했다. 그는 1893년 워털루 가솔린 엔진 회사Waterloo Gasoline Engine Company를 설립했다. 프롤리치는 농민들이 휘발유 트랙터에 푹 빠질 것으로 생각했다. 그래서 최소 50대 이상 주문할 것으로 예상했다.

보수적인 성향이 강한 농민들은 이 휘발유 트랙터에 대해 의심이 많았다. 주문은 겨우 4대에 그쳤다. 판매한 트랙터들도 부품들의 오차가 커 서로 잘 결합되지 않아 고장이 잦았다. 2대가 반품됐다. 프롤리치는 트랙터에 흥미를 잃고 회사를 떠난다. 회사는 프롤리치가 떠난 후 판매할 수 있는 안정적인 휘발유 트랙터를 개발하기 위해 몇 차례 개편됐다. 결국 워털루 보이 트랙터Waterloo Boy Tractor 개발에 성공해 살아남았고 나중에 존디어에 인수된다.

1902년 봄 하트-파Hart-Parr는 세계 최초로 휘발유 내연기관을 장착한 상업용 트랙터 '하트-파 넘버 원Hart-Parr Number 1'을 출시했다. 이 트랙터는 속도가 느리지만 힘이 강했다. 1902년 아이오와에서 처음으로 판매된 이 트랙터는 다음 해에 15대가 팔렸다. 그중에서 5대는 30여 년이 지나도 작동하는 데 전혀 문제가 없었다. 드디어 상업용으로 보급이 가능한 휘발유 엔진 트랙터가 개발된 것이다. 농업의 신기원이 시작됐다.

20세기 초 미국에서는 트랙터가 신성장 동력으로 떠올랐다. 하트-파 넘버 원으로 상업용 내연기관 트랙터가 가능하다는 사실이 알려진 1902년 미국 농기계 업계에 지각변동이 발생한다. 금융왕 J. P. 모건의 주도로 공룡기업 인터내셔널 하비스터가 설립된 것이다. 인터내셔널 하비스터는 농기계, 건설 장비, 자동차, 트럭, 잔디깎이와 가드닝 장비, 주택용 장비 등을 생산하는 대기업이다. 1907년에는 자동차왕 헨리 포드가 트랙터 제작을 선언했다. 존디어도 트랙터 산업으로의 진출을 모색했다.

존디어는 트랙터 산업에 신속하게 진출하려고 인터내셔널 하비스터의 경쟁사인 JI케이스 탈곡기 회사J. I. Case Threshing Machine Company나 캐나다 업체인 프로스트 앤드 우드 회사Frost and Wood Company를 합병하려고 했으나 실패했다. 결국 자체 팀을 구성해 아이오와주 오툼와에 있는 협력사인 데인 제조회사Dain Manufacturing Company의 지원으로 트랙터 개발에 나섰다. 1912년 트랙터 개발 업무에 수석 디자이너 찰스 멜빈Charles Melvin과 12년 경력이 있는 기술 부서 책임자 맥스 스클로브스키Max Sklovsky를 투입했다. 둘은 기존 트랙터 제조회사가 판매하는 드랙터들을 중내형, 소형, 보너형 쟁기를 탑재한 트랙터들로 분류했다. 그리고 멜빈이 유형별로 시제품을 설계하면 스클로브스키가 제작해 시험했다. 2년간의 개발 끝에 존디어는 1914년 소형 삼륜 트랙터 '데인 트랙터Dain Tractor'를 시장에 출시했다. 첫 제품은 실패했으나 존디어 팀은 귀중한 교훈을 얻었다.

존디어는 트랙터 시장이 포드 천하로 재편되는 동안 데인 트랙터를 개발해 겨우 50대를 팔았다. 버터워스는 자체 생산을 포기하고 휘발유 내연기관을 세계 최초로 개발한 워털루 가솔린 엔진 회사를 235만 달러에 인수했다. 존디어의 강철쟁기와 수천 대가 판매된 워털루 보이 트랙터를 결합하자 존디어의 트랙터가 경쟁력을 확보하며 시장점유율이 1%에서 조금씩 증가했다.

1928년 창업주의 증손자인 찰스 와이먼이 4대 CEO로 선출됐다. 찰스 와이먼은 첫 번째 작품으로 '모델 GP'를 내놓았다. 다른 회사의 트랙터와 달리 모델 GP는 파종과 경작이 가능한 다목적 트랙터였다. 이 다목적 트랙터는 존디어의 천재 엔지니어인 테오 브라운Teo Brown의 작품이다. 브라운은 1925년 모델 GP 설계를 시작해

1928년 출시했다. 모델 GP는 결함이 있어 타사 제품을 압도할 정도로 많이 팔리지는 않았지만 트랙터의 미래를 앞당겼다.

1929년 10월 29일 미국의 주식시장이 붕괴해 대공황이 발생했다. 이 '검은 화요일' 이후 한 달도 되지 않아 주식 가치가 절반 이하로 떨어졌다. 1933년 대공황이 정점을 찍었을 때 미국의 국내총생산은 25% 이상 감소했다. 은행이 절반 이상 도산했고 1,500만 명의 미국인이 실업자가 됐다. 미국은 내수를 보호하기 위해 1922년 포드니-매컴버법Fordney-McCumber Tariff Act을 제정해 외국산 제품에 대한 관세를 평균 40% 부과했다. 1930년 6월에는 스무트-홀리법Smoot-Hawley Tariff Act을 제정해 외국산 농작물과 공산품에 약 20%의 관세를 추가로 부과했다. 그러자 곡물 가격이 폭락했고 옥수수를 판매하는 것보다 연료로 태우는 것이 더 경제적이게 됐다. 농민들은 조합을 결성해 도로를 봉쇄하고 시위했으며 은행장을 구타하고 압류 경매를 방해했다.

농민들이 항쟁했으나 농촌은 붕괴됐다. 1930년부터 1935년까지 약 75만 개의 농장이 문을 닫았다. 트랙터 시장도 붕괴해 재정이 열악했던 트랙터 제조업체들이 파산했다. 그러나 생존에 성공한 제조업체들에게는 새로운 기회가 열렸다. 1910~1920년대에 인터내셔널 하비스터, 포드, 존디어가 벌인 트랙터 대전 동안 트랙터는 농촌의 수많은 농민, 일용직 노동자, 계절노동자를 대체했다. 미국은 대공황 시기에 600만 명 이상의 농민이 농업을 포기해 전체 인구에서 농업 인구 비중이 4분의 1 이하로 떨어졌다. '트랙터로 인한 추방Tractored out'이라 불린 이 현상은 대공황 시기에 가속됐다. 뉴딜 정책이 시행돼도 지속됐다. 연방정부가 뉴딜 정책을 통해 농장주들에게 농촌 기계화 자금을 지원했기 때문이다. 이러한 과정을 거쳐 미국은 기업농 시대를 앞당겼다.

## 장기적 관점으로 준비해 뉴프런티어 기수가 되다

1960년대 미국은 혁신의 시대를 활짝 열었다. 1960년 11월 8일 35대 미국 대통령 선거에서 민주당의 존 F. 케네디 후보가 공화당의 리처드 닉슨 후보를 물리쳤다. 케네디는 대통령 후보 시절부터 뉴프런티어 정책을 내세웠고 대통령에 취임한 후에는 미국을 새로운 시대로 이끌었다. 같은 시기에 존디어에서는 농업계의 뉴프론티어를 준비했다.

시작은 1953년 초로 거슬러 올라간다. 존디어 4대 CEO인 찰스 와이먼의 주재로 비밀리에 최고 경영진 회의가 열렸다. 존디어가 주력하는 2기통 엔진을 다기통 엔진으로 대체할 트랙터 개발이 주제였다. 존디어의 품질과 혁신에 대한 창업자 정신에 따라 엔지니어에서 경영관리자까지 모든 분야의 전문가가 참여해 격론을 벌였는데 분위기가 험악해질 정도였다. 결론적으로 "변화의 시대를 주도할 기술 혁신이 가능하다."라는 공감대가 형성됐다. 결정은 극비 사항으로서 모든 문서는 파기됐다.

1959년 존디어는 아이오와주 마셜타운에서 개최된 현장 시범에서 215마력 사륜구동의 거대한 트랙터를 선보였다. 존디어답지 않은 파워풀한 존디어 '모델 8010'에 관중은 열광했다. 신형 트랙터는 존디어가 주력하는 2기통이 아니라 '지미'라는 별명으로 불린 제너럴모터스의 6기통 2행정 사이클의 6-71 디젤 엔진을 장착했다. 가격표에는 3만 3,000달러가 붙어 있었다. 외부에 별로 알려지지 않았다가 갑자기 출시한 모델 8010은 가능한 한 모든 부품에 표준화된 기존 제품을 사용했다. 그래서 신속한 대량생산이 가능했다.

그동안 존디어는 강철쟁기나 모델 D 트랙터와 같은 혁신적인 제품을 개발하기 위해 오랫동안 투자해왔다. 그런데 모델 8010은 높은 마력의 트랙터에 대한 시장의 수요에 부응하기 위해 급하게 개발한 트랙터라는 사실이 명백했다. 극한의 상황에서 변속기가 잘 작동하지 않는 등 결함이 심각했다. 존디어는 100개를 제작했는데 하나를 제외한 99개가 반품됐다. 몇 년 동안 결함을 개선해 '모델 8020'을 출시했지만 소수만 구매했다. 존디어가 혁신의 세계에서 종이호랑이라는 사실에 경쟁자들은 안도했으나 그 안도감은 오래가지 않았다.

존디어는 신세대 트랙터가 기술적 도약과 혁신적 산업디자인의 새로운 융합체여야 한다고 판단했다. 존디어는 창업자 정신에 따라 혁신의 시기에 장기적인 관점을 가지고 개발을 추진하는 기업문화가 체질화돼 있다. 신세대 트랙터 개발을 위해서 보수적인 관점에서 벗어나 트랙터의 모든 사항을 원점부터 재검토했다. 신세대 트랙터의 개념을 구상해 제품을 출시할 때까지 대략 7년이 걸릴 것으로 예측했는데 정확했다.

경쟁자들에게 정보가 유출되지 않도록 기밀 유지가 가장 큰 관건이었다. 당시 트랙터 업계에서 기밀 유지는 매우 어려운 일이었다. 상당수 트랙터 업체의 생산공장이 같은 도시에 있었다. 경쟁기업들의 매니저와 공장 직원들은 어릴 때부터 친구였고 이웃이었다. 퇴근 후나 주말에는 함께 식사하거나 술을 마시거나 취미활동을 하며 시간을 보냈다. 때때로 직원들이 경쟁사로 이직했다. 농기계 업체들은 경쟁사로 산업스파이를 보내 최신 트랙터 개발에 대한 정보를 캐냈다. 틈만 나면 개발 중인 신제품 아래로 기어들어 가서 어떤 물질을 사용하는지 제품을 긁어내 샘플을 채취했으며 몰래 부품을 분해하고 재조립해 도면을 그려냈다. 판매 대리점 직원으로 위장해 시험 운행을 관찰하거나 직접 하는 것도 다반사였다.

존디어는 이런 업계의 행태를 잘 알았다. 기밀 유지를 위해 소수의 존디어 엔진 공학자들을 선발해 헨리 드레이퍼스의 산업디자인팀과 협업하는 작은 특별팀을 구성했다. 그리고 특별팀의 사무실로 아이오와주 위털루에 있는 잡화점을 임대했다. 지역주민들이 정육점으로 불렀던 그 잡화점은 인가가 드문 곳에 있어 사람들의 시선을 피해 특별팀을 격리하기에 적절했다. 존디어 내부에서는 특별팀을 "정육점 아들들"이라고 불렀다. 문과 창문을 모두 차폐했고 건물은 냉난방도 되지 않았다. 그곳에서 신세대 트랙터를 위한 초기 도면들이 설계됐다. 트랙터의 혁신성뿐만 아니라 제품의 적용성과 안정성도 중요했다.

신세대 트랙터 프로젝트가 진행되던 1954년에 찰스 와이먼의 건강이 급격하게 악화됐다. 경영권은 첫째 사위인 윌리엄 휴잇William Hewitt에게 넘어갔다. 1955년 5대 CEO로 선출된 휴잇은 프로젝트의 목표를 수정했다. "인터내셔널 하비스터를 넘어서자." 이 목표를 달성하기 위해서 엔지니어들은 혁신적인 트랙터를 개발해야 했고 판매 부서와 홍보 부서도 새로운 방식을 도입해야 했다.

휴잇은 다기통 엔진 개발이 신세대 트랙터의 핵심이라는 사실을 잘 알았다. 수압 시스템, 변속기, 트랙터 본체와 내부 구조, 부품 간 연결 부분, 통제 시스템 등을 포함한 모든 부문에서도 혁신을 주문했다. 신세대 트랙터의 대부분이 새로운 설계를 통해 개선됐다. 트랙터 외관은 기능적으로 문제가 없으면서도 시선을 잡아끄는 곡선 스타일로 디자인됐다. 편평한 장소에 놓여 있을 때는 물론 경사진 들판에서 기울어진 채 작업할 때도 트랙터가 항상 똑바로 서 있는 것처럼 보이도록 디자인했다. 모든 나사의 머리와 철판 이음새를 잘 보이지 않도록 마감 처리해 차체 표면이 매끄럽게 보이도록 했다. 이런 세세한 부분들이 존디어의 신세대 트랙터를 시장에 나와 있던 다른 트랙터들과 결정적으로 다르게 보이도록 했다. 녹색과 노란색의 트랙터 색채만 유일하게 바꾸지 않았다.

신세대 트랙터 개발이 순조롭게 진행되자 처음에 계획했던 기간을 앞당겨 1958년까지는 출시할 수 있을 것으로 예상됐다. 그러나 휴잇이 목표를 높이면서 각 부문을 재설계하는 데 시간이 더 들었다. 신세대 트랙터 생산라인이 신설되는 동안에 개발팀은 트랙터 유형을 늘렸다. 존디어의 신세대 트랙터들은 1960년 8월 29일에 개최한 '디어 데이'에서 극적으로 등장했다. '모델 3010'은 다음 날 정오에 댈러스 도심에 있는 니만마커스 백화점 본점에 전시됐다. 동시에 존디어는 댈러스 대경기장 주차장에서 136개의 새로운 트랙터들과 324개의 장비들을 공개했다. 3년 후인 1963년 존디어는 트랙터 업계 1위로 올라선 후 한 번도 그 자리를 빼앗기지 않았다.

# 3
# 현장을 중시하는 혁신경영의 기반을 만들다

1857년 미국에 경제공황이 닥쳤다. 존디어도 위기의 파고를 넘기가 힘들었고 파산 위기에 몰리고 말았다. 쟁기 판매대금을 수금하지 못했다. 영국으로부터 강철원료를 조달하는 데도 실수를 범했다. 기업이 생존하려면 마케팅에 뛰어난 새로운 리더십이 필요했다. 결국 창업자인 존 디어가 경영 일선에서 물러났다. 아들인 찰스 디어는 1854년 대학을 졸업하고 16세의 나이에 회사에 합류해 회계장부를 담당했다가 마케팅에 특출한 역량을 보여 3년 만에 판매 부서 최고책임자로 승진했다. 찰스는 21세의 나이에 아버지를 이어 2대 CEO가 됐다.

현장을 중시한 찰스는 판매대금을 지불하지 못한 농민들과 협상하려고 직접 지역들을 순회하며 잔금 납입조건을 조정했다. 그리고 신제품을 시연해 새로운 시장을 개척했다. 하루 2~3달러로 식사와 숙박을 해결하면서 지역별 농업 특성, 경쟁사들의 동향, 농민들의 성향과 요구사항을 꼼꼼하게 기록했다. 이 경험과 기록을 기반으로 존디어의 미래를 위한 계획서를 작성했다. 현장에 충실한 정보로 악성 거래와 채무를 줄이고 우량고객과 유대를 강화했다. 지역별로 적합한 판매 전략을 추진해 현금 유동성도 확보했다.

위기를 벗어난 그는 1869년 혁신적인 제품 판매 전략을 추진했다. 농기계 업계 최초의 지점 개설이었다. 찰스는 회사가 커지면 더 많은 판매원과 판매대리점이 필요하다는 사실을 잘 알았다. 독립적인 성향이 강한 판매원과 판매대리점은 관리가 쉽지 않다. 그래서 지점 개념으로 제휴에 기반한 판매 시스템을 추진했다. 판매 지점을 개설하는 데 가장 중요한 사항은 첫 번째 지점의 위치와 지점장 선정이다. 이 개념은 오늘날에도 한 기업에서 평판이 좋은 몇몇 브랜드를 앞세워 모든 제품의 성격과 이미지를 극대화하는 플래그십 스토어 개설에 쓰이고 있다.

## 현장 경험으로 일단 결정하면 과감하게 움직인다

1865년 남북전쟁이 끝났다. 1868년 찰스의 경영이 빛을 발해 존디어는 연간 쟁기 판매가 10만 개를 넘는 선두기업이 됐다. 1869년 찰스는 회사의 성장을 위해 지점 개설이라는 혁신적인 판매 아이디어를 실행했다. 그는 지역별 판매체계를 꼼꼼하게 검토한 후 미주리주 캔자스시티에 1호 지점을 설치하기로 한다. 지점장으로는 1859년 존디어에 입사했다가 남북전쟁에 참전하려고 회사를 떠났던 알바 만수르Alvah Mansur를 지명했다. 그는 찰스가 지사 설치라는 혁신적인 아이디어를 실천하기 1년 전에 몰린으로 귀향했다. 찰스는 만수르가 자신이 찾던 사람이라고 확신했다. 신용평가자들도 만수르가 역량, 경청, 정직과 같은 좋은 습관과 특성이 있다고 판단했다.

존디어는 1869년 9월 캔자스시티 1호 지점을 개설했다. 캔자스시티에 다수의 철도노선이 통과해 수송비가 적게 들고 신속하게 수송할 수 있었기 때문이다. 만수르와 존디어가 절반씩 투자해 총 2만 달러의 자본금으로 '디어 앤드 만수르 회사Deere & Mansur Company'를 설립했다. 동업기간은 5년 단위로 갱신했다. 지점의 관할구역 판매는 만수르의 책임이었다. 존디어는 최신 제품을 포함한 모든 제품을 가장 먼저 신속하게 제공했다. 존디어는 이러한 전략으로 규모가 커져도 본사 판매 부서의 업무를 줄일 수 있었다.

찰스가 캔자스시티 지점을 설치한 것은 서부로 확장되는 중서부 농기계 산업을 장악하기 위한 비전이 아주 독창적으로 발휘된 최초의 시도였다. 본사와 지점 간 협력 시스템이라는 찰스 디어의 아이디어는 판매 수요가 새롭게 창출되는 지역에 적합한 제품 수요를 파악함으로써 맞춤형 서비스를 통해 판매를 촉진했다. 존디어는 시장이 커지는 지역으로 뻗어나갈 때마다 지점장이 독립적인 소유권을 가진 지점을 설치해 신규시장에서 본사가 부담해야 하는 판매비용과 운송비용을 절감할 수 있었다.

그 지역 출신 지점장과 판매원들이 담당한 지역의 농민들과 친밀한 관계를 형성하자 제품에 대한 요구사항과 지역 농업 동향과 관련한 정보가 수집돼 본사로 신속하게 전달됐다. 존디어가 신제품 개발 역량을 키우자 매출액이 급증했다. 지점과 존디어 간 협력관계가 깊어질수록 지점은 신제품 생산 역량을 보유한 본사에 더욱 의존하게 됐다. 본사와 지점 간 협력 시스템은 기업이 성장하는 데 따르는 위험을 줄이고 모기업인 제조회사로 집중되는 독창적인 묘수가 됐다. 오늘날에는 많은 기업이 이런 전략을 실행한다. 존디어는 150여 년 전에 선도적으로 이 전략을 실천했다. 찰스는 현장 정보를 중요하게 생각하는 신중하고 보수적인 성격이었다. 그러나 일단 결정하면 과단성 있게 추진하는 찰스의 경영 방식은 수시로 급변하는 농업 시장에서 성공하는 핵심 요인이 됐다.

경쟁을 장려하면서 상호이익을 추구한다는 지속가능한 성장에 대한 찰스의 경영철학이 지점 설치를 통해 빛을 발했다. 존디어가 캔자스시티에 첫 번째 지점을 설치한 해에 링컨 대통령의 '태평양 철도법'에 따라 건설된 대륙횡단철도가 개통됐다. 존디어가 생산한 농기계들은 캔자스시티 지점을 중심으로 중서부와 서부를 연결한 대륙횡단철도를 따라 불티나게 팔려나갔다. 존디어는 새로운 성장 동력을 얻었다.

존디어와 만수르가 체결한 계약에는 캔자스시티 지점에서 다른 회사 제품을 판매하는 사항에 대한 명확한 내용이 없었다. 만수르는 이익을 극대화하기 위해 다른 업체들의 농기구도 판매했다. 존디어는 이러한 사실을 일단 묵인했다. 고객이 존디어의 지점을 방문하면 모든 농기계를 한눈에 비교할 수 있어 방문자와 판매액이 급증했다. 존디어는 자사 농기계들의 품질이 월등하다고 생각해 제품 간 비교를 장려했다.

캔자스시티 지점이 성공하자 존디어와 만수르는 1875년 가을에 계약을 갱신했다. 그리고 세인트루이스에 두 번째 지점을 설치하려고 '만수르 앤드 테베츠 농기계 회사Mansur and Tebbetts Implement Company'를 설립한다. 1877년 둘은 세 번째 공동출자 사업으로 몰린 강변에 있는 낡은 이불 공장을 인수해 옥수수 파종기 제조 사업을 시작했다. 옥수수 파종은 노동력과 시간이 많이 드는 작업이다. 옥수수 파종기 덕분에 사람이 운전만 하면 되니 훨씬 쉬워졌다. 농민들은 이러한 혁신에 환호했다. 존디어와 만수르의 공장은 옥수숫대 절단기와 스프링 치간 써레, 천공기, 줄기 절단기도 생산했다. 사업은 첫해 1만 달러의 이익에서 1882년 4만 8,000달러로 대성공을 거둔다.

사실 옥수수 파종기는 몰린에서 남동쪽으로 80킬로미터 떨어져 있는 게일스버그에 사는 조지 브라운George Brown이라는 사람이 발명했다. 그는 기술 개발을 등한시했고 사업도 방치했으나 특허권 침해로 소송을 걸었다. 재판이 수년간 진행되는 동안 만수르 앤드 테베츠는 기술 혁신을 지속해 새로운 특허들이 쏟아졌고 최종 재판에서 합의금으로 약 3,000달러를 지불했다. 브라운의 회사와 관련한 모든 오래된 기술과 특허들도 스스로 폐기했다. 대신에 신규 특허들로 새롭게 제작한 정조식 파종기 '디어'를 생산했다. 낡은 기술로 보호받은 브라운의 회사는 몇 년간 운영되다가 결국 파산했다.

브라운과 재판이 진행되는 동안 찰스와 만수르 사이에 갈등이 싹텄다. 사업에 보수적인 찰스와 달리 만수르는 공격적이었다. 만수르는 다른 기업들의 농기계 판매에도 열심이었다. 갈등의 근원은 합작 관계가 본사 제품을 판매하는 지점인지 아니면 위탁받아 매매하는 대리점인지가 불분명하다는 것이었다. 찰스는 지점으로 생각했으나 만수르는 자신이 모든 권한을 갖는 독립적인 대리점이라고 생각했다. 새로운 지점 설치도 자신의 권한이라고 주장했다.

갈등은 존디어가 미네소타주 미니애폴리스에 세 번째 지점을 출범하려고 W. J. 딘과 계약하자 폭발했다. 그러나 둘 사이에 사업관계를 파기하기에는 서로의 이익이 너무 컸다. 찰스의 매제인 벨리가 중재해 새로운 계약관계를 맺었다. 20세기 초까지 존디어는 중서부와 서부지역에 15개 이상의 지점을 개설했다. 존디어의 판매 지점은 오늘날에도 본사와 독립적이면서 협력적인 관계다. 본사의 정보와 지원을 받지만 이익은 독자적으로 향유한다.

19세기 후반 미국의 각 지역은 운송 혁명과 통신 혁명으로 빠르게 하나가 됐다. 운하, 도로, 철도노선이 계속 건설되면서 존디어는 판매 협력 시스템을 발판으로 빠르게 성장했다. 회사는 지점에서 전신으로 보내온 강철쟁기, 경운기, 서래, 파종기, 옥수수 탈립기 등 다양한 농기계 수요 정보를 종합해 계획적으로 생산했다. 제품은 운하, 철도, 속달우편 시스템을 통해 체계적으로 배송했다. 전신으로 주문받아 빠르게 보냈다.

## 지주회사와 복지 정책으로 현대적인 기업이 되다

1907년 10월 29일 존디어의 2대 CEO인 찰스 디어가 사망하자 이사회는 곧바로 회사의 재무 책임자이자 총괄 매니저이며 찰스의 둘째 사위였던 윌리엄 버터워스를 3대 CEO로 선출했다. 그의 나이 43세였다. 버터워스가 이끌게 된 존디어는 수천 명의 직원이 연간 매출액 500만 달러 이상을 달성하는 대기업이었다. 버터워스는 21년의 CEO와 8년의 회장 임기를 포함해 총 29년간 존디어를 이끈다. 그의 지도에 따라 존디어는 쟁기와 마차를 생산하는 농기계 회사에서 트랙터 생산을 포함한 대기업으로 탈바꿈하게 된다.

버터워스는 구매 부서 보조직원으로 일을 시작했다. 곧 지적이면서도 빈틈없는 업무로 상사와 동료들로부터 주목받았다. 법률 전문

성과 타고난 협상 능력을 힘껏 발휘해 중요한 과제들을 성공으로 매듭지으면서 승진을 거듭했다. 그는 이사회에서 최고재무책임자 직위에 선출된 후 재정과 금융 전문가로 빠르게 변신했다. 버터워스는 찰스로부터 틈이 날 때마다 경영 수업을 받았다. 1900년대 초 노환으로 찰스의 건강이 악화되자 버터워스가 비공식적으로 회사의 이인자로서 대우받았다. 3대 CEO로 선출된 버터워스는 회사의 미래를 고민했다. 그리고 찰스의 경험과 자신의 지식을 결합해 새로운 비전을 제시한다.

1900년 미국은 농업인구가 전체의 40%에 달하는 농업 국가였다. 그러나 세계에서 가장 빠르게 산업 국가로 성장하면서 농촌 인구가 계속 감소하고 있었다. 광범위한 영토에서는 천연자원이 막대했다. 인구의 급격한 자연 증가와 폭발적인 이민 유입으로 천연자원 개발과 활용이 촉진되자 전대미문의 공업 국가로 빠르게 전환되고 있었다. 농업의 기계화와 산업화가 절실했다. 이 시대적 요구는 버터워스의 과제이기도 했다.

버터워스는 존디어를 위해 적절한 시기에 적절한 자리를 맡은 최적의 CEO였다. 정치인의 아들로 태어나 법률가로 성장해 회사에서 재정과 금융 전문가로 키워졌다. 그는 의지와 노련미를 갖춘 사업가였다. 1900년대 초의 난국을 헤치고 존디어를 새로운 회사로 탈바꿈할 비전을 준비했다. 장인인 찰스가 전수한 경영 비법과 워싱턴에서 일하던 시절부터 알고 지내던 지인들이 간간이 전해주는 국가 정책 정보가 크게 도움이 됐다. 그는 커다란 도약을 위해 먼저 회사를 정비했다.

1910년 존디어 이사회는 미국과 캐나다에 있는 11개의 공장과

25개의 지점을 단일 체제로 통합한다고 결정했다. 오늘날의 지주회사와 자회사 개념이다. 회사의 핵심 세력은 이 변화를 '현대적인 기업'을 만드는 일이라고 말했다. 버터워스는 이 개혁을 1년 안에 완수한다. 또한 직원들을 위해 새로운 복지 정책들을 도입했다. 그 첫 번째 정책이 고용주가 부담하는 연금 시스템이다. 적용 대상은 20년 이상 근무한 직원이었다. 두 번째 정책은 배우자, 부모, 자녀와 같은 동거인을 위한 질병 수당 정책으로 오늘날의 가족 건강보험이다. 세 번째 정책은 산업재해 프로그램이다. 이러한 복지 정책들이 미국 기업 중에서 최초로 시행된 것은 아니지만 존디어가 가장 앞장서서 실행했다. 이러한 선진적인 정책들로 회사 통합에 대해 두려움을 가졌던 직원들이 한마음으로 뭉쳤다. 버터워스는 회사의 힘을 결집해 트랙터 시장으로 진출했다.

# 4

## 경쟁을 포기하지 않고 기회를 부여잡다

미국이 현재와 같은 농업 강대국으로 성장하는 데 세 번의 기술 도약이 있었다. 첫 번째는 독립 초기 단계에 있었던 강철쟁기와 조면기의 발명이다. 강철쟁기는 거칠고 광활한 미국 대지를 농지로 바꾸었다. 조면기는 목화 열매에서 씨를 빼거나 솜을 트는 기계로 면화 산업에 대변혁을 일으켰다. 미국 농업은 이 두 발명품을 통해 자영농 시대를 열었다.

두 번째는 20세기에 있었던 트랙터 산업의 발전이다. 19세기 말 미국에서는 존 프롤리치, 찰스 월터 하트, 찰스 헨리 파르나미스와 같은 발명가들의 혁신으로 휘발유로 구동되는 트랙터가 발명됐다. 곧 수십 개의 트랙터 제조회사들이 출현했다. 그중에서 3개의 회사가 트랙터 업계의 발전을 주도적으로 이끌었다. 인터내셔널 하비스터, 포드, 존디어다.

이 회사들은 1908년부터 1928년까지 20년 동안 기업의 운명을 걸고 서로 경쟁했다. 이를 1차 트랙터 대전이라고 불렀다. 1929년 세계 대공황과 제2차 세계대전으로 잠시 휴전에 들어갔던 세 회사는 1946년 이후 2차 트랙터 대전을 시작했다. 세계 농업계는 두 차례의 트랙터 대전으로 크게 영향을 받았고 미국에서는 기업농 시대가 열렸다.

20세기 내내 미국에서 진행됐던 두 차례의 트랙터 대전에서 최후의 승자는 존디어였다. 1차 트랙터 대전 때 업계 선두는 인터내셔널 하비스터였다. 자동차 업계 선두였던 포드가 포드주의를 기반으로 트랙터 산업에 진출해 인터내셔널 하비스터를 바짝 뒤쫓았다. 셋 중에서 존디어가 가장 약했다. 그러나 전세는 뒤집혔다. 존디어는 1차 트랙터 대전이 끝났을 때 포드를 꺾고 2위로 도약했다. 그리고 1980년대 말 2차 트랙터 대전이 종료되면서 왕좌에 올랐다.

존디어는 1990년대 중반부터 시작된 미국 농업의 세 번째 기술 혁신을 주도하고 있다.

**1차 트랙터 대전에서 자동차 제왕 포드를 꺾다**

1908년부터 1928년까지 미국에서 벌어진 1차 트랙터 대전은 승자에게 미국의 차세대 농업 혁명과 떠오르는 트랙터 산업을 주도하는 왕좌가 주어지는 전쟁이었다. 이 전쟁에는 30개가 넘는 트랙터 제조업체들이 참전해 혈투를 벌였다. 그러나 전쟁의 판세를 결정하는 기술, 자본, 전문성과 동맹 세력을 보유하고 있던 기업들은 인터내셔널 하비스터, 포드, 존디어뿐이었다. 이들의 경쟁은 20세기와 21세기 미국 경제에 큰 영향을 미쳤다.

미국은 1차 트랙터 대전이 진행되는 동안 제1차 세계대전을 겪었다. 트랙터 대전이 끝나자 전 세계 경제를 무너뜨렸던 경제 대공황이 닥쳤다. 트랙터 대전 동안 1,500만 명 이상의 미국 농촌 인구가 도시로 이주했다. 농업인구가 전체 인구의 30% 아래로 떨어졌다. 일손이 부족해지자 쟁기질과 파종, 쇄토와 잡초 제거, 수확과 타작을 위한 대안이 필요했다. 트랙터가 필요해진 것이다. 미국은 트랙터를 도입해 농업인구가 감소해도 세계를 먹여 살릴 농업 생산력의 혁신을 이루어냈다.

트랙터는 농기계 입계의 판도를 바꾸는 게임 체인저가 됐다. 농민들을 위한 더 혁신적이고 효율적인 트랙터를 개발하려는 열망이 폭발했다. 트랙터 제조업체들은 농사의 모든 단계에서 트랙터를 활용할 수 있도록 기획하고 설계해 제품을 출시했다. 기술 혁신과 상업적 경쟁에 대한 업체들의 노력으로 트랙터 업계가 발전했다. 경쟁에서 뒤처지면 골리앗도 다윗의 한 방에 무너졌다. 그 난세의 시기에 인터내셔널 하비스터, 포드, 존디어는 기업의 사활을 걸고 전쟁에 임했다.

20세기 초에 농기계 업계에서 첫 번째 골리앗은 인터내셔널 하비스터 회사였다. 인터내셔널 하비스터는 미국 수확기 시장의 85%를 점유했다. 기업가치는 1억 5,000만 달러로 미국 기업 순위에서 4위였다. 인터내셔널 하비스터는 미래 농업을 열어갈 트랙터 시장의 주도권을 노리고 합병을 추진했다. 이 합병을 뒤에서 조종한 사람이 있었다. 금융 황제 J. P. 모건이다. 철도, 선박, 철강, 생명보험, 전화와 전신 업계의 트러스트 구성을 주도했다. 그런 그가 합병자금을 지원해 거래를 성공시켜 500만 달러를 챙겼다는 소문이 있었다. J. P. 모건이 트랙터에도 손을 뻗친 것이다.

26대 대통령 시어도어 루스벨트가 트랙터 시장을 장악하려는 J. P. 모건의 앞을 막아섰다. 1901년부터 1909년까지 재임한 루스벨트 대통령은 사문화돼 있던 '셔먼 반독점법'을 살려내 트러스트를 추진했던 모건 회장과 계속 충돌했다. 루스벨트 대통령은 석유왕 록펠러의 스탠더드오일과 J. P. 모건의 철도 트러스트인 노던 시큐리티스를 해체한 후 인터내셔널 하비스터를 목표로 삼았다. 인터내셔널 하비스터는 대통령의 임기가 끝났어도 그 이후 5년 동안 소송을 끌어 작은 회사와 대리점 몇 개를 매각하는 수준에서 성공적으로 방어했다. 그러나 독점으로 시장을 통제하지 못해 존디어가 뛰어들 수 있는 틈이 생겼다.

1907년 트랙터 시장에 진입한 두 번째 골리앗은 전설의 승용차 모델 T를 출시해 승용차 대량 생산시대를 연 자동차왕 헨리 포드였다. 농민의 아들임을 한시도 잊지 않았던 포드는 모델 T의 개념을 그대로 적용한 첫 번째 시범용 트랙터를 1907년에 제작했다. 그는 '자동차 쟁기'라고 불린 그 트랙터를 디트로이트의 우드워드 애비뉴에서 시연했다. 포드의 트랙터는 상업적으로 성공하지 못했다. 어떤 모델은 너무 크고 무겁고 비쌌다. 다른 모델은 너무 가벼워서 울퉁불퉁한 대지에서 쉽게 뒤집혔다. 포드는 다른 회사들이 중서부 대평원에 적합한 무겁고 큰 트랙터들을 개발하고 있다는 정보를 얻고 미국과 유럽의 소농들을 위한 작고 저렴한 트랙터를 개발하면 상업적으로 크게 성공할 것으로 생각했다. 그래서 모델 T 개념을 어떻게든 트랙터에 접목하려고 노력했다.

상황이 이러했기에 버터워스가 존디어의 사령탑 자리를 물려받았을 때 트랙터 시장에 진입하는 것에는 많은 위험이 따랐다. '하트-파

넘버 원'으로 상업용 트랙터 생산에 성공한 하트-파가 빠르게 앞서 가는 와중에 거대 공룡 인터내셔널 하비스터가 출현했다. 모델 T로 승용차 시장을 장악한 포드도 트랙터 시장을 장악하기 위해 손을 뻗었다. 워털루, JI케이스와 같은 초기의 트랙터 기업들이 농민들이 보편적으로 구매할 수 있는 트랙터들을 제작했다. 트랙터 시장에는 이들 외에도 수십 개의 신생기업이 출현해 경쟁이 치열했다. 존디어 내부에서는 트랙터 시장 진출을 포기하자는 의견이 강했다. 그러나 버터워스는 이제 트랙터 산업에 진출할 때가 무르익었다고 생각했다. 당시 인터내셔널 하비스터는 연간 이익이 1,500만 달러에 달했다. 존디어는 매출액이 520만 달러에 불과했다. 다윗과 골리앗 같았던 둘은 트랙터 산업을 두고 향후 80여 년간 싸운다.

1차 트랙터 대전이 시작됐을 때 미국의 트랙터 시장은 아직 초기 단계였다. 미국에서 트랙터를 생산하는 기업이 9개에 불과했다. 총 생산대수도 2,000여 대밖에 되지 않았다. 존디어는 버터워스가 회사 구조를 개편하던 중이라 트랙터 생산에 대해 논의만 했다. 중소업체였던 하트-파와 JI케이스가 트랙터 시장을 선도했고 대기업 셋 중에서는 인터내셔널 하비스터가 제일 앞서 있었다. 인터내셔널 하비스터는 1906년 오하이오 제조회사Ohio Manufacturing Company에서 만든 트랙터 몸체에다가 자사에서 제작한 엔진을 장착한 마찰구동 방식의 트랙터를 시범적으로 선보였다. 그러나 너무 크고 무거워 첫해에는 수십 대만 팔렸다. 몇 년 동안에도 연간 판매 대수가 100~200여 대 수준이었다. 인터내셔널 하비스터는 1910년대를 전후해 드디어 연간 판매 대수가 500대를 넘는 모굴Mogul 모델로 트랙터 시장의 주도권을 확보했다.

1910년대 초에는 트랙터 제조업체의 기술 진보에 따라 판매 규모가 들쑥날쑥했다. 1911년에는 20개의 제조업체가 7,000여 대의 트랙터를 팔았다. 1912년에는 31개의 제조업체가 1만 1,500대의 트랙터를 판매했다. 다음 해에는 판매 대수가 다시 7,000대로 감소했다. 해가 지나면서 경쟁이 더욱 치열해졌다.

인터내셔널 하비스터는 강철쟁기 업계에서 존디어와 오랫동안 경쟁해온 일리노이주 캔턴에 있는 팔린 앤드 오렌도르프Parlin & Orendorff와 사전에 협상했던 독점계약을 가동해 시장을 잠식했다. 1923년에는 찰스 디어와 '몰린 쟁기' 소송으로 오랫동안 갈등을 일으켰던 몰린 쟁기회사Moline Plow Company를 인수한 후 직접 강철쟁기를 생산해 자사 트랙터에 장착했다. 몰린 쟁기회사는 캔디스완 회사가 존디어와의 소송에서 승소한 후 회사 이름을 바꾼 것이다.

트랙터 대전은 혼돈의 세계사로 판도가 바뀌기 시작했다. 1914년 오스트리아 황태자 암살로 제1차 세계대전이 발발했다. 당시에 인터내셔널 하비스터는 매출액의 절반 정도를 해외, 특히 유럽에서 달성했다. 그런데 주요 고객들이 있는 러시아, 독일, 프랑스가 전쟁에 돌입하자 매출액이 급감했다. 모델 T의 성공으로 충분한 자금을 확보한 헨리 포드가 작은 토지에서 말을 대체할 수 있는 저렴한 경량 트랙터를 개발하겠다고 언론에 발표했다. 젊은이들이 전쟁터에 출전해 식량 생산에 차질을 빚은 영국이 포드에 6,000대의 트랙터를 주문했다. 포드는 2년간의 실험 끝에 1.1톤의 무게에 단순한 디자인으로 설계된 포드슨 트랙터를 개발해 1917년 성공적으로 납품했다. 포드의 시대가 성큼 다가왔다.

1915년 미국에서는 61개 업체가 2만 1,000대의 트랙터를 생산했다. 인터내셔널 하비스터가 28%를 점유했고 포드와 존디어는 판매실적이 없었다. 나머지는 하트-파, JI케이스, 어드밴스-룸리 Advance-Rumely, 페어뱅크스 모스Fairbanks Morse와 같은 중소업체들이 차지했다. 다음 해에는 트랙터 제조업체가 114개로 증가했고 트랙터 생산 대수도 3만 여 대로 증가했다. 인터내셔널 하비스터의 점유율은 39%로 상승했다. 그런데 제1차 세계대전이 끝난 1918년에는 142개 업체가 16만여 대를 생산하는 트랙터 시장에서 포드가 26%를 점유해 단숨에 1위로 등극했다. 인터내셔널 하비스터는 19%를 점유해 2위로 밀려났다. 1919년과 1920년에는 포드 시장점유율의 절반 이하로 떨어졌다.

 트랙터 시장이 포드 천하로 재편되는 동안 존디어는 트랙터 자체 생산을 포기하고 워털루 트랙터 회사(전신이 워털루 가솔린 엔진 회사)를 인수해 시장점유율 1%에서 경쟁을 시작했다. 그러나 아직은 두 골리앗과 비교하기가 어려웠다. 1920년부터 1924년은 트랙터 대전의 중대 고비였다. 1920년 166개 업체가 20만 대 이상의 트랙터를 판매해 트랙터 시장이 정점에 올랐다. 시장점유율은 포드가 29%고 인터내셔널 하비스터가 14%였다. 그런데 1920년 말 전시 호황에 뒤이은 인플레이션으로 경제 불황이 미국을 덮쳤다. 물가상승률이 연평균 15%를 넘자 거품이 터졌다. 국민총생산이 10% 가까이 감소하자 10만여 개의 기업이 파산해 500만 명의 미국인이 실업자가 됐다. 1921년 트랙터 제조업체 수는 186개로 증가했지만 판매 대수는 6만 8,000여 대로 전년도에 비해 3분의 1로 감소했다. 포드의 시장점유율이 19%로 떨어져 인터내셔널 하비스터의 26%에 역전됐다. 포드는 가격 인하라는 카드를 꺼냈다.

트랙터 산업 역사상 가장 치열했던 전장이었다. 포드가 포드슨 판매가격을 400달러 아래로 떨어뜨리자 인터내셔널 하비스터도 가격을 700달러 이하로 낮췄다. 1921년부터 1924년까지 트랙터 판매 대수는 2배로 증가했지만 업체 수는 3분의 1로 감소했다. 1923년 포드의 시장점유율이 76%로 오르자 인터내셔널 하비스터의 점유율은 9%로까지 축소됐다. 중소업체들의 퇴출로 존디어의 시장점유율이 서서히 올랐다. 트랙터 가격 경쟁은 인터내셔널 하비스터가 새로운 카드로 반격하자 종료된다.

인터내셔널 하비스터는 점유율이 10% 아래로 떨어지자 탈출구를 모색했다. 1924년 인터내셔널 하비스터의 천재 엔지니어 버트 벤저민Bert R. Benjamin이 파몰Farmall 트랙터를 개발해 전세가 역전된다. 인터내셔널 하비스터의 시장점유율은 다시 올라 1928년에는 55%로 업계 1위가 됐다. 포드는 1923년 76%에서 1928년 23%로 5년 동안 3분의 1 이하로 크게 떨어졌다. 이제는 3위였던 존디어에게 쫓기기 시작한다.

1928년 포드는 주력인 자동차 시장에서도 경쟁력이 약화돼 점유율이 떨어지고 있었다. 항공 산업과 트랙터 산업에 진출해 힘이 분산됐기 때문이다. 결국 그해에 미국에서의 포드슨 생산을 포기하고 아일랜드와 영국에서 제작해 미국으로 수입했다. 트랙터 대전이 가장 극심했던 1920~1924년 동안 비효율적인 트랙터들이 제조업체들과 함께 사라졌다. 1929년 1차 트랙터 대전이 끝난 후 미국에는 단지 33개의 트랙터 제조업체만 생존했다. 시장점유율은 인터내셔널 하비스터가 약 60%였고 존디어가 25%였다.

## 2차 트랙터 대전에서 승리해 정상에 오르다

1941년부터 1950년대 전반까지를 미국 트랙터 산업의 황금기라고 말한다. 농촌에서 말로 끄는 쟁기가 사라졌다. 경작지 면적이 훨씬 커진 농장에서 농민들은 트랙터에 더 의존했다. 1941년 12월 진주만 공습으로 미국이 제2차 세계대전에 참전하자 젊은 남성들이 입대했다. 일손이 부족해진 농촌은 농업 기계화에 박차를 가했다. 농촌 일에 서툴렀던 도시 출신이나 여성들이 크게 힘들이지 않고 고랑을 내고 씨를 뿌리고 수확하는 데 트랙터가 필수적이었다. 그 시기에 미국 트랙터 업계에서 금수저들의 혈투가 벌어진다.

해럴드 매코믹 주니어Harold McCormick Jr.가 1941년 트랙터 업계에서 선두를 달리던 인터내셔널 하비스터의 회장에 선출됐다. 그는 창업주의 손자였다. 제2차 세계대전을 전후해 트랙터 업계는 사상 최고의 호황을 맞이한다. 그런데 원료 조달이 문제였다. 전쟁 전후의 혼란기에 원료와 부품을 조달하고 관리하는 것이 쏟아지는 트랙터 수요를 충족시키는 핵심이었다. 기업들은 원료 공급자 확보와 원료 수송 물류체계 구축에 공을 들였다. 제2차 세계대전 이후에도 트랙터 수요가 지속될지는 의문이었다. 그래서 상당수 기업은 투자를 망설였다. 그때 해럴드의 지도력이 빛을 발한다. 그는 신규 공장, 제품 디자인, 생산 기계와 장비에 약 1억 5,000만 달러를 투자했다. 기업을 재편했고 모든 제품을 일괄 생산하는 첨단 공장을 건설했다.

존디어는 4대 CEO인 찰스 와이먼의 지휘 아래 상승세를 타면서 인터내셔널 하비스터와의 격차를 줄여가고 있었는데 해럴드의 지도력으로 승부가 다시 팽팽해졌다. 그때 두 기업에 새로운 위험이 닥친다. 포드의 포드슨 트랙터가 트랙터 업계로 귀환한 것이다. 존디어

는 대공황 이후의 우호적인 여건에서 업계 1위인 인터내셔널 하비
스터를 따라잡으면서 3위 이하 기업들의 추격을 따돌리기 위해 고
군분투하고 있었다. 그런데 1920년대에 트랙터 산업을 통째로 집어
삼킬 뻔했던 포드가 돌아온 것이다. '2차 트랙터 대전'이 시작됐다.

1940년을 전후해 포드는 위기에 놓였다. 창업자인 헨리 포드의
고집으로 혁신이 늦어져 자동차 판매가 감소하는 추세였다. 헨리 포
드의 손자 헨리 포드 2세가 제대 후 포드에 입사하면서 반전한다. 안
정을 찾은 포드는 트랙터 산업에 다시 뛰어들었다. 1928년 포드가
미국 내 트랙터 산업에서 철수한 후 미국 대리점들은 모두 무너졌다.

포드슨 트랙터는 영국에서 생산됐고 제한된 대수가 미국으로 수
입됐다. 포드의 트랙터 '모델 F'는 영국에서 '모델 N'으로 발전했다.
1939년 '모델 9N'이 개발되자 포드는 퍼거슨-셔먼Ferguson-Sherman
의 해리 퍼거슨Harry Ferguson과 손잡고 미국 판매에 다시 나섰다. 쟁
기와 트랙터 부품을 생산하던 퍼거슨-셔먼은 1939년부터 1946년
까지 모델 9N의 판매를 담당했다. 포드가 1947년 모델 9N의 생산
을 중단하고 개량모델인 '모델 8N'을 직접 출시하기로 하자 두 기
업 간 관계는 파국에 이르렀다. 퍼거슨-셔먼은 포드에 대항해 3억
4,000만 달러 소송을 제기했고 자체적으로 퍼거슨 트랙터를 생산해
출시했다. 소송에 승리해 1,000만 달러의 보상금을 받았지만 포드
의 트랙터 시장 재진출을 막지 못했다.

포드의 모델 8N은 대성공을 거둔다. 1948년에만 10만 대 가까이
팔렸다. 1949년에는 단일 모델로 최고 판매 대수를 달성했다. 연간
전체 트랙터 판매 대수는 다양한 모델을 가진 인터내셔널 하비스터
와 존디어가 많았지만 단일 모델에서는 두 기업의 어떤 모델도 모델

8N을 따라잡지 못했다. 모델 8N의 높은 판매율은 1950년대 중반까지 유지됐다. 트랙터 업계의 금수저 간 경쟁에서 헨리 포드 2세가 승리해 할아버지의 꿈을 다시 살려냈다.

1980년대 전반기에 불황기가 찾아와 인터내셔널 하비스터가 견디지 못하고 무너졌다. 인플레이션으로 인한 경기 하강과 재정 위기를 맞이해 생존을 위한 자구책으로 회사를 부문별로 매각했다. 회사는 먼저 건설 중장비 부문을 1982년 텍사스주 댈러스에 본사가 있는 다국적기업인 드레서Dresser Industries에 매각했다. 그러나 그것으로는 부족했다. 1984년 11월 회사의 본체인 농기계 부문을 미국의 자동차 부품 생산업체 테네코Tenneco의 자회사인 케이스Case에 넘긴다. 인터내셔널 하비스터는 결국 1985년 청산되면서 역사 속으로 사라졌다.

존디어가 1910년대에 트랙터 시장에 진출할 때 인터내셔널 하비스터는 넘보기 힘든 거목이었다. 존디어는 1950년대 말까지 인터내셔널 하비스터와의 격차를 꾸준하게 줄여 1960년대 초에 두 기업 간 순위가 뒤집힌다. 1953년 찰스 와이먼 주도로 존디어는 7년 동안 극비로 '신세대 트랙터 프로젝트'를 추진했고 1960년 댈러스에서 열린 디어 데이 행사에서 4개의 신세대 트랙터 모델들을 공개했다. 그 후 1963년 두 기업 간 매출액 순위가 뒤바뀌었고 격차는 점점 더 벌어졌다. 인터내셔널 하비스터는 재역전을 꿈꾸며 건설 중장비 산업과 조경과 가드닝 장비 산업으로 손을 뻗었다. 하지만 존디어도 비슷한 시기에 이 산업들로 진출하면서 순위를 뒤집을 수 없었다. 존디어가 오히려 이 산업들에서도 경쟁력을 확보해 더 잘나갔다.

1960년대부터 1970년대까지 트랙터 업계에서 다시 오기 힘든 초호황기 동안 인터내셔널 하비스터의 판매실적은 존디어 다음으로 꾸준하게 부동의 2위를 기록했으나 수익은 박했다. 수익이 별로 나지 않는 자회사들이 있었기 때문이다. 보수적인 관리체제와 경직된 사내 정책으로 구조 조정이 어려웠다. 기술과 경영 혁신을 억누르는 사내 분위기는 생산비용 증가와 경쟁력 약화를 가져왔다. 1980년을 전후해 농업계가 초호황기에서 최악의 불황기로 전환되자 인터내셔널 하비스터는 더 이상 버티지 못하고 파산 신청을 검토했다. 1981년에는 그 정도 규모의 기업이 파산한 사례가 드물었다. 거래 은행은 해마다 수백만 달러의 손실이 발생하자 대출을 철저하게 관리했다. 유언비어가 퍼져나갔고 생존이 더 어려워졌다. 결국 1982년부터 1985년까지 회사는 조각조각 분리돼 매각됐다. 1991년 포드도 트랙터 부문을 피아트Piat에 팔았다. 존디어가 두 차례에 걸친 트랙터 대전의 최종 승자가 됐다.

# 5
# 시장의 흐름을 타고 더 크게 성장하다

　존디어의 4대 CEO 찰스 와이먼은 제2차 세계대전이 끝나자 미국의 시대가 도래했다는 사실을 간파했다. 농업용 트랙터 산업은 존디어의 관점에서 어느 정도 안정 단계에 도달했다고 판단했다. 인터내셔널 하비스터의 반격과 포드의 시장 재진입에도 존디어의 농업용 트랙터 점유율은 계속 상승해 3위 이하의 경쟁사들은 더 이상 위협이 되지 못했다. 와이먼은 이때 새로운 사업 기회로 건설업에 주목했다. 존디어는 이후 캐터필러와 밥캣 같은 건설 장비 업체들과 사활을 걸고 경쟁했다.

　2020년 상반기에 전 세계로 코로나바이러스가 확산했을 때 수많은 사업이 공황에 빠져 급전직하로 악화됐다. 그러나 방역물품, 전자상거래, 게임, 택배, 배달과 같은 소수의 산업은 갑작스럽게 호황을 맞이했다. 그렇게 코로나19로 인해 셧다운된 국가와 도시들에서 수요가 급상승한 대표적인 산업 중 하나가 가드닝 산업이다. 팬데믹 선포로 상당수 산업의 매출액이 급감했을 때 가드닝 장비와 물품은 주문이 쇄도했다. 『포브스』에 따르면 2020년 3월 초부터 4월 초까지 한 달 동안 주거 관련 산업 매출액이 2.2배나 증가했다. 주거지 환경을 개선하려는 욕구가 표출된 것이다.

사실 미국의 가드닝 사업은 그 이전부터 꾸준하게 성장하고 있었다. 그리고 골프의 대중화도 급속하게 이뤄졌다. 베이비부머 가정이 정착한 대도시 인근 교외 지역의 대규모 주거 단지 내 주택들은 주차장과 함께 잔디로 덮인 정원이 조성됐다. 몇 년이 지나자 사람들은 잔디 깎는 일을 버거워했다. 한편으로 교외에 거주하게 되면서 골프에 열광했다. 골프 수요가 폭발하자 교외 지역에서 골프장이 우후죽순으로 조성됐다. 그런데 정원사들의 노력만으로는 드넓은 골프장의 잔디를 관리하기가 불가능했다. "필요는 발명의 어머니"라는 말이 있다. 존디어는 재빠르게 이러한 흐름에 동참했다.

### 시대 변화를 간파하고 새로운 도전을 하다

제2차 세계대전이 끝나자 미국으로 돌아온 군인들이 결혼해 자녀들을 낳았다. 오늘날 우리가 베이비부머라고 부르는 세대가 태어나면서 대도시 교외 지역이 개발됐다. 게다가 1947년부터 1951년까지 미국이 유럽 16개 국가에서 실시한 대외원조계획인 마셜플랜으로 유럽의 수혜국들이 전후 복구사업을 추진했다. 존디어의 CEO 찰스는 이 흐름을 관찰한 후 가장 잘할 수 있는 사업을 찾았다. 건설 중장비 제조업이었다.

농업용 트랙터와 건설용 트랙터 사이에는 유사한 면이 많다. 그러나 차이점도 있다. 강력한 힘, 즉 동력이다. 그래서 존디어는 1947년 무한궤도형 트랙터를 생산하는 동력 장비 기업인 린드먼Lindeman을 합병한다. 당시 린드먼은 워싱턴주 야키마에 본사가 있었는데 존디어 트랙터 모델 D와 모델 B에 무한궤도를 장착한 트랙터를 판매하고 있었다. 존디어는 린드먼을 병합해 불도저 날을 장착한 건설 중장비 트랙터를 생산했다. 1956년 아이젠하워 대통령이 약 8만 킬로미터의 주간 고속도로를 건설하는 연방정부 지원 고속도로법Federal Aid Highway Act of 1956을 통과시켰다. 존디어의 린드먼 합병이 신의 한 수가 됐다.

캐터필러는 존디어의 건설 중장비 업계 진출에 격렬하게 반응을 보였다. 업계 1위인 캐터필러는 10여 년 동안 존디어가 건설 중장비 업계에 진출하지 못하도록 소형 트랙터 생산라인을 만들지 않고 존디어가 제작한 트랙터를 개조해 산업용으로 판매해왔다. 캐터필러는 그동안 인터내셔널 하비스터, 올리버, 앨리스-챌머스, JI케이스와 같은 농업용 트랙터 회사들이 건설 중장비 업계에 진출했을 때 별 반응을 보이지 않았다. 그런데 존디어가 건설 중장비 업계에 진출하는 것을 보고 달라졌다. 두 기업 간 지속됐던 우호적인 관계가 끊어졌다. 존디어의 건설용 트랙터가 캐터필러 판매점에 출시되자 캐터필러는 농업용 소형 트랙터를 생산했다.

건설 중장비 업계는 농업용 트랙터 업계보다 훨씬 큰 시장이다. 그 업계의 왕좌는 오늘날에도 캐터필러가 차지하고 있다. 글로벌 경제지인 『포춘』이 2022년 발표한 미국 500대 기업에서 캐터필러는 직원 10만 7,700명이 매출액 약 594억 달러를 달성해 73위에 올랐다. 존디어는 직원 8만 2,200명이 매출액 약 523억 달러를 달성해 84위를 기록했다. 뉴욕증권거래소의 시가총액 기업 순위에서 2022년 12월 기준으로 존디어가 50위를 차지해 57위에 머문 캐터필러에 역전한 적도 있지만 지금은 캐터필러에 다시 뒤지고 있다. 지난 70여 년 동안 캐터필러는 규모 측면에서 존디어보다 강자였다. 건설 중장비 부문만 보면 2021년 세계 총매출액 기준으로 1위인 캐터필러는 5위인 존디어의 2.8배에 달한다.

1947년 존디어는 캐터필러에 도전장을 내밀었다. 두 기업은 이후 75년 동안 세계 건설 중장비 업계를 두고 사활을 건 경쟁을 벌였다. 존디어가 1947년 린드먼을 합병했을 때 건설 중장비 업계 외에도 또 다른 업계에 진출할 기회가 열렸다. 산림과 벌목 중장비 업계다. 도로 건설 장비, 굴착기 생산라인이 추가됐다. 1949년 존디어는 2기통을 장착한 모델 R을 출시해 디젤 엔진 중장비 업계에도 진출한다. 모델 R은 캐터필러의 유사한 성능을 가진 6기통의 D8을 겨냥한 제품이었다. 1956년 존디어는 건설과 산림 중장비 업계를 위한 별도의 판매대리점과 영업 부서를 포함한 산업장비 본부를 설립한다. 오늘날 존디어의 총매출액 중에서 건설과 산림 중장비 부문이 약 30%를 점유하고 있다.

## 시장 추세에 맞춰 사업 다각화에 성공하다

가드닝은 주택과 인근의 땅에서 꽃, 채소, 식물과 잔디를 키우는 것을 말한다. 가드닝의 유형으로는 주택 주변에 식물을 식재하고 조경하는 주거 가드닝과 식량 생산이나 숲 생태계 보존을 위한 산림 가드닝이 있다. 미국에서 가드닝 산업은 계속해서 성장하고 있다. 2022년 말 기준으로 약 3,500개의 업체가 있으며 상장기업은 38개다.

존디어는 1963년 농업용 트랙터 시장에서 인터내셔널 하비스터를 추월해 1위 자리를 차지한 후 가드닝용 트랙터인 '모델 110'을 출시했다. 농업용 트랙터 시장에서 부동의 1위 자리를 확고히 하자 1969년 모델 110을 개량한 '모델 112'를 생산했다. 그러나 모델 112는 실패해 1971년 생산을 중단했다. 절치부심한 존디어는 1970년대에 가드닝용 트랙터 개발에 나섰다. 1981년 경쟁력 있는 두 모델을 출시하면서 가드닝용 트랙터 업계에서 상위권으로 진입하다.

존디어는 가드닝용 트랙터를 위스콘신주 호리콘 공장에서 생산해 미국과 캐나다 시장에 공급했다. 1990년대 초까지 가드닝용 트랙터 생산 부서는 농기계 생산 부문에 속해 있었는데 한스 베커러 회장이 1991년 가드닝용 트랙터 생산 부서를 별도 부문으로 독립시킨다. 존디어는 같은 해에 독일 회사 사보를 인수했다. 1932년에 설립된 사보는 잔디깎이와 관련 장비를 생산하는 기업이다. 존디어가 가드닝용 장비를 생산한 지 30년째인 1992년 호리콘 공장은 가드닝용 장비 부문에서 200만 대 생산을 돌파했다. 1993년 존디어의 잔디깎이와 가드닝용 트랙터 판매액이 사상 처음으로 10억 달러 고지를 넘었다. 한스 베커러 회장의 독립 부서 설치라는 승부수가 통한 것이다.

1990년대 들어 가드닝 장비와 트랙터 업계에서는 존디어에 맞설 기업이 거의 없었다. 인터내셔널 하비스터의 가드닝 사업 부문은 이미 1981년 가드닝, 유틸리티, 야외활동 장비를 제작하는 MTD에 매각됐다. 가드닝용 트랙터를 처음 발명한 휠호스도 1986년 잔디깎이, 제설 장비, 관개수로 시스템을 제작하는 토로에 800만 달러에 매각됐다. 휠호스 상호는 가드닝용 장비에 20년 동안 더 남아 있다가 2007년 사라진다. 존디어는 1995년 '사브르 바이 존디어'라는 상호가 붙은 중저가 잔디깎이와 가드닝 장비로 시장을 공략했다. 이 장비들은 탑승과 밀기가 가능했다. 사브르 바이 존디어 제품들은 2002년까지 판매됐고 존디어는 가드닝 장비업계의 선두 자리를 차지했다.

1980년대부터 미국에서 골프가 유행했다. 1980년 약 6,000개였던 골프클럽은 2013년 1만 개를 넘어섰다. 골프장 인근에 주거단지를 건설하는 사업이 활기를 띠자 추세를 파악한 존디어는 가드닝 부문을 확대해 골프장 운영에 필요한 모든 제품을 생산했다. 존디어는 농기계 제작을 통해 습득한 노하우를 활용해 골프장에서 필요한 모든 장비들을 최고급으로 생산했다. 가장 잘 아는 분야를 기반으로 성장이 예견되는 인근 영역으로 사업을 확장하는 존디어의 기업 전략이 빛을 발했다. 존디어의 가드닝 부문은 현재 골프장 페어웨이, 러프, 그린을 위한 잔디깎이부터 벙커용 쇠스랑, 통풍기, 코스 쓰레기 처리를 위한 특별 장비까지 생산한다.

한스 베커러 회장이 2000년 은퇴했을 때 존디어는 농기계 부문을 제외한 건설과 산림 중장비, 가드닝과 골프 장비, 기타 생활용품을 합한 비농업 부문 매출액이 50% 가까이 됐다. 현재는 그 비중이 60%에 달한다. 존디어는 성공적으로 사업 다각화를 이루었다.

# 6
# 가치경영을 통한 경영 혁신을 이루다

　규모가 상당한 기업이 주주 가치 경영과 ESG 경영을 동시에 달성하는 것은 매우 어려운 과업이다. 존디어는 1990~2009년의 20년 동안 경영과 기술 혁신을 통해 불가능해 보이는 목표를 향해 한발 앞서 달려 나갔다. 그리스 철학자 아리스토텔레스가 조언한 것처럼 존디어는 프런티어 정신으로 목표를 높게 설정하고 대를 이어 끊임없이 도전했다.

　시작은 7대 CEO 한스 베커러였다. 그는 1990년 회장직에 취임하자마자 지속적인 개선과 글로벌 성장을 의미하는 '진짜 가치Genuine Value' 경영을 선포했다. 6대 CEO 로버트 핸슨 회장이 1980년대의 극심한 불황에도 회사 구조 조정, 기술 혁신, 사업 다각화를 이룩했다. 베커러 회장은 전임자의 노력을 발판으로 지식정보 시대에 적합한 경영 혁신을 추진해 새로운 시대에서 또 다른 도약을 이루겠다고 결심했다.

그는 자연과 땅에 대한 농업의 '진짜 가치'를 존디어가 기술과 사업을 혁신함으로써 구현할 수 있다고 생각했다. 그러기 위해 회사를 6개 전략사업 부문으로 구조 조정을 했다. 부문별로 독립적으로 활동하도록 했고 실적 인센티브는 기업의 당기 순이익을 자산총액으로 나눈 수치인 자산수익률을 적용했다. 부문별로 자산을 얼마나 효율적으로 운용해 수익을 창출했는지를 평가해 인센티브를 산정했다. 6개 전략사업 부문별로 불필요한 경비를 줄이고 목표 이익을 위한 최적의 투자 규모와 시점을 고민했다.

또한 베커러 회장은 가치경영과 관련하여 브랜드와 ESG 경영이 중요하다는 사실을 자각했다. 브랜드 가치와 ESG 경영은 동전의 앞뒤와 같다. 어떤 기업의 브랜드 가치가 높으면 새로운 제품을 출시했을 때 수요를 쉽게 확보할 수 있어 광고비를 포함한 제반 비용을 줄일 수 있다. 게다가 고객 충성도가 높으면 불황기에 매출액이 경쟁기업에 비해 적게 감소해 일정 수준의 매출액이 확보된다. 그 때문에 다시 호황기로 접어들 때 신규 생산시설에 투자할 여력이 있고 시장 수요에 빠르게 대처할 수 있다. 자산수익률을 높이는 요인들이다. 그런데 브랜드 가치가 훼손되면 모든 방향이 반대로 작동한다.

ESG 경영의 가치도 차츰 중요해지고 있다. 2000년대 들어 환경, 사회, 지배구조에 대한 기업의 철학과 접근방식이 갈수록 중요해졌다. 사람들은 제품의 포장지를 뚫고 기업의 내면을 보기 시작했다. 다른 기업들보다 앞서서 시대 변화를 내다본 존디어는 베커러 회장의 리더십으로 창업자 정신을 실천하는 '진짜 가치' 프로그램을 추진했다. 베커러 회장이 주목한 8대 CEO 로버트 레인은 새로운 관점에서 회사의 혁신과 미래를 위한 비전과 전략이 필요하다고 말했다. 그는 베커러 회장의 '진짜 가치' 프로그램을 개선한 '주주 부가가치SVA, Shareholder Value Added' 모델을 추진했다. 주주 부가가치 모델은 임직원이 글로벌 성과관리 시스템의 일원으로서 스스로 장단기 전략목표와 성과평가를 자신의 업무와 연결해 역량을 발휘하는 것이다.

## 진짜 가치 프로그램으로 개혁하다

1990년 5월 31일 미국의 AP통신사가 전 세계 언론매체에 존디어가 한스 베커러를 7대 CEO로 선출했다고 타전했다. 존디어는 1980년대 미국 농업계의 불황기를 성공적으로 극복했고 1990년대의 대전환 시대를 맞이해 새로운 리더십을 구축했다. 존디어의 리더십 교체는 세계 주요 언론사들이 주목할 뉴스였다. 베를린 장벽의 극적인 붕괴로 현실화된 국제질서의 변화를 타고 존디어가 앞으로 어떻게 행동할지 전 세계 주요 리더들이 지켜보고 있었다.

7대 CEO 베커러는 회장 취임식 연설에서 1980년대 내내 주력 시장인 미국 농업 경제에서 엄청난 시련을 겪어온 것을 언급했다. 그러한 시련 속에서 존디어는 6대 CEO 로버트 핸슨의 리더십 아래에서 더 강하고 더 생산적인 조직으로 다시 태어났다고 강조했다. 그리고 이제 존디어의 오랜 역사를 통해 다져온 지도력과 탁월함을 확장할 도전에 나설 때라고 선언했다. 한스 베커러가 이끄는 존디어는 '진짜 가치' 프로그램과 세계화 전략을 통해 그 도전을 실행했다.

한스 베커러는 5대 CEO 윌리엄 휴잇 회장이 이끌었던 존디어의 황금 성장기에 유럽 지사에서 성장했다. 그가 입사한 다음 해에 존디어가 인터내셔널 하비스터를 제치고 미국 트랙터 업계 1위에 올라섰다. 휴잇 회장의 세계화 전략에 따라 존디어가 유럽, 남아메리카, 호주와 동아시아로 뻗어나갔을 때 베커러는 판매, 관리 등 다양한 자리에서 회사의 발전을 위해 일했다.

존디어가 1956년 독일에 처음 진출했을 때 유럽의 농장들은 대부분 규모가 작았다. 오랜 기간 수십 세대에 걸쳐 토지가 상속되면서 하나의 농장이 수십 조각으로 쪼개졌기 때문이다. 상당수의 유럽 농민들은 대규모 단일 농장이 아니라 멀리 떨어진 소규모 농장들을 여럿 소유해 농사를 지었다. 그 농장들은 지형이나 토질이 제각각이라 재배하는 농작물도 다양했다. 그래서 다른 조건에서 다양한 목적에 사용해도 문제가 발생하지 않고 빠르게 이동하는 트랙터를 선호했다. 또한 작은 면적의 토지에서 더 많이 생산해야 했다. 유럽의 집약 농업에서는 부산물과 쓰레기가 많이 배출됐다. 한스 베커러가 CEO로 승진한 1989년 존디어는 드디어 유럽 시장을 위해 설계한 신형 트랙터를 출시한다. 모든 것이 달라졌다.

존디어가 글로벌 경영을 선언하고 유럽 시장에 진출한 후 35년이 지난 1990년에 마침내 이 회사의 뚝심 있는 고집이 진가를 발휘하기 시작한다. 한스 베커러가 회장에 취임했을 때 존디어의 유럽 시장점유율은 전체의 9%에 불과했다. 그런데 1990년대 들어 유럽 시장을 위해 특별히 설계한 신세대 트랙터와 농기계들을 수십 개나 출시하면서 시장점유율이 서서히 올라갔다. 한스 베커러 다음 CEO인 로버트 레인 임기 중반에 존디어는 유럽에서 가장 빠르게 성장하는 농기계 업체가 됐다. 유럽 트랙터 시장점유율이 21%까지 올랐다. 존디어의 트랙터를 포함한 모든 농기계 판매에 대한 유럽 시장점유율은 1위인 이탈리아계 다국적기업 CNH의 17%와 2위인 미국계

AGCO의 15%에 근접한 12%로까지 상승했다.

1990년대에 철의 장막이 걷히고 세계화 시대가 열렸을 때 존디어는 5대 CEO 윌리엄 휴잇이 착수한 글로벌 경영에 따라 중국, 인도, 남아메리카와 구소련이라는 새로운 시장으로 진입했다. 그리고 한스 베커러의 임기 동안 존디어는 글로벌 강자로 도약했다.

한스 베커러가 CEO로 취임했을 때 존디어의 연간 매출액은 72억 달러였다. 순익은 3억 8,000만 달러였고 진출한 국가는 8개국이었다. 로버트 레인에게 경영을 넘기기 전해인 1999년 연간 매출액은 117억 달러로 증가했으며 매출액의 4분의 1 이상이 해외에서 발생했다. 순익은 2억 4,000만 달러를 기록했다. 그리고 진출한 국가는 베커러가 임기를 시작했을 때보다 3배 가까이 증가했다.

1990년대 들어 미국 농업인구가 전체 인구의 2% 아래로 떨어졌다. 농업인구는 감소했지만 농업 규모는 더 커지고 농사가 효율적으로 지어졌다. 이러한 변화에 주목한 존디어는 판매원들이 고객들에게 맞춤형 서비스를 제공할 수 있도록 대리점을 통합했다. 판매원들의 사업수용 역량과 결정 권한이 커지면서 고객들에게 더 좋은 서비스를 제공할 수 있게 됐다. 존디어 판매원들은 관할 지역에 있는 농민들과 밀접한 관계를 유지했다. 파종기와 수확기가 되면 농민들은 언제든 존디어에 전화해 요구사항을 전달할 수 있었다. 존디어는 판매대리점 소유주가 광범위한 지역을 담당하는 대리점 체제를 통해 농민들의 진솔한 요구를 청취했다.

## 주주 부가가치 모델로 회사를 바꾸다

존디어는 1998년 미국 농업에 찾아온 불황의 여파로 힘들어 하고 있었다. 닷컴 거품 붕괴로 2000년 중반부터 경기가 하향하자 매출에 타격을 입었다. 판매 감소로 생산을 축소하자 운영자금이 줄어들었다. 혁신과 품질, 정직과 약속을 창업정신으로 중시하는 존디어가 생산하는 제품들은 품질과 내구성이 뛰어났다. 레인은 사업도 제품 못지않게 경쟁력을 확보해야 회사가 지속가능하다고 생각했다.

8대 CEO 로버트 레인은 장기적인 관점에서 자산을 가볍게 하고 이윤을 증대하는 것이 바람직하다고 취임 첫날부터 말했다. 지금이 존디어의 역사상 몇 번 되지 않는 중요한 분기점이므로 회사의 혁신과 미래를 위해 새로운 비전과 기준이 마련돼야 한다고 말했다. 당시 존디어는 미국과 캐나다를 넘어선 글로벌 기업이었다. 5대 CEO 윌리엄 휴잇의 세계화 비전에 따라 독일 하인리히 란츠를 합병한 후 6대 로버트 핸슨과 7대 한스 베커러 CEO에 걸쳐 유럽, 중남미, 아시아, 아프리카, 구소련연방국으로까지 뻗어나갔다. 이제는 제품 못지않게 사업도 훌륭한 수준으로 안착시켜야 했다.

로버트 레인은 2000년 8월 8대 회사 글로벌 리더십 그룹과의 첫 회의에서 주주 부가가치 모델을 소개했다. 주주 부가가치 모델은 자본비용 또는 요구수익률을 초과해 실현한 이익을 측정하는 모델이다. 세후 순이익에서 자본비용을 제외해 산정한다. 오늘날 상당수 회사가 활용하는 실적 경영 시스템이다. 전임자인 한스 베커러 회장은 '진짜 가치' 프로그램을 도입해 회사를 6개 전략사업 부문으로 구분했다. 부문별로 스스로 경비를 절감하고 현장에서 효율적으로 의사결정을 내려 제품 품질을 관리하고 고객에게 맞춤형 서비스를 제공할 수 있도록 했다. 로버트 레인 회장은 여기에서 한발 더 나아가 모든 임직원이 공통의 목표를 향해 일하기를 원했다.

레인은 200명의 글로벌 톱 매니저들이 모인 회의에서 스크린에 '18,000'이라는 숫자를 띄웠다. 당시 모든 직원의 수였다. 모든 직원이 회사가 새롭게 채택한 글로벌 성과관리 시스템의 일원이라는 것을 의미했다. 이는 모든 직원에게 장단기 업무에 대한 전략목표와 개개인의 근무성과에 대한 온라인 평가 프레임을 제공하겠다는 말이었다. 존디어가 훌륭한 제품 생산 단계를 넘어 사업 관리 단계에서도 직원, 고객, 주주에게 최고의 수준으로 봉사하겠다는 전략이었다.

엄청난 개혁에는 항상 커다란 저항이 있다. 레인은 주주 부가가치 모델에 기반한 글로벌 성과관리 시스템을 도입하는 데 많은 어려움이 있을 것으로 생각했다. 개혁을 끝까지 제대로 추진하려면 경험과 강단이 있는 사람이 필요했다. 레인은 개혁을 완수할 적임자로 농기계 부문 사장인 허버트 마클리를 두 가지 면에서 주목했다. 레인이 보기에 존디어의 기업문화에 글로벌 성과관리 시스템을 도입하기 위해서는 수많은 부품이 한 치의 오차도 없이 결합해야 하는 제조업의 엄격함이 필요했다. 허버트는 입사 후 첫 직무로 공장 회계 감사관을 맡았다. 이후 더뷰크와 워털루 공장에서 사업본부장으로 일하면서 중장비 제조에 대한 운영을 담당했다. 그는 제조업 분야에서 혁신을 주도하는 역량 있는 경영인으로 인정받아 1996년 존디어 경영진에 합류했다.

다른 면으로 레인은 회사의 지속가능성에 인적자원이 핵심 중의 핵심 요소라고 생각했기에 글로벌 성과관리 시스템과 같은 복잡한 시스템을 효율적으로 운영해본 경험이 있는 허버트 마클리가 적임자였다. 허버트는 글로벌 성과관리 시스템을 전사적으로 적용했다. 전 세계 각지에 있는 1만 8,000명의 직원들에게 이 시스템의 중요성을 이해시켜 모든 직원이 주주들을 위해 더 많은 가치를 창출한다는 공통의 목표를 향해 나아가도록 이끌었다. 마클리는 레인과 함께 은퇴하는 2009년까지 이 일을 담당했다.

레인은 주주 부가가치 모델에 기반한 글로벌 성과관리 시스템을 도입하면서 12%였던 총운영자산 대비 순이익률<sub>OROA, Operating Return On Assets</sub> 목표를 회사 실적이 최고였던 연도보다 높은 20%로 설정했다. 더 적은 자산을 투입해 더 효율적인 운영으로 더 많은 수익을 올리기 위한 목표였다. 총운영자산 대비 순이익률은 평가 수단으로 하고 주주 부가가치 모델은 결과로 활용했다. 글로벌 성과관리 시스템의 첫 번째 목표는 미수금과 재고를 줄이는 것이었다. 대부분의 미수금은 판매원이 아직 판매하지 못한 제품 대금이다. 재고는 제품을 제작하는 데 사용한 장비, 원료, 그리고 아직 창고에 쌓여 있는 제품들이다. 제품이 고객에게 전달되는 과정을 단축하도록 사업을 구조 조정해서 자산과 재고를 줄이도록 했다.

가장 어려운 점은 전 직원을 대상으로 종합적이고 일사불란한 목표 설정 시스템을 만드는 것이었다. 직원들은 회사의 목표에 맞춰 자기 업무에서 스스로 목표를 설정해야 했다. 그런데 직원들이 목표 설정과 성과관리에 자신이 수행하는 업무의 특수성과 평가가 제대로 반영되기 어렵다며 불공정성을 제기했다. 레인은 직원들이 열심히 일한 것에 대해 그리고 기대를 충족하거나 초과한 것에 대해 정당한 보상을 하겠다고 약속했다. 최고의 성과를 내는 직원들이 회사를 떠나지 않고 스스로 노력하도록 유도하기 위해 기존 급여체계를 모든 직급에서 높은 성과를 달성한 직원에게 보상하는 체계로 바꾸었다.

미국의 언론인 데이비드 매기는 2005년 출간한 저서 『평범한 사람들이 만든 특별한 회사 존디어The John Deere Way』에서 로버트 레인 회장이 도입한 글로벌 성과관리 시스템의 핵심인 '존디어처럼 운영하는 방법' 세 가지를 소개했다.

- 현명하게: 직원들에게 "발명가처럼 생각하라. 고객의 문제를 해결하기 위한 새로운 방법을 찾기 위해 적절한 기술을 사용하라. 그 적절한 기술을 고객의 손에 신속하게 전달하는 가장 효율적인 과정을 적용하라."라고 말한다.
- 신속하게: 직원들에게 고객이 제품과 서비스를 신속하게 제공받을 수 있게 "고객처럼 생각하라."라고 말한다.
- 군살 없이: 직원들에게 "투자자처럼 생각하라."라고 말한다. 높은 회수율, 자산의 효율적 사용, 최고 이익의 추구에 도움이 안 되는 행동을 하지 않는 것을 말한다.

글로벌 성과관리 시스템을 실질적으로 운영하면서 회사가 변화했다. 동기가 부여된 직원들은 목표를 향해 최고의 성과를 내려고 열심히 일했다. 재정 기준을 충족하지 못하는 사업이나 제품 라인이 자연스럽게 드러났다. 2001년 8월 존디어는 대규모 구조조정을 발표했다. 주주 부가가치 향상을 목표로 성과가 기존에 못 미치는 자산을 매각하고 비용을 삭감했다. 고용과 비용의 효율을 극대화하기 위해 8%의 직원을 해고했고 장비 생산라인도 줄였다. 2000년 존디어의 적자는 4억 8,600만 달러에 달했으나 2001년에는 6,400만 달러로 급감했다.

로버트 레인 회장은 본격적인 임기 전인 1991년부터 2001년까지 농기계 등의 장비 제조사업의 주주 부가가치를 산정해 직원들에게 공개했다. 공개한 자료에 따르면 자산을 끼고 있는 비중이 높아 고비용이 발생해 이익이 적었다. 그래서 장비 제조사업에서 보유하고 있는 장비와 자산을 줄여 비용은 낮추고 이익은 높이는 정책을 도입했다. 주주 부가가치에 따라 일종의 자산 매각과 유동화를 한 것이다. 그 결과 존디어는 2002년부터 흑자 기업으로 바뀌었다. 2002년 3억 2,000만 달러, 2003년 6억 4,000만 달러, 2004년 14억 달러의 흑자를 냈다. 모든 직원이 보너스를 받았다. 2000년 8월 평균 33달러였던 주가가 2004년 70달러까지 올랐다. 존디어는 1990년대에 이어 2003년에도 전미자동차노조UAW의 신뢰를 얻어 6년 노동계약을 성공적으로 체결했다. ESG 경영을 포함하는 존디어의 '가치경영'은 새로운 시대를 향해 전진했다.

# 3장

# 미래 기술과
# 지속가능성을
# 실현하다

# 1
# 지속가능성을 실현하는 그린 스완이 되다

그린 스완Green Swan은 전 세계적인 문제에 대한 체계적인 해결책이자 긍정적이며 기하급수적인 변화를 가져오는 중대한 시장 변화를 말한다. 『그린 스완』의 저자 존 엘킹턴John Elkington에 따르면 그린 스완은 기존 질서가 무너지면서 새로운 질서가 요구될 때 평소와 다른 형태의 기하급수적인 진보를 일으키는 비범한 것이다. 번데기가 고치로 탈바꿈해 나비가 되는 현상과 같다. 존디어는 금세기에 농업에서 식량안보 혁신의 분기점이 되는 그린 스완을 일으키고 있는 기업이다.

10대 CEO 존 메이는 얼마 전까지 농업이 더 많이 생산하기 위해 더 많이 투입했지만 이제는 첨단기술을 활용해 더 적게 투입해 더 많이 생산할 수 있게 됐다고 말했다. 그는 디지털 시대가 도래해 농업에서 그린 스완이 시작됐다고 말한 것이다. 존디어는 현재 'A부터 Z까지 토털서비스' 농업 플랫폼을 구축해 이러한 그린 스완을 달성하려고 한다. 존디어에게 농사의 단계별로 수행되는 모든 작업과 주변 여건은 정보의 보고다. 존디어가 제작하는 모든 농기계는 작업을 수행할 때마다 실시간으로 정보를 송수신해 농사의 효율성, 경제성, 환경성을 높이고 있다. 그리고 농업에서 축적한 기술을 건설, 산림, 조경, 가드닝 분야에 적용하고 있다.

### 인구폭발과 기후변화 시대 그린 스완이 되다

존 엘킹턴은 2020년 저서 『그린 스완』에서 기존에 존재한 '블랙 스완'과 '그레이 스완'에 '그린 스완'이라는 새로운 개념을 추가했다. 엘킹턴은 그린 스완이 우리를 좋은 방향이나 나쁜 방향으로 이끄는 초기 단계의 혁신 또는 궤적의 시작 지점이라고 말했다. 그는 그린 스완, 블랙 스완, 그레이 스완의 차이점에 대해 명확하게 구분했다. 블랙 스완은 정상적인 기대 범위를 벗어난 외적 요소들이 큰 영향력을 행사하는 극적인 사건이다. 발생할 확률이 거의 없는 예측 불가능성, 큰 충격, 파급력이 블랙 스완의 핵심이다.

그레이 스완은 예측 가능성과 발생 가능성이 모두 낮은 사건을 말한다. 엘킹턴은 인구연구소 대표 로버트 워커의 말을 빌려 그레이 스완을 "우리에게 다가올수록 그 사건을 알아차릴 가능성이 커지지만 실제로 발생하기 전까지는 잠재적인 파급력과 결과를 이해하기가 어려운 상황"이라고 정의했다. 기후변화, 인구 증가, 부채, 식량·에너지·물에 대한 수요가 세계적으로 증가하는 현상을 그레이 스완에 포함했다.

엘킹턴은 블랙 스완이나 그레이 스완이 패러다임, 가치, 사고방식,

정치, 정책, 기술, 비즈니스 모델, 기타 주요 요소의 변화와 함께해 그린 스완으로 이어진다고 주장했다. 블랙 스완이나 그레이 스완이 퇴행적인 결과를 가져오는 것과는 달리 그린 스완은 긍정적인 재생을 촉진한다. 그린 스완은 블랙 스완이 남긴 잿더미에서 불사조처럼 나타나 기하급수적인 진보를 통해 경제적, 사회적, 환경적 부를 창출한다. 그래서 그린 스완은 블랙 스완이나 그레이 스완에 대한 대응책으로 주목받는다.

엘킹턴은 저서에서 '미운 오리 새끼'라는 용어를 사용했다. 블랙 스완이나 그린 스완으로 발전할 가능성이 있는 초기 단계의 개념, 사고방식, 기술 또는 도전을 미운 오리 새끼라고 칭했다. 미운 오리 새끼는 오리가 아니라는 사실을 안다. 그러나 장차 어떻게 성장할지 초반에 알아보기가 쉽지 않다. 이후에 대성공을 거두어도 초기에는 혹평받거나 무관심으로 방치될 때가 부지기수다. 위대한 혁신은 대부분 그런 대접을 받는다.

그런 측면에서 존디어는 운이 좋다. 존디어가 추구하는 '가치경영'이 21세기를 전후해 스마트 ESG로 진화했다. 애그테크 선도기업으로 변신하는 모습을 사람들이 빠르게 알아보았다. 정밀농업을 향한 존디어의 기술 혁명을 인구폭발과 기후변화의 시대에 세계인을 먹여 살리는 그린 스완이라고 주목했다.


## 농장에서 첨단기술 개발과 혁신을 한다

존디어는 농업이야말로 수백 년 동안 기술 혁명을 이끌어온 분야라고 강조한다. 존디어의 성장사를 보더라도 188년간 늘 기술 혁명과 함께했다. 1837년 미국 중서부의 엉겨붙는 토양을 경작할 수 있는 혁신적인 강철쟁기에서 시작해 1918년 트랙터를 출시했다. 이제는 첨단 자율주행 트랙터, 로봇, 인공지능을 활용하는 정밀농업 혁명을 주도하고 있다. 존디어가 지원하는 농장을 방문하면 실리콘밸리에서 볼 수 있는 첨단기술로 일하는 것을 발견할 수 있다. 존디어는 "첨단기술과 혁신은 항상 농장에서 있었다."라고 강조한다. 오늘날 농민들은 GPS 기술과 자율주행 기능을 활용한 트랙터를 운전함으로써 첨단기술의 도움으로 힘들지 않게 농사를 하고 있다.

존디어는 농업의 모든 부문에서 그런 혁신을 하지는 않는다. 쌀, 밀, 보리, 수수, 기장과 같은 소립종 곡물 등 주식 작물을 비롯해 옥수수, 대두, 사탕수수, 면화, 해바라기씨, 견과류, 과일, 채소 등의 환금 작물과 고부가가치 농작물을 위한 농기계를 대상으로 한다. 그리고 낙농과 가축을 위한 건초사료 농기계를 포함해 건설과 산림 장비, 가드닝과 골프장 장비도 혁신의 범위에 들어간다.

존디어는 정밀농업 기술 로드맵을 작성해 필요한 기술을 개발해왔다. 2012년부터 2022년까지 연평균 15억 5,000만 달러를 연구개발에 투자했으며 지난 30년 동안 수백억 달러를 투입해 30개 이상의 첨단기술 기업을 인수했다. 이러한 혁신의 결과물들을 기반으로 새롭게 도약한 덕분에 CNH, AGCO와 같은 다른 농기계 기업들과 기술 격차를 벌여 퀀텀 점프에 성공했다.

인공지능 업계는 최근 존디어가 전통 산업군에 속하면서 인공지능을 활용하는 첨단 디지털 기업으로 변신했다고 평가했다. 2021년 MIT 슬론경영대학원과 보스턴컨설팅그룹BCG이 공동 연구한 보고서에 따르면 인공지능 기업들은 디지털 역량을 가지고 시작해도 불과 11%만 성공했다. 전통 기업들은 디지털 기술에 친숙하지 않아 인공지능을 사업에 활용해도 성공하기 힘들다고 했다. 그래서 인공지능 업계는 존디어가 스마트 기술 기업으로 변신해 인공지능, 머신러닝, 로봇, 사물인터넷 투자에 성공하는 사례를 보고 놀라움을 표현한다. 존디어의 기술 혁신 성과를 연구함으로써 우리 농업에 필요한 기술 혁신에 대해 고민이 필요한 때다.

# 2
# 환경발자국을 줄이고 지속가능성을 키운다

세계 인구는 계속 증가하지만 지구에는 더 이상 농토로 개간할 땅이 남아 있지 않다. 믿기 어렵겠지만 사실이다. 세계인을 위한 농토의 총면적은 정점을 지나 서서히 감소하고 있다. 이제는 농토로 개척할 땅이 별로 남아 있지 않은데 세계 인구는 증가 추세다. 이것이 우리가 직면한 환경파괴 농업의 첫 번째 문제다. 유엔은 21세기 말까지 인구가 5분의 1 정도 더 증가할 것으로 예상한다. 우리는 지금 농업의 임계점에 다가서고 있다.

우리는 세계 식량문제를 해결하기 위해 질소비료와 살충제를 매년 대량으로 살포하고 있다. 하버-보슈 공정을 개발해 질소비료를 대량 생산하고 화학물질 DDT의 살충효과를 발견했기 때문이다. 이런 기술 혁신들은 금세기 인류에게 축복이자 재앙이 됐다. 20세기와 21세기 농업이 이 두 기술 진보에 크게 영향받으면서 환경파괴가 나

날이 심각해지고 있다. 이제는 우리의 건강과 자연의 생태계를 위협하고 있다.

농업은 환경에 영향을 받는다. 그래서 존디어는 환경을 중시하는 농업을 한다. 존디어의 환경 정책이 처음으로 주목받은 것은 1973년이다. 엔진 배기가스를 줄이는 연료 절감 프로그램을 추진해 환경보호단체인 시에라클럽Sierra Club으로부터 우수 환경계획 기업상을 받았을 때다. 1990년대에는 정보통신기술 혁명에 주목한 한스 베커러 회장의 지시로 정밀농업을 활용해 친환경적이면서 지속가능한 농업 기술을 주진했다. 2022년에는 환경에 대한 회사 규정을 개정해 '글로벌 환경, 건강, 안전 정책Global Environment, Health, and Safety Policy'을 발표했다. 안전하고 건강한 작업 환경을 제공하고 환경발자국을 감소시켜 지속가능한 성과를 내기 위해서였다. 이 정책은 현재 본사, 계열사, 협력사의 모든 임직원에게 적용되고 있다.

2021년 존디어는 지속가능한 환경 정책을 실현하기 위해「1차 지속가능성 보고서」를 작성했다. 이 보고서에 2030년까지 달성하려는 지속가능성 목표를 제시했다. 2022년 존디어가 발표한 지속가능성 성과는 놀라운 수준이었다. 직접 배출원 스코프 1과 간접 배출원 스코프 2의 온실가스 감축 목표와 재생전기 사용 목표를 초과로 달성했다. 물 재사용 비율은 목표로 했던 100%를 달성했다. ESG 평가 기관들은 놀라운 성과에 찬사를 보냈다.

## 정밀농업 혁명으로 농업 생산성을 높이고 친환경을 지향하다

존디어의 환경 정책은 50년이 넘는 역사를 가지고 있다. 1973년 윌리엄 휴잇 회장은 에너지 사용을 추적하는 에너지 관리 프로그램을 구축해 엔진 배기가스 감축 실험을 시작했다. 그리고 이 프로그램을 담당한 부서가 에너지를 절약하는 운영을 주도하도록 지시했다. 이러한 존디어의 노력에 대해 시에라클럽의 아이오와위원회는 우수 환경 계획 기업상을 수여했다. 시에라클럽이 환경에 대한 존디어의 기여를 처음으로 대중에게 소개한 것이다.

1990년대 중반 한스 베커러 회장의 주도로 존디어는 정밀농업을 통한 농업 혁신을 추구하기로 했다. 전통적인 농업이 농업 생산성을 높이기 위해 농업용수, 비료, 살충제, 제초제를 점점 더 과도하게 투입하는 경향이 있었기 때문이다. 베커러 회장은 정보통신기술 혁명이 친환경적이면서 지속가능한 농업을 가능하게 만들 것이라고 예견했다. 정밀농업이 씨앗 살포는 최적화하고 비료, 농약, 연료, 시간 사용은 최소화할 것이라고도 생각했다.

2022년 6월 존디어가 '글로벌 환경, 건강, 안전 정책'을 만든 목적은 고객을 위해 기업을 운영하면서 안전하고 건강한 작업 환경을 제공하고 환경발자국을 줄여나감으로써 지속가능한 성과를 내도록 약속하기 위해서였다. 존디어는 법률과 기업에 대한 요구사항을 그 이상으로 엄격하게 수행하는 것을 목표로 했다. 존디어의 새 규정은 환경, 건강, 안전에 대한 지속가능한 성과를 약속하는 데 필요한 책임과 기대를 제시한다. 새 규정은 존디어에 소속된 모든 임직원, 계열사, 협력사에 적용되며 이들은 다음과 같은 책임이 있다고 명시했다. 존디어는 본사 임직원, 파견직원, 계열사, 협력사가 '글로벌 환경, 건강, 안전 정책' 규정을 위반할 경우 적절한 인사 정책에 따라 해고나 계약 해지를 포함한 처벌을 받게 될 것이라고 경고한다. 규정 위반을 발견한다면 회사 내 건강과 안전 전문가, 매니저, 인사 부서, 노동자 관련 부서, 법률 부서, 핫라인 신고 시스템을 통해 보고하도록 했다.

그리고 보고자나 규정 위반과 관련해 조사에 참여한 사람에 대한 보복을 금지했다. 여기서 보복 행위는 좌천이나 강등, 징계나 훈육, 해고나 계약 해지, 봉급 삭감, 업무 변경이나 인사 이동 등 일자리와 관련된 모든 부정적인 행동을 말한다. 그러나 보복 행위는 언급한 것보다 교묘해 감지하기가 어려워 제삼자가 보고하는 것을 방해할 수 있다.

존디어는 또한 2023년 1월 '미국 에너지부 기금에 대한 재정 이익 충돌 정책' 규정을 개정했다. 미국 에너지부가 2021년 12월 미국 정부 기관의 지원금이 기업 이익과 충돌할 경우 문제를 해결하기 위해 필요한 사업 설계, 실행, 보고에 대한 기준을 발표했기 때문이다. 존디어도 본사와 계열사, 협력사, 사업장들이 때때로 정부 기관에서 지원금을 받아 사업을 했다. 존디어는 정부 지원금과 관련한 사업에 대해서 이 규정을 적용했다. 부서 책임자나 경영자가 이러한 사항에 대해 잘 모를 경우를 대비해 상담 시스템도 마련했다.

## 다양한 분야에서의 혁신과 협력으로 친환경 목표를 달성하다

환경발자국은 인간 의식주에 필요한 자원을 생산하고 폐기하는 데 드는 비용을 토지 면적으로 환산한 지수다. 3대 환경발자국으로 탄소발자국, 물발자국, 생태발자국이 있다. 존디어는 2021년 「1차 지속가능성 보고서」에서 2030년까지 달성하려는 지속가능성 목표를 제시했다. 2022년 회사의 지속가능성 노력에 대한 지난 1년간의 평가 결과를 허투루 작성하지 않음으로써 진정성을 보여주었다.

기업의 온실가스 배출은 온실가스가 배출되는 곳이 기업 내부인지 외부인지에 따라 직접 배출과 간접 배출로 구분한다. 간접 배출은 다시 에너지 사용에 따른 간접 배출과 기타 기업 활동에 따른 간접 배출로 구분한다. 달리 말하면, 온실가스가 배출되는 시설이나 공정을 배출원이라고 하는데 배출원의 특성에 따라 직접 배출원은 스코프 1, 에너지 사용에 따른 간접 배출원은 스코프 2, 기타 간접 배출원은 스코프 3으로 구분한다.

스코프 1은 기업이 소유하거나 관리하는 사업장에서 온실가스가 직접 배출되는 경우로 물리적 또는 화학적 공정으로 인한 배출이나 운송 수단으로 인한 배출 등을 포함한다. 스코프 2는 기업이 전기, 열, 물 등을 사용함으로써 기업 외부(발전소 등)에서 온실가스가 간접 배출되는 경우다. 만약 기업이 전력을 자가발전한다면 스코프 1에 해당하겠지만 대부분의 기업은 에너지를 외부 발전소에서 구매하고 온실가스도 해당 발전소에서 배출되기 때문에 간접 배출로 분류한다. 스코프 3은 기업이 소유하거나 관리하지는 않지만 기업 활동과 관련한 공급망 전체에서 온실가스가 간접 발생하는 경우로 제품의 생산 과정뿐만 아니라 소비와 폐기 과정을 포함한다. 예를 들어 판매된 제품의 사용 과정, 폐기물이나 폐수의 처리, 임직원의 출퇴근이나 출장 등이 해당된다. 따라서 스코프 3의 온실가스 배출량이 스코프 1, 2보다 훨씬 많음을 예상할 수 있다. 현재 우리나라 기업들은 스코프 1, 2를 중점적으로 관리하고 스코프 3에 대해서는 선언적인 정책만을 제시하고 있다.

존디어가 2022년에 달성한 지속가능성 성과는 놀랍다. 목표로 했던 스코프 1과 2의 온실가스 감축 목표와 재생전기 사용 목표를

| 직접 배출<br>(기업 내부) | 스코프 1 | 기업이 소유하거나 관리하는 사업장에서 온실가스가 직접 배출되는 경우 |
|---|---|---|
| 간접 배출<br>(기업 외부) | 스코프 2 | 기업이 에너지를 사용함으로써 기업 외부(발전소 등)에서 온실가스가 간접 배출되는 경우 |
| | 스코프 3 | 스코프 2를 제외하고 기업 활동과 관련한 공급망 전체에서 온실가스가 간접 배출되는 경우 |

초과 달성했다. 온실가스 감축 목표는 2017년 대비 15%를 감축하는 85만MtCO2e(이산화탄소 환산 100만 톤)보다 적은 29%인 71만 7,000MtCO2e(이산화탄소 환산 100만 톤)를 달성했다. 재생전기 사용률도 목표연도 50%를 넘어 58.9%에 도달했다. 물 부족 지역에 있는 공장의 물 재사용률은 2019년 21%에서 시작해 목표로 했던 100%를 2022년에 달성했다.

시장은 뜨겁게 반응했다. ESG 평가기관인 서스테이널리틱스는 2023년 4월 13일 존디어를 ESG 위험지수 16.1인 '낮은 위험' 수준으로 평가하고 평가 대상 기계회사 총 549개 중에서 12위라고 발표했다. 2022년 8월에 평가한 ESG 위험지수 17보다 1년 동안 더 개선된 것이다. 동종업계 2위는 AGCO로 ESG 위험지수 17.9를 기록해 기계 업계에서 22위였다. 일본 기업 구보다Kubota는 ESG 위험지수 19.8로 기계 업계에서 40위로 평가됐다. 동종업계 ESG 평가에서 존디어가 왕좌를 차지한 것이다.

2023년 2월 세계 3대 신용평가회사인 피치는 존디어의 등급을 'A'에서 'A+'로 상향했다. 존디어의 생산성, 수요 대응, 가격 경쟁력, 운영 위험, 현금회전율이 정밀농업 기술의 발전과 타 분야 산업의 성장으로 장기적으로 더 좋아질 것으로 예상했기 때문이다. 존디어의 디지털 기술이 높은 수익률, 재무적 유연성, 수요 변화에 대한 안정

## 2017~2022년 존디어의 지속가능한 에너지 사용 추이

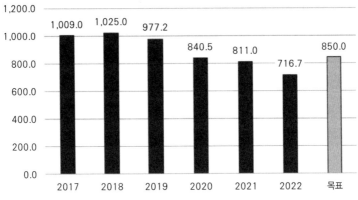

(a) 2017~2022년 온실가스 감축 추이(단위: 1,000MtCO2e)

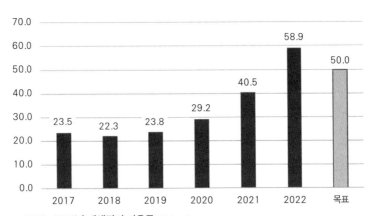

(b) 2017~2022년 재생전기 사용률(단위: %)
(출처: 존디어, 「2022 지속가능성 보고서」)

성을 보장할 것이라고 평가했다. 피치는 존디어가 장비 운영과 금융 서비스 사업에서 예산과 자본을 배분할 때 보수적인 정책을 유지하는 점을 높이 평가했고 강한 경쟁력과 높은 기술 수용성에 신뢰를 보였다.

존디어는 현재 더 강력한 환경친화적인 정책을 추진하고 있다.

「2022 지속가능성 보고서」를 발간하면서 온실가스 감축 목표를 30%로 설정한 기타 간접 배출원 스코프 3 단계를 추진하겠다고 발표했다. 존디어의 공급망에 참여하는 기업들과 협력해 탄소 배출량을 낮추거나 0으로 하는 대체 동력 개발을 위한 로드맵을 작성한다고 했다. 농기계 엔진을 효율화하고 하이브리드화하며 전기와 재생 연료를 사용할 수 있게 만들겠다고 했다. 스코프 3의 온실가스 감축 목표를 달성할 수 있는 과학기술을 찾겠다고도 했다.

2030년까지 달성해야 할 스코프 3의 온실가스 감축 목표는 다음과 같다. 스코프 3의 카테고리 1괴 2를 위한 감축 목표는 2021년 1억 45만 6,000MtCO2e(이산화탄소 환산 100만 톤), 2022년 9,735만 3,000MtCO2e를 참고했다. 카테고리 2를 위한 스코프 3의 감축 목표는 2021년 9,312만MtCO2e, 2022년 8,990만 2,000MtCO2e를 기준으로 했다. 그 결과 2030년 스코프 3의 감축 목표를 7,031만 9,000MtCO2e로 설정했다. 카테고리 1과 2의 2021년에서 30%를 감축한 수치다.

존디어는 야심 차게 친환경 목표를 달성하기 위해서 다양한 부문에서 혁신과 협력이 필요하다는 사실을 잘 알고 있다. 자체적으로 첨단기술을 개발해서 자사 제품들에 그 기술들을 실용화할 뿐만 아니라 고객들이 구매하도록 만들어야 한다. 그리고 계열사와 협력사들이 자발적으로 참여해서 서로 협력해 성과를 내도록 해야 한다. 존디어는 친환경 목표를 달성하기 위해 필요하다면 정밀농업 기술을 비약적으로 발전시킬 첨단기술을 보유한 기업을 인수하는 것도 고려하고 있다.

# 3
# 무공해 농업을 위한 전기화 시대를 선도하다

　환경을 중시하는 존디어는 장비 전기화에 진심이다. 경제적이고 지속가능하며 바람직한 장비 전기화를 위해 완전 전기 장비뿐만 아니라 하이브리드 장비 개발에도 노력하고 있다. 농업용 트랙터는 전기차보다 더 강력한 엔진 동력이 필요하다. 2016년에 존디어는 무공해 농업을 위한 완전 전기 트랙터 시제품을 개발해 프랑스에서 개최되는 농기계 박람회에 출품했다. 그러나 내장된 배터리팩으로 구동되는 이 전기 트랙터는 아직 동력이 약했다.

　존디어는 2021년 배터리 제작과 배터리 충전소 구축에 첨단기술을 가진 오스트리아의 스타트업 크라이젤 일렉트릭Kreisel Electric을 인수했다. 덕분에 존디어가 생산하는 전기 트랙터의 배터리 제작 기술이 크게 향상됐고 배터리 충전소 구축 사업에서도 선두에 올랐다. 존디어는 탄소발자국 감축을 위한 무공해 동력 시대를 앞당겼다.

## 모든 제품의 전기화를 통해 다음 단계로 도약한다

"우리의 다음 도약은 '전기화'다."

존디어는 2023년 5월 홈페이지를 개편하면서 이런 문장을 내세웠다. 그리고 그 의미를 다음과 같이 설명했다. "우리는 환경에 대한 영향을 줄여가면서 혁신을 통해 가치를 더 높여왔다. 그래서 2026년까지 새로운 일터들에 온실가스 배출 제로 전기화 방안과 하이브리드 전기 해결책을 제공하려고 한다. 우리는 일터들에서 경제적이고 지속가능하며 바람직한 전기화가 가능해지는 것을 목표로 한다."

존디어는 자사 제품들의 전기화를 선방위적으로 진행하고 있다. 건설 중장비 부문에서 20개 이상의 전기 모델과 하이브리드 모델을 출시한다. 가드닝 부문에서는 잔디깎이와 소형 유틸리티 트랙터의 모든 유형에 전기 동력이 가능하도록 개발하고 있다. 농기계 부문에서는 배터리를 동력원으로 하는 유틸리티 자율주행 전기 트랙터를 출시한다. 존디어는 지속가능성을 위한 해결책뿐만 아니라 고객이 원하는 제품을 제공한다는 창업자 정신에 대한 흔들림 없는 약속을 지키기 위해 전기 배터리를 장착한 완전 전기 동력 제품들을 개발하고 있다.

배터리 장착 전기차BEV, Battery Electric Vehicles는 온실가스 배출을 줄이며 사용과 유지관리가 쉽고 정밀한 통제가 가능하다. 그래서 배터리 장착 전기차를 원하는 고객들이 있다. 존디어는 모든 제품을 전기화하는 사업의 장점을 다음과 같이 꼽았다.

- 강력한 성능과 운용에 대한 신뢰를 제공한다.
- 농기계와 건설 중장비를 단순화해 유지관리가 쉽다.

- 조용하고 작동 방식이 쉽게 이해되어 사용하기 쉽다.
- 기술적으로 성공할 가능성이 크고 소형화가 가능하다.
- 제품 구매와 소유 시 정부 보조금 등 혜택이 있다.
- 이산화탄소 환산 배출량을 줄인다.

존디어 제품들의 전기화 수준은 상당히 높다. 존디어는 어떻게 그 수준에 도달했을까? 2010년대 중반이 시작점이었다. 당시 존디어는 '무공해 농업'을 목표로 하이브리드 전기 트랙터를 포함해 대체 연료를 사용하는 대형 농업 트랙터를 개발하고 있었다. 존디어는 개발하던 전기 트랙터 개념을 '농기계를 위한 지속가능한 에너지 공급 SESAM'이라고 불렀다. 2016년 존디어는 완전 전기 트랙터 시제품을 프랑스 파리에서 개최된 국제 농기계 박람회인 '시마sima 2016'에 출품했다. 대형 디젤 엔진 대신에 130킬로와트시 용량이 내장된 배터리팩으로 가동되는 존디어 최초의 전기 트랙터였다. 테슬라 전기 자동차의 시간당 최대 100킬로와트시 용량을 넘는다.

전기차는 주행거리가 길어야 쓸모가 있는 데다 농사는 힘든 작업이 많다. 그래서 농업용 전기 트랙터는 전기 엔진이 강력해야 했다. 2개의 150킬로와트 전기모터를 트랙터에 장착해 총 300킬로와트 (408마력)의 출력을 냈다. 존디어의 전기 트랙터는 장시간 작업을 할 수 없었고 주행거리도 짧았지만 디젤 트랙터보다 유지관리가 수월하고 수명도 더 길었다. 전기료가 싼 미국 중서부에서는 연료비용이 줄어들었다. 소음이 적어 주택가뿐만 아니라 야간작업에도 좋았다. 존디어는 장점이 많은 전기화에 박차를 가했다.

하지만 최대 동력 용량에 문제가 있어서 하이브리드 전기 트랙터 개발로 방향을 전환했다. 전기로 작동하는 '하이브리드 그린 잔디깎이'를 출시해 골프장 업계의 찬사를 받았다. 골프 경기 중에는 소음이 적은 전기로 작동하고 사람이 없을 때는 휘발유를 사용하는 기계였다. 유압액 누출을 방지하기 위해 초정밀 전자장치를 장착해 잔디가 죽고 토양이 오염되는 문제를 해결했다.

물론 실패한 사례도 있다. 풍력발전을 대상으로 한 재생에너지 사업이다. 1, 2차 석유파동이 닥치자 세계 각국은 에너지 확보에 비상이 걸렸다. 기업들은 자연스럽게 재생에너지에 관심을 가지기 시작했다. 재생에너지는 자연적으로 다시 채울 수 있는 원천으로부터 얻는 에너지를 말한다. 햇빛, 풍력, 수력, 조력, 지열 등으로 지속가능하다는 특성이 있다. 미래의 에너지로 평가받는 재생에너지는 주로 전기 에너지로 공급된다. 재생에너지를 생산하기 위해서는 대부분 대규모 시설 투자가 필요하지만 설치되는 장소는 농촌이나 외딴곳이다. 두 차례의 석유 위기로 경제가 휘청한 미국은 1980년대부터 태양 에너지를 시작으로 재생에너지 전략을 추진하기 시작했다. 존디어는 풍력을 목표로 했다.

존디어는 '존디어 재생 유한회사'를 설립해 농촌 지역을 대상으로 한 풍력발전기 제작사업에 뛰어들었다. 미국의 8개 주에서 36개 사업을 실행하는 데 성공했다. 그런데 2005년부터 재생에너지 산업의 경쟁이 격화된다. 미국뿐만 아니라 중국, 브라질, 유럽 기업들이 성장하면서 발전 규모를 키우는 치킨게임이 시작됐다. 미국 이외에 풍력발전기를 생산하는 기업들도 중국, 한국, 일본, 대만, 인도, 이란과 같은 아시아 국가들과 독일, 덴마크, 프랑스, 네덜란드, 벨기에, 영국, 이탈리아, 스페인, 에스토니아, 크로아티아, 러시아 등 유럽 국가들과 브라질을 포함한 남아메리카 국가들로 확대됐다. 경쟁에서 뒤처진 캐나다, 핀란드, 뉴질랜드 기업들은 사업을 접었다.

존디어는 2010년 미국의 전력 생산기업 중에서 매출액이 가장 큰 엑셀론Exelon에 '존디어 재생 유한회사'를 매각했다. 그리고 재생에너지 산업에서 철수한다. 자신이 가장 잘할 수 있는 산업에 집중하기로 한 것이다.

## 희망에 머물던 전기화를 현실화하다

존디어는 2021년 12월 크라이젤 일렉트릭을 인수했다. 160여 명의 직원이 근무하던 크라이젤 일렉트릭은 이모빌리티와 저장시스템을 위한 배터리 제작과 배터리 충전소 구축에 첨단기술을 가진 기업이었다. 크라이젤 일렉트릭의 기술은 상업용 차량, 비포장도로용 차량, 선박, 경주용 전기 차량을 포함한 고성능 차량에 활용할 수 있다. 존디어는 전기 차량 또는 하이브리드 차량에 장착하는 우수한 배터리 제작 기술이 필요해 크라이젤을 인수했다. 크라이젤도 차량용 배터리 제작 사업과 배터리 충전소 구축 사업에서 선두로 도약할 기회였다. 인수합병은 상생을 위한 선택이었다.

존디어는 크라이젤의 내구성 높은 고밀도의 배터리 기술을 확보해 차량과 트랙터 설계에 효율적으로 접목했다. 존디어가 생산하는 농기계, 잔디깎이, 소형 다목적 트랙터, 소형 건설 장비, 도로 건설 장비 등에 크라이젤의 내구성 높은 고밀도의 배터리를 주요 동력원으로 장착했다. 새로운 고객 수요에 부응하면서 환경에 대한 지속가능성 역량이 높아졌다.

전 세계를 시장으로 하는 존디어에서 전기 트랙터를 출시하면 세계 각 지역에 배터리 충전소가 필요한데 배터리 충전소를 관리하고 연계하는 크라이젤의 플랫폼을 활용할 수 있게 됨에 따라 기존 제품의 전기화를 앞당겼다. 탄소발자국 감축 목표도 상향할 수 있었다. 그동안 존디어는 건설 중장비와 산림 장비의 전기화에 집중해왔다. 그러다가 최근에는 잔디깎이 등 가드닝 장비와 농업용 트랙터로 적용 영역을 확대하고 있다. 회사가 새로운 고객 수요에 부응하면서 환경에 대한 지속가능성 역량을 높이려는 목적이었다. 그 일환으로 무공해 추진시스템으로 움직이는 트랙터 개발이라는 야심적인 도약을 준비했다.

2022년 3월 존디어는 2023년도 모델 8 시리즈 트랙터 모델들에 전기로 작동하는 신형 무단변속기EVT, Electric Variable Transmission를 장착한다고 발표했다. 모델 8 시리즈 트랙터에 장착된 전기 무단변속기는 410마력에 속도를 정확하게 통제할 수 있어 주행 안정성이 훌륭하고 운전이 부드러웠다. 존디어는 2023년 2월 소음과 진동이 없는 주거지용 전기 잔디깎이도 출시했다. 최초로 동력원이 완전히 전기인 잔디깎이였다. 유지관리가 쉽고 작동이 편리하며 소음과 진동이 적었다. 2023년 1월에 개최된 세계가전전시회에서는 농업 부문에서 발아용 비료 살포기인 이그잭트샷과 함께 건설 중장비 부문에서 크라이젤 배터리를 장착한 전기 굴착기를 출품했다.

존디어 제품의 전기화에 크라이젤 일렉트릭이 미친 영향이 크다. 크라이젤이 보유한 이모빌리티를 위한 혁신적인 배터리 제작 기술과 배터리 충전소 구축 기술이 존디어 제품들의 전기화와 하이브리드화에 핵심 요소로 역할했다. 그래서 유럽 본부 관할인 존디어 사란 공장에 신규로 2기가와트 이상의 크라이젤 배터리를 생산하는 시설을 설치했다. 존디어는 미국에도 증가하는 전기 트랙터와 건설 중장비 수요에 부응해 배터리 조립공장을 신설했다. 투자를 통해 오스트리아 라인바흐에 있는 크라이젤의 제조시설뿐만 아니라 연구개발 역량도 강화했다. 크라이젤은 존디어의 지원으로 세계적인 공급망 관리, 생산 엔지니어링, 품질 보장, 물류 협력, 첨단 자동화 솔루션 역량을 강화했다. 존디어의 투자는 크라이젤이 첨단 배터리 사업과 충전소 인프라 사업 부문에서 선도기업으로 도약하는 데 큰 힘이 됐다.

전기화에 대한 존디어의 혁신은 현재 진행형이다. 2023년 존디어는 미국 농업생물공학회ASABE가 수여하는 AE50상을 3개나 받았다. AE50상은 매년 전 세계 엔지니어링 전문가들이 농업과 식품 산업계에서 가장 혁신적인 50개 제품과 디자인을 선정해 수여한다. 존디어가 수상한 3개의 상 중 하나가 모델 8 시리즈 전기 무단변속기였다. 존디어는 초격차 전략으로 2026년까지 모든 제품을 전기화한다고 발표했다. 크라이젤이라는 날개를 달아 희망을 현실로 만들고 있다.

2023년 8월 존디어는 노스캐롤라이나주 커너스빌에 크라이젤의 배터리와 축전지를 생산하는 공장을 건설한다고 발표했다. 면적이 약 1만 1,000제곱미터로 최대 2기가와트의 생산 역량을 갖출 예정이며 2025년에 완공된다. 존디어는 2026년까지 탄소제로에 근접한 동력원 개발을 목표로 이 공장을 신설했다. 커너스빌에서 생산하는 배터리는 고속도로가 아니라 국도와 일반도로용으로 사용된다.

# 4
# 친환경 에너지의 가능성을 찾는다

　존디어는 초격차 전략에 따라 2030년까지 지속가능성 목표를 달성하는 데 저탄소 에너지원이 중요하다는 사실을 잘 알고 있다. 존디어가 생산하는 농기계들은 강력한 마력이 필요하고 장시간 작동돼야 한다. 열악한 인프라를 가진 극한의 환경에서 고립된 채로 작업해야 할 수도 있다. 아직은 힘이 좋고 장시간 운용이 가능하며 연료 충전을 위해 기존 인프라를 활용할 수 있는 내연기관을 장착한 농기계들이 주 동력원으로 유리하다.

　재생 에너지원을 사용하는 농기계들은 수요가 급증하는데도 운용 경험이 부족하고 기존 공급망 제한과 같은 수많은 과제가 아직 해결되지 않았다. 그런데도 존디어는 미래를 위한 도전에 과감하게 나섰다. 에탄올, 바이오, 수소, 메탄을 차세대 연료로 생각한다.

## 바이오연료를 트랙터의 에너지원으로 한다

바이오연료를 차세대 차량 동력원으로 사용하기 위해서는 인프라와 글로벌 공급망 구축이 시급하다. 존디어는 미국, 브라질, 아르헨티나 등에 있는 대규모 기업농장들을 주요 고객으로 두고 있다. 21세기 들어 사람들이 기후변화에 관심을 기울이자 대규모 기업농장 소유주들이 농장의 이익률을 높이고자 사업을 친환경적으로 바꾸고 있다. 기후변화와 환경에 대한 관심이 새로운 시장을 만들고 있다.

존디어는 이러한 새로운 바이오연료 사업 분야에서 주도권을 확보하기 위해 바이오연료 산업계의 주요 기업들과 협력관계를 구축했다. 존디어와 주요 바이오연료 기업 간 우호적인 관계는 존디어의 농기계, 건설 중장비, 산림 장비에 사용할 대체연료의 실용화와 품질에 대한 연구와 협력을 강화하는 발판이 되고 있다. 그들은 재생에너지 생산 능력을 높이도록 지원하는 정책 마련, 인프라 구축, 수요 증대에도 함께 노력하고 있다.

존디어가 현재 가장 역점을 두는 바이오연료는 에탄올이다. 미국에서는 옥수수를 원료로 에탄올을 생산한다. 옥수수로 생산하는 에탄올은 휘발유보다 온실가스 배출량이 약 40% 적어 친환경적이다. 남아메리카, 특히 브라질에서는 사탕수수로 만든다. 에탄올은 미국과 브라질에서 포장도로를 달리는 승용차 연료로 많이 사용된다. 그래서 이들 나라에서는 에탄올 생산과 수송을 위한 인프라가 잘 갖추어져 있다. 비포장도로와 중장비 차량의 연료로는 아직 문제가 많다. 에탄올의 에너지 함량이 디젤의 60%에 불과하기 때문이다.

존디어는 미국이 에탄올 생산 인프라를 잘 갖추고 있다는 사실을 큰 기회라고 판단했다. 존디어의 재생연료 엔진 책임자 크레이그 로만Craig Lohmann은 "미국의 에탄올 생산시설은 우리 고객들이 자신의 연료를 재배할 기회를 제공한다."라고 말했다. 에탄올은 액체연료다. 수소나 메탄보다 다루고 저장하기 쉽다.

에탄올의 문제는 중장비를 가동하기에 에너지 함량이 낮다는 것이다. 현재의 기술은 농기계의 디젤 엔진을 에탄올 엔진으로 대체해도 작업에 문제가 없을 수준에 도달했다. 그래도 존디어는 에탄올 엔진 기술을 더 발전시키려고 한다. 그래서 다른 기술 기업들을 참여시켜 미 연방정부 에너지부, 마케트대학교, 위스콘신주립대와 차세대 에탄올 엔진을 개발하는 협력 연구를 시작했다.

존디어는 바이오연료에도 관심이 많다. 바이오연료를 추출할 수 있는 대두와 해바라기씨와 같은 유지작물을 생산하는 농민들이 존디어 고객들이기 때문이다. 존디어는 바이오연료를 에너지원으로 하는 재생디젤과 바이오디젤을 개발하고 있다. 존디어가 개발한 재생디젤과 바이오디젤 트랙터들은 대두와 유지작물을 포함해 폐식용유와 동물 지방에서 추출한 바이오연료도 사용할 수 있다. 존디어는 휘발유 사용 엔진보다 탄소배출을 50~80% 낮추는 하이브리드 바이오디젤 엔진을 개발하는 연구도 진행하고 있다.

재생디젤과 바이오디젤의 가장 큰 문제는 전 세계적으로 대두와 유지작물을 활용해 바이오연료를 생산하는 시설과 인프라가 부족하다는 것이다. 그래서 원료 공급이 문제가 된다. 블룸버그NEF는 미국에서 재생디젤 수요가 2022년 연간 22억 갤런에서 2026년 63억 갤런으로 거의 3배 가까이 증가할 것으로 예상했다. 이런 수요 증가를 충족하기 위해서는 지방, 기름, 그리스에서 추출한 바이오연료 공급이 현재보다 훨씬 높아져야 한다.

존디어는 바이오연료 공급망에 참여하는 기업들과 협력해 이 문제에 대한 해결책을 찾으려고 노력하고 있다. 농민들과 함께 겨울철에 자라는 유지작물로부터 재생디젤 연료를 생산하는 방법을 찾기 위한 시범 연구에 참여하고 있다. 그리고 현재의 유지작물 생산주기와 농장의 정제시설에서 생산된 유지작물을 수송하는 필수 물류 인프라를 통합해 더 효율적이고 경제적이며 혁신적인 생산-공급망 통합 플랫폼 방안을 도출하려고 한다.

존디어는 겨울철에 자라는 유지작물 생산 규모를 확대해 바이오연료를 생산하는 것이 여러 측면에서 장점이 있다고 생각한다. 첫째, 기존에 식용으로 사용하지 않던 농작물로 새롭게 바이오연료를 생산한다. 식량으로 사용하는 곡물과 유지작물에서 바이오연료를 생산하는 것보다 반대가 적다. 둘째, 겨울철에 자라기 때문에 토양의 지반 안정성과 영양 밀집도를 높여 농업 활동으로 인한 탄소배출을 줄인다. 셋째, 농기계 활용도를 높여 평균 투자 비용을 줄임으로써 새로운 원천으로 인한 소득을 늘리고 신형 장비의 구매를 촉진한다.

2000년대 들어 기후변화 이슈가 대두되자 에탄올과 바이오연료가 친환경 차량 연료로 부각됐다. 브라질에서 생산하는 사탕수수로 에탄올을 만드는 사업이 급격하게 성장했다. 존디어는 8대 CEO 레인 회장의 결정으로 브라질 사탕수수 농장에 최적화된 트랙터 제조 공장을 2004년 브라질 몬테네그로에 신설한다. 다음 회장인 9대 CEO 새뮤얼 앨런 회장은 2019년 브라질 사탕수수 수확기 제작기업인 우니밀Unimil을 인수했다. 이런 사례들을 통해 존디어가 사탕수수나 옥수수를 원료로 하는 바이오연료를 트랙터의 에너지원으로 하는 기술에 관심이 많다는 사실을 알 수 있다.

## 수소와 메탄과 바이오메탄의 길을 찾다

독일 본부가 총괄하는 유럽은 존디어의 주요 시장이다. 유럽에서는 수소가 대체연료로 논의되고 있다. 존디어도 프랑스 정부와 오를레앙대학교가 주도하는 탄소를 배출하지 않는 수소엔진 개발 프로젝트에 참여하고 있다. 그러나 수소는 내연기관 연료로서 아직 저장 탱크, 충전소 등 해결해야 할 문제가 많다. 존디어의 유럽 엔진 제작 책임자인 니콜라스 마리Nicolas Marie는 "먼저 엔진을 개발하고 발전기에 장착해야 트랙터에 탑재할 수 있다."라고 말했다.

메탄과 바이오메탄은 존디어의 또 다른 신텍지이지만 아직 갈 길이 멀다. 존디어는 메탄과 바이오메탄을 장기과제로 생각한다. 현재의 기술로 농기계에 적용하기는 어렵다고 생각한다. 그러나 축산업 규모가 큰 미국, 유럽, 사탕수수가 주요 작물인 남아메리카가 이들 연료에 관심이 많기 때문에 존디어도 예의주시하고 있다.

하지만 메탄과 바이오메탄 연료는 트랙터와 건설 장비에 에너지원으로 사용하기에는 동력이 약해 엔진을 완전히 새롭게 개조하지 않는 한 아직은 사용하기 어렵다. 제품 개발뿐만 아니라 생산공장도 건설해야 한다. 모두 상당한 투자가 필요하다. 이런 이유로 현재는 제품 개발에 전력을 기울이고 있지는 않으나 기술이 중장비 동력원 수준에 도달하는지 해당 분야의 연구와 타사의 제품 개발을 모니터링하고 있다.

# 5
# 지속가능한 장비와 신소재를 개발하다

존디어는 제품과 부품들에 대한 재활용과 재생에 상당한 관심과 노력을 기울이고 있다. 재활용은 사용된 부품이 새로운 물질로 재탄생해 두 번째 삶을 사는 것이다. 강철의 재활용이 대표적이다. 재생은 주로 바이오 물질이 자연에서 재순환되는 것을 말한다. 대두에서 추출한 콩기름, 벼 껍질인 겨, 삼베에서 추출한 식물섬유가 대표적이다. 존디어의 재활용 목표는 수명이 다한 농기계의 재활용률을 높여 다른 제품으로 다시 사용하는 것이다.

존디어는 신소재를 사용한 농기계에 관심이 많다. 다수의 장비를 장착한 농기계는 중량이 상당하기 때문에 농지를 이동할 때 토양을 압착한다. 압착된 토양에서는 농작물이 자라기 어렵기 때문에 농기계는 가볍고 내구성이 좋아야 한다. 존디어는 제품에 사용한 물질을 제품의 사용기간이 종료됐을 때 재생해 제품에 다시 사용할 수 있도록 하는 데도 열심이다. 재생할 수 있는 물질을 사용함으로써 자원의 활용률을 높이고 있다.

## 지속가능한 물질 비중 65%와 재활용률 95%에 도전하다

존디어는 재활용률과 재생률을 높이기 위해 자사 제품들을 물질별로 중량, 유형, 혼합 정도를 조사했다. 이러한 분석을 하기 위해 아주 상세한 물질 데이터와 공급자 원료 데이터가 필요했다. 그래서 모델 5 시리즈 트랙터를 선정해 물질별로 분석한 결과 강철이 35%, 주철이 24%, 고무가 14%, 플라스틱이 2%, 혼합물질이 22%, 기타가 3%인 것으로 나타났다. 또한 다음 단계로 지구촌 전체와 지역별로 자사 제품의 재활용률을 분석했는데 중량을 기준으로 지속가능한 물질의 비중은 40%였으며 재활용률은 90%였다.

존디어는 제품의 재활용과 재생 분석 정보를 통해 지속가능한 비전과 특정물질의 대안을 위한 정책을 수립할 때 어디에 집중해야 효과가 큰지를 알 수 있었다. 재활용을 위해서는 중량 측면에서 강철과 주철이 중요했다. 그런데 둘 다 거의 100% 재활용되고 있었다. 플라스틱, 고무, 전자부품은 중량은 얼마 되지 않지만 재활용 효과가 컸고 불가능하지도 않았다. 공급관리팀과 제품설계팀이 지속가능한 물질과 재활용 부품 비율을 높이는 데 중요한 역할을 해야 한다는 사실이 드러났다.

존디어는 2022년 기준으로 90%인 재활용 제품 비율을 2030년까지 95%로 상향하겠다고 발표했다. 40%인 지속가능한 물질 비중은 2030년까지 65%를 목표로 정했다. 존디어 제품들은 강철을 많이 사용하는데 재활용 강철을 더 많이 구매하기로 했다. 재활용 강철은 주로 용광로보다는 전기로 기술을 활용해 만들어진다. 문제는 지역별 공급량이었다. 미국에서는 어려운 일이 아니지만 아시아에서는 석탄과 같은 광석이 아니라 전기로 생산한 강철을 구하기가 어렵다. 그래서 존디어의 공급망에 참여하는 협력사들이 재활용 강철을 구하기 위해 중요한 역할을 하도록 했다.

전 세계에 분포한 존디어 판매대리점들도 유지관리 시스템을 통해 제품 수명이 연장되도록 관리하고 수명이 다한 제품을 수거하고 폐기하는 등 재활용 정책에 크게 기여하고 있다. 납축전지와 강철판과 같은 물질들이 재활용 대상이다. 존디어는 미주리주 스프링필드 지역에 있는 재제조시설인 '존디어 리맨John Deere Reman'으로 엔진, 변속기, 차축과 전자제품을 보내 재활용하고 있다. 존디어는 재활용률을 높이기 위해 판매대리점들과 협력을 더 강화하려고 한다.

이러한 노력으로 2022년 총폐기물 중에서 84%를 재활용했다. 「2022 지속가능성 보고서」에서 제시한 목표인 85%에 조금 못 미쳤지만 많은 진전이 있었던 의미 있는 수치였다. 폐기물들을 분리수거하고 주조공장의 고로 슬래그(철 용광로에서 제련할 때에 나오는 쇠 찌꺼기)와 같은 특정 폐기물의 재활용 공정을 개선해 이런 성과를 거두었다. 현재 처리 공정을 최적화하는 방식과 함께 폐기물 생산을 최소화하는 방안을 고민하고 있다. 2030년까지 폐기물 생산량을 15%까지 감축하려고 한다.

존디어가 2012년 폐기물 개선 정책을 수립한 이후 지난 10년 동안 총폐기물의 재활용률은 2012년 56%에서 2022년 84%로 28%나 증가했다. 다른 성과들도 많았다. 중국 톈진에 있는 존디어 건설 중장비 제조공장은 냉각 순환 시스템에 정화와 재활용 시스템을 추가해 위험폐기물을 2021년 5톤까지 감축했다. 2020년 독일 만하임에 있는 존디어 공장은 폐기물 컨테이너 컬러코딩 시스템과 디지털 물류 장비를 연계해 공장에서 폐기물을 분리하는 성능을 개선했다.

존디어 본사가 있는 미국 몰린의 실린더 공장은 2019년 단광법(광석의 가루나 알갱이를 덩어리로 굳히는 방법) 장비를 설치해 그동안 땅에 매립했던 연간 64.5톤의 슬러지 폐기물을 분쇄해 건설자재로 활용할 수 있는 콘크리트 구조물로 만들었다. 스페인에 있는 이베리카 공장은 2019년 자기성 여과 장치를 활용해 연간 6만 8,000리터의 기계용 오일을 재활용하는 현장 재활용 프로젝트를 실시했다. 2017년 루이지애나주에 있는 티보도 공장은 용매 사용량을 줄이고 페인트 혼합시스템에서 46%를 개선해 위험폐기물 생산량을 줄였다.

존디어는 최근에 재활용과 재생에 대한 개념을 재정립했다. 오래된 트랙터와 건설 장비를 저렴한 비용으로 수선하고 성능을 향상해서 거의 새 제품처럼 지속가능하게 만드는 것이다. 이를 위해 존디어 리맨 공장을 새롭게 리모델링해 오래된 트랙터와 건설 장비들을 새롭게 재탄생시키는 장소로 탈바꿈했다. 고객이 오랫동안 사용해 문제가 많은 제품을 존디어 리맨 공장으로 가져오면 단시간에 저렴한 비용으로 부품을 교체하고 문제 부분을 연삭하거나 손질한다. 수선 후에는 레이저로 표면을 피복하거나 도색 작업을 해서 마치 새 제품처럼 만든다. 고객들이 과거에는 낡은 제품을 폐기했으나 지금은 리맨 공장에 맡겨 더 오래 사용할 수 있게 만들어 폐기물과 자원 낭비를 줄였다.

## 환경을 보호하는 신소재를 적극적으로 찾다

신소재를 활용한 재생 가능한 장비는 온실가스 배출을 줄이고 자원을 더욱 효율적으로 사용하도록 하는 좋은 접근방식이다. 그래서 존디어는 자체적으로 기술을 개발하는 동시에 신소재 기술을 보유한 기업을 인수하고 있다.

대표적인 사례가 탄소섬유 기술 제품 생산업체인 킹아르고King Argo의 인수다. 킹아르고는 스페인 발렌시아에 본부가 있고 아르헨티나 캄파나에 생산시설이 있다. 존디어는 2015년부터 협력관계를 맺은 킹아르고를 2018년 3월 합병했다. 이 합병으로 탄소섬유 기술과 디자인에 관한 전문성을 확보했다. 자주식 살포기 같은 농기계에 탄소섬유의 유연한 활용성과 강인함과 내구성을 접목함으로써 존디어는 탄소섬유 장비에서도 강자로 떠올랐다.

존디어는 신소재 도입, 지속가능한 장비의 비중 확대, 폐기물 감축을 위한 첨단기술을 실용화하기 위해 관련 업계의 기술 발전을 모니터링하고 필요하면 협력한다. 지속가능성을 위한 목표도 높게 설정하고 그 목표를 달성하기 위해 가능한 한 모든 방법을 모색한다. 존디어가 환경을 중시하는 글로벌 기업이라는 자긍심을 지키고 미래 세대를 위해 더 좋은 세상을 남겨주려고 하기 때문이다.

4장

# 세계 전략으로
# 글로벌을 석권하다

# 1
# 스마트 산업 전략으로 초격차를 벌리다

존디어는 지금 미래 기술을 준비하고 세계 전략을 수립해 새롭게 도약하고 있다. 2020년 6월 새로운 비전과 운영 모델을 담은 '디어 스마트 산업 전략'을 세상에 소개했다. 존디어의 유산에 스마트 기술을 융합하겠다는 의지의 표현이었다. 이 전략은 생산 시스템 로드맵, 기술 투자와 연구개발, 지원 역량 강화를 포함한다. 그리고 대규모 조직 개편과 인사이동을 실행했다.

2021년에는 GRI 기준에 따라 외부 기관과 함께 「1차 지속가능성 중요성 평가보고서」를 작성했다. 존디어 경영진과 고객, 투자자, 판매자, 공급자, 정부 기관, 산업협회와 학회, NGO, 학계, 일반인들이 모두 참여했다. 이 평가보고서에 존디어의 사업과 관련된 ESG 영향, 기회, 위험들을 포함한 초격차 전략이 모습을 드러냈다. 또한 ESG 목표를 달성하기 위해서 '스마트 산업 운영 모델'을 마련했다.

## 첨단기술 솔루션을 제공하는 기술 혁신을 이룬다

2020년 5월 이사회에서 존 메이는 10대 CEO이자 회장으로 선출됐다. 신임 회장이 이끄는 존디어는 한 달 후인 6월 17일 '디어 스마트 산업 전략'이라는 새로운 비전과 운영 모델을 발표했다. 선도적인 농기계와 건설 중장비 업체라는 존디어의 훌륭한 유산과 스마트 기술 혁신을 융합해 그동안의 성공을 이어가겠다는 전략이다. 1년 후인 2021년 GRI 기준에 따라 외부 기관과 함께 주요 ESG 주제들을 파악하고 평가해 우선순위를 정한 「1차 지속가능성 중요성 평가보고서」를 내놓으며 존디어는 초격차 전략의 모습을 드러냈다.

존디어의 '디어 스마트 산업 전략'은 첨단기술을 활용해 변화하는 시장에 신속하게 대처함으로써 고객들이 지속적으로 더 많은 이익을 창출하는 것을 목표로 하고 다음과 같은 전략을 수립했다. 첫 번째는 생산 시스템 로드맵을 통한 생산과 솔루션의 전략적인 일치다. 고객들을 대상으로 축적해온 지식을 바탕으로 고객 수요를 충족하는 생산 시스템 로드맵을 수립하고 그 로드맵에 따라 관련 분야에 투자하겠다는 것이다.

두 번째는 기술 투자와 연구개발을 통해 하드웨어, 소프트웨어, 연결망, 데이터 플랫폼, 제품 기술 역량을 개선해 고객들에게 스마트한 솔루션을 제공하겠다는 것이다. 존디어가 스마트 장비, 시스템, 솔루션을 개발함으로써 이전에는 불가능했던 정밀농업 기술, 자동화, 스피드, 효율성으로 고객들에게 더 많은 경제적인 가치가 돌아가도록 하는 것을 목표로 했다.

세 번째는 존디어가 제품 판매 후에도 수명이 다할 때까지 고객들의 장비, 서비스, 기술 수요를 효과적으로 관리하는 지원 역량을 강화하겠다는 것이다. 고객들이 자신이 소유한 제품에 대해 특별한 평생 솔루션을 경험하도록 하기 위해서다.

존디어는 이 전략에 따라 생산 시스템, 기술 역량, 평생 솔루션을 통해 고객들이 차별화된 경험을 할 수 있도록 회사 자원을 배치했다. 그리고 연구 투자 예산을 검증된 방식에 따라 더 가능성 있고 큰 이익을 줄 기회들에 배분했다.

존디어는 '디어 스마트 산업 전략'을 발표한 2020년 6월 16일을 기준으로 사장급부터 대규모 조직 개편과 인사이동을 단행했다. 2022년에는 새로운 전기를 맞이해서 도약하기 위해 고객늘의 경제적 가치와 지속가능성을 증진하려는 명확한 목표를 제시했다. 4년 후인 2026년을 목표로 하는 중기계획과 8년 후인 2030년의 장기계획에서 달성해야 하는 목표를 구체적으로 설정했다. 이 목표에는 고객과 직원, 투자자와 판매자, 공급자 등 관련된 모든 사람을 고려했다. 그리고 농업뿐만 아니라 건설 중장비와 가드닝 사업을 포함했다. 여기에서는 '디어 스마트 산업 전략'과 「1차 지속가능성 중요성 평가보고서」에서 제시한 존디어의 목표를 농업을 중심으로 살펴보겠다.

존디어는 현재 1,000억 달러에서 1,300억 달러의 범위에 있는 시가총액을 앞으로 1,500억 달러 이상으로 끌어올리겠다며 야심 찬 목표를 세웠다. 존디어가 그동안 이뤄왔던 성과를 보면 불가능한 목표가 아니다. 존 메이 회장이 2020년 5월 임기를 시작했을 때 존디어의 주가는 140달러선이었다. 2024년 기준 350~450달러를 유지하고 있다. 불과 4년 만에 주가가 약 2.5~3.2배나 올랐다.

존디어가 2021년 '디어 스마트 산업 전략'을 구체화해 목표를 설정했을 때 주가는 약 300달러였다. 목표연도인 2030년 시가총액 목표는 2021년 대비 주가를 약 1.7배인 500달러 이상으로 설정했다. 2022년 9월『월스트리트저널』은 번스타인 리서치의 보고서를 인용해 존디어가 새롭게 주력하는 농업 소프트웨어 이익률이 85%로 장비 판매수익률인 25%보다 훨씬 높다고 했다. 메이 회장이 "우리의 성장은 이제 시작"이라고 한 말이 허풍이 아니다.

존디어는 사업을 생산과 정밀농업 부문, 소형 농기계와 가드닝 부문, 건설과 산림 부문으로 구분해 구체적인 전략을 제시했다. 생산과 정밀농업 부문에서 2026년까지 200만 제곱킬로미터 이상의 면적을 존디어운영센터가 서비스를 제공하는 계약 농지로 확보하고 그중 절반은 높은 수준의 서비스를 제공하는 계약을 체결하겠다는 목표를 세웠다. 2030년까지는 전체 서비스 계약 농지의 4분의 3에 환경친화적이고 지속가능한 농업을 하려고 한다. 150만 제곱킬로미터 이상을 친환경 농지로 만들겠다는 것이다. 존디어가 목표로 하는 서비스 계약 농지는 전 세계 곡물 생산 농지 면적의 약 13%를 점유한다. 2020년 우리나라 곡물 생산 농지 면적인 1만 5,600만 제곱킬로미터의 약 130배에 달한다. 존디어의 친환경 농지 면적은 우리나라의 약 97배다. 즉 존디어운영센터는 우리나라 곡물 생산 농지 면적의 130배나 되는 땅을 관리하고 약 100배 규모의 땅에 친환경 농업을 하겠다는 것이다.

소형 농기계 부문에서는 2026년까지 신규로 판매하는 소형 농기계 장비 모두를 존디어운영센터로 연결할 수 있도록 제작한다. 소형 유틸리티 트랙터 유형들은 요청하면 전기 차량으로 주문할 수 있도록 제작한다. 전기 배터리로 작동하는 완전 자율주행 농업용 트랙터를 시장에 출시한다.

존디어는 부문별 전략을 통해 존디어운영센터의 서비스를 받는 현재의 50만 대 기계들을 2026년까지 150만 대로 3배 늘리고 2026년까지 이산화탄소를 소량 배출하거나 전혀 배출하지 않는 탄소 대체 동력 솔루션을 제공하려고 한다. 이를 통해 2030년까지 자원 순환형 매출 규모를 10%까지 성장시키려고 한다.

또한 장비 운용을 통한 판매수익률을 2030년까지 20%까지 높이겠다고 했다. 생산과 정밀농업 부문에서는 2030년까지 질소화합물 사용의 효율성을 20%로 개선하고 곡물을 효율적으로 보호해 생산량을 20% 높이며 이산화탄소 배출량은 15%까지 줄인다. 안전과 재생 부문에서는 2026년까지 장비 사용으로 인한 사고율을 20%까지 낮춘다. 장비 부품 재활용률은 2030년까지 95%까지 달성하는 게 목표다. 지속가능한 물질로 장비 부품의 65%까지 제작해 재생 부문의 매출액을 50%까지 높이겠다는 계획이다.

그리고 2030년까지 다양한 부문에서 환경발자국을 감소시키겠다고 했다. 장비 운용으로 인한 이산화탄소 배출량을 50%까지 감축하고 오르막길과 내리막길에서는 이산화탄소 배출량을 30%까지 줄이려고 한다. 폐기물 배출도 15% 줄이고 용수가 부족한 지역에 있는 공장은 공장용수 소비를 10%까지 줄이는 것도 환경발자국 감소 목표 중 하나다.

### 지속가능성 전략으로 세상의 역학관계를 바꾼다

존디어는 지속가능성 목표를 달성하기 위한 조직을 크게 두 가지로 구분한다. 지속가능성 전략을 총괄하는 조직과 실행하는 조직이다. 총괄조직은 회사의 지속가능성에 대해 감독하는 이사회다. 실행

조직은 6개 조직이 있는데 CEO 비서실, 기업지속가능성팀, 도약 야망 전략 담당자, 기후팀, 30×30추진위원회, 부서별 실행 전문가다. 존디어는 지속가능성 목표를 달성하기 위해 전사적으로 총괄조직과 실행조직을 연결하고 있다.

총괄조직인 존디어 이사회는 회사의 지속가능성에 대해 감독하면서 전략 간 우선순위를 조율하고 전사적으로 ESG 원칙을 확고하게 추진한다. 이사회가 기후변화와 관련하여 위험과 기회를 총괄할 수 있도록 TCFD팀(기후 관련 재정 공개를 위한 TF팀)이 기업 위험 관리 프로세스에 따라 최신 정보를 제공하는 등 이사회를 지원한다.

이사회는 분과위원회로 회사 지배구조위원회와 보상위원회를 두고 있다. 기업지배구조위원회는 분기별로 ESG 주제를 검토하고 정례회의를 통해 ESG 전략 계획을 수립하고 ESG 목표와 지속가능성 보고의 범위를 설정한다. 이를 위해 전략적인 지속가능성 계획, 지표와 목표에 대한 성과, 지속가능성 보고 로드맵, 이해관계자들의 피드백, ESG 기대 효과와 실행 방안에 대해 브리핑을 받고 외부 전문가로부터 ESG 보고의 최근 경향과 사례에 대한 교육을 받는다. 보상위원회는 회사의 보상이 전략 우선순위와 성과, 기회에 부합하도록 하는 데 책임을 진다. 2022년부터 다음 10년으로 나아갈 사업의 우선순위와 회사의 도약 야망 전략에 합의하는 일에 관여하고 있다.

존디어는 이사회가 수립한 지속가능성 전략을 실행하기 위해 6개 조직을 지정했다. 현재 존디어가 추진하고 있는 지속가능성 목표는 2020년 수립한 스마트 산업 운영 모델에 기반을 두고 있다. 존디어는 이 모델에 따라 본사와 전 세계에 있는 본부와 지사들이 ESG 목표를 성공적으로 달성할 수 있도록 지속가능성에 대한 우선순위를 설정해왔으며 매년 실행조직들의 역량을 강화하고 있다.

CEO 비서실은 지속가능성 전략이 회사의 전체 사업 전략과 일치하도록 방향을 제시하고 최종적으로 전략 실행을 승인한다. CEO 비서실은 최소 분기별로 지속가능성 기준을 달성한 성과를 보고받는다. 스코프 1, 2, 3의 온실가스 감축에 효과적인 과학기술에 따라 수립한 목표를 달성하기 위한 전략적 우선순위, 목표 설정을 위한 우선순위, 지속가능성 목표에 대한 성과, ESG 사업별 현재 상황, 지속가능성 보고 동향, 다년간의 로드맵, 이해관계자의 피드백을 보고받는다.

기업지속가능성팀은 2002년 기업 내부에서 지속가능성 전략과 지배구조를 이끌기 위해 회계재정 부서에 조직됐다. 지속가능성 전략과 계획을 추진하고 평가하고 보고하는 중심 조직으로서 전사적으로 협력해 도약 야망 지표와 지속가능성 지표의 진행 상황을 측정하고 보고하며 핵심 프로세스를 발전시키고 외부 이해관계자들에게 회사의 스마트 산업 모델과 도약 야망 전략에 대해 보도한다.

각 도약 야망 전략에는 목표 달성을 책임지는 챔피언과 오너라는 이름의 담당자가 있다. 챔피언은 목표 달성을 주도하며 조직 전반에 걸쳐 우선순위와 자원을 조정하고 진행 상황과 과제를 검토하며 목표 달성을 위한 계획을 추진한다. 오너는 도약 야망목표를 달성하는 데 필요한 단계를 이끌기 위해 특정 행위를 수행할 권한이 있다.

기후팀은 기후변화와 관련한 사업들의 위험과 기회를 파악하는 업무를 수행하는 교차기능팀이다. 개발을 모니터링하고 위험과 기회를 계량화하며 실행계획을 수립하고 목표를 향해 전체 조직을 정렬하고 성과를 평가한다. 2022년에는 고객의 지속가능성 요구, 바이오연료 시장, 투자자 피드백, 기후변화 정책과 법제도 개정, 탄소 시장, 스코프 1, 2, 3의 온실가스 감축과 고객이 배출한 이산화탄소 환산량 감축을 위한 탈탄소 전략, 26차 유엔기후변화협약 당사국총회와 관련한 업무를 담당했다.

30×30추진위원회는 2030년까지 존디어가 약속한 스코프 3의 카테고리 2에서 온실가스 30% 감축 목표를 위한 계획과 기회를 개발하고 조율하는 위원회다. 생산시스템 부서, 엔지니어링 부서, 기업지속가능성팀, 마케팅 부서의 책임자들이 위원회를 구성한다. 30×30추진위원회는 재생연료, 전기화, 하이브리드화를 통한 대체 추진체를 활용해 배기가스를 확실하게 줄이는 로드맵을 전략적인 관점에서 결정한다.

마지막으로 다양한 전문성을 보유한 부서별 실행 전문가들이 존디어의 전략적 우선순위 과제들을 실행하는 데 핵심 역할을 수행하고 있다. 이들은 부서원들과 함께 지속가능성 계획에 대한 실행계획을 수립하고 부서원들이 실행계획을 수행하도록 지속적으로 모니터링하고 관여한다. 그리고 자신들이 전문성을 보유한 분야에서 진행 사항과 장애물을 파악해 조직에 알려주는 중요한 역할을 한다.

존디어는 2022년 4월 지속가능성 목표 달성을 위한 투자 예산을 마련하기 위해 6억 달러의 지속가능연계채권(이자율 3.35%, 만기 2029년)을 발행했다. 같은 해에 「2022 지속가능성 보고서」를 발간해 2021년 지속가능성 계획 수립 후 1년 동안 이룩한 성과를 홍보했다. 시가총액이 62억 3,000만 달러 상승했으며 2022년 매출액은 525억 8,000만 달러였다. 장비 운용을 통한 판매수익률은 17.4%를 달성했다. 존디어운영센터가 관리하는 농기계와 건설 중장비는

50만 대를 돌파했고 재제조 매출액은 3억 7,000만 달러를 달성했다. 존디어운영센터가 서비스를 제공하는 계약농지 면적은 130만 제곱킬로미터로 우리나라 총곡물생산농지 면적의 85배다. 더 높은 수준의 서비스를 제공하는 계약농지 면적은 27만 5,000제곱킬로미터로 우리나라의 17.6배다.

존디어의 초격차 전략이 달성되는 2030년을 한번 상상해보자. 전 세계에서 우리나라 총곡물생산농지 면적의 130배가 되는 땅에 수십만 대의 완전 자율주행 전기 트랙터들과 농기계 장비들이 존디어운영센터의 통제를 받으며 쌀, 밀, 보리, 옥수수, 사탕수수와 같은 농작물을 생산한다. 우리나라 총곡물생산농지 면적의 약 100배가 되는 땅에서 완전 자율주행 전기 트랙터가 친환경 농법으로 농작물을 재배한다. 우리나라에서 생산되는 곡물보다 가격이 저렴하고 낟알이 튼실하며 비료나 농약을 적게 살포한 친환경 농작물이다. 가격, 질, 환경 안전성에서 우리가 경쟁할 수 있을까?

2030년에는 존디어운영센터가 관리하는 지역이 전 세계 곡물 생산 농지 면적의 약 13%를 점유하게 된다. 대부분은 미국, 독일, 브라질, 아르헨티나, 인도와 같이 글로벌 식량안보에 크게 영향을 미치는 주요 농작물 수출국의 농지다. 만일 가뭄이나 국제분쟁으로 식량안보주의가 극심해졌을 때 우리나라가 애그플레이션과 식량 확보 문제에 잘 대처할 수 있을까? 존디어의 전략이 세상의 역학관계를 근본적으로 바꾸고 있다.

## 2
# 글로벌 경쟁을 통해 새로운 도약을 하다

존디어는 세계를 4개 권역으로 구분해 글로벌 사업을 실행하고 있다. 존디어의 글로벌 사업지도에서 1번은 아시아와 사하라 사막 이남의 아프리카 지역이다. 2번은 유럽과 중앙아시아, 아랍, 북아프리카 지역이다. 3번은 중앙아메리카와 남아메리카 지역이다. 4번은 북아메리카와 오스트레일리아다. 연간 총매출액은 1~3번까지가 약 40%이고 4번이 60%를 점유하고 있다. 존디어의 농업 부문 경쟁자들로는 CNH, 구보다, AGCO가 있다. 건설 장비 부문에서는 1위인 미국 기업 캐터필러, 2위인 일본 기업 고마츠, 3~4위인 중국 기업 XCMG와 사니 다음으로 5위 자리를 차지하고 있다.

존디어가 글로벌 경영을 회사의 목표로 추진한 것은 1950년대부터다. 독일 하인리히 란츠로 시작해 1991년에는 가드닝용 트랙터 생산을 위해 독일 기업 사보를 인수했다. 2000년에는 건설 중장비

**존디어의 글로벌 사업지도**

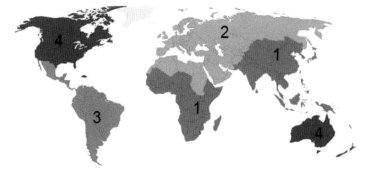

(출처: 존디어 농업과 조경 글로벌 운영 모델)

부문에서 산림 부문으로 사업 영역을 확장해 산림 중장비 제작기업
인 팀버잭Timberjack을 인수했다. 2004년에는 브라질 몬테네그로에
500명을 고용하는 신규 트랙터 공장을 신설해 브라질 시장도 적극
적으로 공략했다. 2010년대에는 이탈리아 농기계 기업, 독일 건설
중장비 기업, 브라질 농기계 기업들을 인수했다. 2020년대에는 오
스트리아 기업 크라이젤 일렉트릭을 합병해 전기화 부문에서 도약
을 이루었다.

### 세계를 4개 권역으로 구분해 사업을 한다

존디어는 글로벌 기업으로서 2023년 기준으로 612억 5,000만
달러에 달하는 연매출액의 절반을 해외에서 벌고 있다. 존디어의 글
로벌 사업지도에서 1번인 아시아와 사하라 사막 이남의 아프리카
지역은 전체 매출액의 10% 이하를 점유한다. 1번 권역에서 존디어
가 역점을 두고 있는 국가는 인도와 중국이다. 존디어의 아시아·태
평양지역을 담당하는 부사장이 인도계이고 아태지역 이사가 중국

계인 것은 우연이 아니다.

존디어의 글로벌 사업지도에서 2번은 유럽과 중앙아시아, 아랍, 북아프리카 지역으로 전체 매출액의 22%를 차지해 1, 2, 3번 지역 중에서 가장 높다. 존디어가 핵심 국가로 생각하는 국가는 독일, 프랑스, 러시아, 우크라이나다. 전쟁이 발생한 러시아와 우크라이나 시장이 크게 위축됐으나 전쟁이 종식된다면 이 지역에서 존디어의 시장 장악력이 과거보다 더 커질 것이다.

존디어의 글로벌 사업지도에서 3번은 멕시코를 포함한 중앙아메리카와 남아메리카 지역으로 전체 매출액의 약 10%를 차지한다. 존디어가 주목하는 국가는 브라질과 아르헨티나다. 농장별 경작지 면적이 큰 국가들로 존디어의 경작방식에 적합한 지역이다. 사탕수수와 밀 경작을 주로 한다. 최근에 존디어의 점유율이 가장 크게 성장하고 있다. 존디어의 글로벌 사업지도에서 4번은 미국과 캐나다를 포함한 북아메리카와 오스트레일리아 지역이다. 전체 매출액의 60%에 근접한다. 농장별 경작지가 가장 큰 지역으로 존디어의 경작방식에 최적이다. 밀, 옥수수, 쌀과 같은 곡물을 주로 생산한다.

존디어가 글로벌 경영을 위해 처음으로 진출한 국가는 2번 권역의 독일이다. 독일을 중심으로 프랑스와 이탈리아와 같은 서유럽 국가에서 시장점유율을 높이다가 러시아, 우크라이나, 카자흐스탄, 우즈베키스탄과 같은 독립국가연합으로 진출했다. 미·소 냉전이 끝난 후인 2000년대부터는 1, 3번 권역인 중국과 인도, 브라질과 아르헨티나에 진출했다.

농업 부문에서 존디어와 세계 시장을 두고 경쟁하는 기업들로는 세계 2위인 CNH, 3위인 구보다, 4위인 AGCO가 있다. 세계 2위 기업인 CNH는 영국 바즐던에 본사가 있는 이탈리아-미국 기업이다. CNH는 오랫동안 존디어의 숙적이었던 인터내셔널 하비스터가 파산한 후 이탈리아 자동차 기업 피아트가 농업 부문을 인수해 기존에 소유하고 있던 미국 농기계 기업 케이스와 합병해 탄생했다. 케이스는 존디어가 1910년대 트랙터 시장에 진출하기 위해 합병하려 했던 회사다. CNH의 연간 매출액은 존디어의 절반 정도다. CNH는 유럽시장에서 강하다. 정밀농업 기술에 막대한 예산을 투자하고 있지만 존디어에 비해 기술력이 계속해서 뒤처지고 있다. 1890년에 설립된 구보다는 일본 오사카에 본부가 있는 농기계 다국적기업이다. 일본 증권시장에 상장된 기업이다. 연간 매출액은 존디어의 약 3분의 1 미만이며 미국에서 트랙터를 생산한다.

세계 농업 시장에서 주목해야 할 기업은 1990년에 출현한 AGCO다. AGCO는 미국 조지아주 덜루스에 본부가 있는 다국적기업이다. 연매출액은 구보다보다 적지만 격차가 크지 않다. 독일 기업인 클뢰크너-홈볼트-도이츠KHD가 미국의 유서 깊은 농기계 제조업체인 앨리스-챌머스를 인수해 회사 명칭을 몇 차례 변경한 후 오늘날의 AGCO가 됐다. AGCO도 정밀농업을 추구하면서 1990년대 후반부터 첨단기술 기업들을 인수해 성장하고 있다. 대표적인 사례가 1997년 인수한 독일 기업 펜트Fendt다. AGCO는 정밀농업 기술 측면에서 CNH나 구보다에 비해 강하며 존디어와의 격차를 줄여가고 있다. 만일 존디어가 존재하지 않았다면 AGCO가 머지않은 미래에 CNH와 구보다를 제치고 선두기업으로 도약했을 것이다.

영국의 건설 장비 전문 매체인 KHL그룹에 따르면 2021년 세계 건설 장비 시장에서 1위는 13.9%를 점유하고 있는 캐터필러다. 2위는 11%를 차지한 고마츠, 3위는 7.9%를 점유한 XCMG, 4위는 7%인 사니였다. 존디어는 4.9%로 5위를 점유했다. 존디어는 미국에서는 캐터필러 다음으로 2위를 차지하고 있다. 캐터필러와 존디어는 매년 세계가전전시회에 참가하면서 스마트 자율주행 건설 장비와 전기 건설 장비를 선보이고 있다.

## 세계화와 첨단기술 혁명의 세상으로 질주하다

존디어는 독일 기업 하인리히 란츠를 인수해 글로벌 경영을 시작했다. 1955년 존디어 5대 CEO가 된 윌리엄 휴잇 사장은 존디어의 해외 진출을 추진했다. 그 첫 번째 시도로 1956년 독일 만하임에 있는 트랙터 회사인 하인리히 란츠를 인수했다. 1859년 엔지니어 하인리히 란츠가 설립해 란츠 브랜드의 트랙터를 제작하는 회사로 독일에서 한때는 잘나갔다. 그러나 존디어가 합병했을 때는 작업 중 휴식 시간에 맥주를 마시지 못하게 한다고 파업하는 등 기강이 무너진 회사였다. 존디어는 하인리히 란츠를 '존디어 만하임JDWM, John Deere Works Mannheim'으로 명칭을 변경해 재편했다. 그러나 존디어 만하임에서 제작하는 트랙터들은 경쟁력이 떨어졌다.

존디어는 미국에서 생산하는 트랙터 모델들을 가져와 현지에서 생산했다. 그런데 유럽을 포함한 세계 각국의 농업 스타일이 대평원에서 작업하는 미국의 농업 스타일과 달랐다. 결국 트랙터에 다양한 고장이 발생해 서비스 제공 비용과 수리 보증 문제가 회사의 수익을 갉아먹었다. 그러다가 35년 후인 1990년대 들어 존디어 만하임이 경쟁력을 확보한다. 1990년 유럽 트랙터 시장점유율이 9%였는데 유럽 시장에 특화한 트랙터들을 출시하면서 시장점유율을 2000년대 중반 21%까지 끌어올렸다. 존디어의 트랙터를 포함한 모든 농기계의 유럽 시장점유율이 3위로 상승했다.

2000년 존디어는 건설 중장비 제작사업에 산림 중장비 제작사업을 추가하기로 했다. 그래서 2000년 12월 핀란드 산업기계 회사인 메초Metso Corporation로부터 세계 최고 벌목 장비 제조업체인 팀버잭Timberjack을 5억 7,000만 달러에 인수했다. 벌목 장비와 수확기 제조업체 중 최고인 와라타Waratah 인수를 포함한 금액이었다. 2006년 6월 존디어는 팀버잭 생산라인을 중단하고 존디어 이름으로 각종 산림과 벌목 장비들을 생산하기 시작했다. 생산된 장비들의 브랜드 색채는 존디어 브랜드와 유사하게 녹색, 검은색, 노란색을 혼합해 사용했다. 존디어의 산림 장비 부문은 전 세계에서 가장 큰 브랜드로 도약했다.

2001년 존디어는 유럽 시장에 특화한 농기계와 트랙터들을 수십 개 출시했다. 그 이후 유럽 시장점유율이 서서히 오르기 시작한다. 존디어는 진출 국가의 농민들을 위해 존디어 크레디트 회사를 통해 복합적인 금융 지원 서비스를 제공했다. 2004년에는 브라질 몬테네그로에 500명을 고용하는 신규 트랙터 공장을 신설해 브라질 시장을 공략했다. 기후변화로 에탄올이나 바이오디젤 생산이 전 세계에서 과제로 대두되자 브라질 사탕수수 농장의 가치가 부각되면서 존디어의 브라질 투자가 빛을 발한다.

2000년대 중반부터 세계 각국의 농업 특성을 고려한 기술 혁신과 농민들을 위한 맞춤형 금융 지원으로 존디어의 해외 매출과 이익이 급증했다. 2008년에는 브라질, 유럽, 러시아 시장에서 성공하면서 존디어 전체 매출액의 절반 이상이 해외에서 발생했다. 2009년에는 중국의 XCMG와 합작회사를 설립하면서 매출액과 이익이 더욱 증가했다. 존디어는 인도와 중국에서 주목할 정도로 성장했다. 2000년부터 2009년까지 8대 CEO 로버트 레인 회장의 임기 동안 존디어의 매출액은 2배 이상으로 증가했다. 존디어의 순익은 5년 동안 기록적으로 성장하며 2008년 20억 달러 이상을 기록했다.

존디어는 9대 CEO인 새뮤얼 앨런 회장의 임기 동안 세계화와 첨단기술 혁명이 여는 새로운 세상을 향해 질주한다. 2010년 모스크바 남쪽에 있는 도모데도보에 트랙터 공장과 대규모 창고시설을 건설했다. 러시아 지점과 도모데도보 공장은 러시아뿐만 아니라 극동 아시아 고객들을 위해 사업을 확대했다. 2013년 4월부터는 도모데도보 공장에서 트랙터들을 조립해 판매하기 시작했다. 도모데도보 공장에서 조립한 트랙터들은 미국 워털루 공장에서 생산하고 검사한 후 분해해 러시아로 수출한 것이었다. 러시아에서 조립해 판매하는 것이 관세가 낮았기 때문이다.

존디어는 2000년대 들어 유럽 시장을 강화한다. 다음 타깃은 파종기, 경운기, 비료 살포기를 생산하는 리불로 모노셈Ribouleau Monosem이었다. 1948년 설립된 리불로 모노셈은 프랑스 농기계 기업이다. 공압식 단일 씨앗 파종기를 개발해 정밀농업에서 핵심 기업으로 도약한 리불로 모노셈은 2002년 프로 휠Pro Wheel, NX 파종기 등 새로운 정밀농업 기계를 출시하면서 주목받았다. 그 이후에도 첨단 제품을 출시해왔고 2016년 2월 존디어에 합류해 혁신을 이어갔다. 2022년에는 발로테라ValoTerra 단일 씨앗 파종기를 출시해 정밀 파종 업계에 혁명을 일으켰다.

존디어는 첨단기술 기업의 인수뿐만 아니라 기존 산업의 보강에도 노력했다. 2017년 6월 인수대금으로 52억 달러를 지불하고 존디어 역사상 최고 수준의 기업 인수에 성공한다. 대상은 독일의 건설 중장비 다국적기업인 비르트겐그룹이었다. 비르트겐그룹은 8,500명의 직원이 매년 30억 유로의 매출을 올리고 있었다. 전 세계적으로 100개 이상의 국가에 진출해 55개의 판매대리점과 150개의 공식 위탁판매대리점을 보유했으며 독일, 브라질, 중국, 인도에 생산공장이 있었다.

존디어가 비르트겐그룹을 인수해 시장을 선도하는 제품들을 출시할 수 있게 되면서 세계 건설 장비 업계에서 강력한 경쟁력을 확보했다. 세계 경제에서 활황과 불황의 사이클 격차가 적으며 계속해서 성장하는 도로 건설과 교통 시스템 사업 부문에서 시장을 주도하는 주요 기업으로 진화했다. 또한 도로 보수와 정비 부문에서도 더욱 강력한 경쟁자로 떠올랐다. 오늘날 총매출액의 약 30%가 건설과 산림 부문에서 나온다. 존디어는 세계 건설 장비 업체 중에서 순위가 계속해서 상승해 현재 5위다.

존디어는 독일 비르트겐그룹을 인수한 같은 해에 이탈리아 에밀리아로마냐 지역의 기업인 마조티Mazzotti를 인수했다. 1948년에 설립된 마조티는 농업, 관광, 자동차 경주를 사업 영역으로 하는 기업이다. 1987년 식물과 환경을 보호하면서 생산성을 높이는 자주식 살포기를 개발해 이탈리아와 전 세계 업계에서 주목받았다. 이 기업은 원예 분야에서의 곡물 보호를 위한 정밀농업 기술을 저렴한 가격에 제공해 생산성을 높이는 것을 기업의 목표로 했다.

마조티는 인구 증가, 기후변화, 식량 세계화 시대에 더 효율적이고 지속가능한 정밀농업을 만드는 이탈리아의 떠오르는 기업으로 평가받았다. 정밀농업 기술을 활용해 곡물 생산을 추적하고 생산물 품질을 높이고 통제하며 지속가능성을 개선하는 '농업 4.0 시대' 개념을 정립했다. 마조티가 주장하는 농업 4.0 시대는 첨단 농업 기술을 적용해 농업 생산성과 품질을 높이고 더 적은 에너지, 비료, 농약을 사용해 비용을 절감하며 생산 사이클이 지속가능하게 만드는 것이다. 마조티의 자주식 살포기는 농업 생산을 위한 핵심 정보를 수집하고 전달하는 컴퓨터 시스템과 연결된다. 마조티 시스템이 존디어 시스템과 연계되면서 세계 정밀농업 기술이 한 단계 더 진화했다.

존디어는 다음 해에도 기업 인수를 진행했다. 2018년 3월에는 스페인 발렌시아에 본부가 있고 아르헨티나 캄파나에 생산시설이 있는 탄소섬유 제품을 생산하는 킹아르고를 인수했다. 당시 존디어의 농업 솔루션 사장이자 최고정보책임자인 존 메이가 주도했다. 존디어는 킹아르고를 인수함으로써 탄소섬유 기술에 관한 독창적인 지식, 디자인, 전문성을 확보할 수 있었다. 사실 존디어는 2015년부터 킹아르고와 협력관계를 맺었다. 자주식 살포기와 같은 존디어 농기계에 탄소섬유의 유연한 활용성, 강인함, 내구성을 접목해 킹아르고를 중심으로 탄소섬유 시장을 활성화하기 위해 인수한 것이다. 킹아르고도 존디어의 혁신에 동반자가 됐다.

아르헨티나의 살포기, 파종기, 특수 농기계 제조업체인 PLA도 2018년 8월 인수했다. 1975년에 설립된 PLA는 남아메리카에서 최초로 자주식 살포기를 생산한 기업이었다. 450여 명의 직원이 근무하는 PLA는 아르헨티나의 라스 로사스와 브라질의 카노아스에 생산공장이 있어 남아메리카 시장에서 지배력이 높았으며 4개 대륙에 지사를 두었다. 9대 CEO 새뮤얼 앨런 회장의 임기 동안 존디어는 프랑스의 리불로 모노셈, 미국의 하기, 이탈리아의 마조티, 아르헨티나의 PLA를 인수해 농업 살포기 업계에서 세계 시장을 주도하는 기업이 됐다.

2019년 10월 앨런 회장이 마지막으로 인수한 기업은 브라질의 사탕수수 수확기 제작기업 우니밀이었다. 1999년에 설립된 우니밀은 브라질 상파울루의 피라시카바에 있는 기업으로 430여 명의 직원이 근무했다. 존디어는 세계 사탕수수 업계에서 큰 시장인 브라질에서 사탕수수 관련 농기계 산업을 주도하는 기업으로 자리매김했다.

2021년 12월 존디어는 크라이젤 일렉트릭을 인수했다. 이모빌리티와 저장시스템을 위해 배터리 제작과 배터리 충전소 구축에 첨단 기술을 가진 기업이 필요해서였다. 존디어는 크라이젤을 인수함으로써 모든 제품의 전기화와 탄소발자국 감축을 위한 여건을 보강하게 됐고 무공해 추진시스템 개발이라는 꿈의 목표에 한 걸음 더 다가섰다.

# 3
# 스마트 산업 전략으로 지정학 한계를 극복하다

 2022년에 발생한 러시아-우크라이나 전쟁과 최근의 미·중 갈등은 세계 식량안보에 새로운 변화를 일으키고 있다. 러시아-우크라이나 전쟁으로 유럽의 빵 바구니로 불리는 우크라이나의 밀, 옥수수, 보리, 호밀과 같은 주요 곡물들의 수출이 차질을 빚으면서 세계적으로 식량가격이 폭등했다. 유럽뿐만 아니다. 아시아와 아프리카 지역에서 정정이 불안한 개발도상국들이 식량안보를 위협받으면서 정권이 무너지는 사태까지 발생했다. 미국과 패권을 다투던 중국은 세계 식량안보 문제가 심각해지자 사료 곡물 확보를 위해 농지를 보호하고 숲과 공원을 바꿔 경작지를 확보하는 정책을 추진했다.

 식량안보에 대한 글로벌 균형 상태의 변화로 새로운 지정학적 강자가 탄생했다. 유럽·러시아 갈등과 미·중 패권 경쟁으로 브라질과 인도가 가장 큰 수혜자로 떠올랐다. 브라질은 밀, 콩, 옥수수 수출이 급격하게 증가하자 엄청난 면적의 열대우림을 개간해 광대한 규모의 농장들을 만들고 있다. 이러한 지정학적 변화로 브라질 농업이 호황을 맞이한 가운데 숨은 수혜자가 있다. 바로 존디어다. 브라질 농장들은 그 규모가 너무 커 인력만으로는 농업이 불가능하다. 존디어의 정밀농업 시스템만이 감당할 수 있다.

존디어는 2004년 브라질 몬테네그로에 500명을 고용한 신규 트랙터 공장을 신설해 브라질에 처음으로 진출했다. 그 이후 브라질 시장에서 상당한 지배력을 보유한 아르헨티나 농기계 업체 PLA와 브라질 농기계 업체 우니밀을 인수해 시장 지배력을 높였다. 2023년 11월에는 브라질 인다이아투바에 열대 농업에 적합한 첨단기술 개발을 목적으로 정밀농업기술개발센터를 설립했다. 존디어는 열대 농업을 위한 스마트 산업 전략을 20여 년 전부터 실행해 2020년 이후 코로나19와 신냉전으로 촉발된 글로벌 지정학 갈등의 진정한 승자가 됐다. 최근에는 인도에 정밀농업 진출을 모색하면서 인도 벵갈루루의 IT 업체들과 협력을 강화하고 있다.

### 새로운 장벽을 넘어서는 미래 전략을 갖추다

우크라이나는 1991년 소련이 붕괴한 후 존디어가 진출한 독립국가연합 중에서 가장 중요한 국가다. 존디어의 유럽 사업 중에서 의미 있는 수준을 차지하고 있다. 그런데 러시아-우크라이나 전쟁이 발발하면서 심각하게 손상됐다.

사실 러시아-우크라이나 전쟁이 발생하기 전까지 존디어와 러시아의 관계는 서로 우호적이었다. 소련 공산당 서기장 니키타 흐루쇼프는 닉슨 부통령의 초청으로 미국을 처음 방문했을 때 존디어를 방문해 5대 CEO 윌리엄 휴잇을 만났다. 농업 전문가였던 흐루쇼프는 소련 농업을 혁신하고 싶어 존디어에 협력을 제안했다. 미국과 소련 간 냉전 시기인 1972년에 존디어 사절단이 소련을 방문해 구체적인 협력 방안을 논의했다. 존디어는 몇 차례 방문을 통해 면화 수확이 협력할 사업임을 깨닫고 속도가 빠른 경량 트랙터를 개발했다. 소련 정부는 바로 구매 의사를 밝혔으나 미국의 카터 행정부가 수출금지 명령을 내려 계약이 파기됐다. 그런 역사가 있어 존디어는 소련이 붕괴하자 누구보다 먼저 러시아에 진출했다.

존디어는 2010년 러시아 모스크바 남쪽에 있는 도모데도보에 러시아와 극동아시아 고객들을 위해 트랙터 공장과 대규모 창고시설을 개설했다. 2013년 4월부터 도모데도보 공장에서 미국에서 분해해 가져온 트랙터를 조립해서 판매했다. 존디어는 러시아의 위험에 대해 잘 알고 있었다. 러시아에서 조립해 판매하는 것이 관세가 낮기도 했고 비상 상황이 발생했을 때 공장을 빼앗겨도 러시아가 자체적으로 트랙터를 생산할 수 없게 하려는 전략이었다. 그래서 미국 워털루 공장에서 생산하고 검사한 트랙터를 분해해 러시아로 보낸 후 도모데도보 공장에서는 조립만 했다.

존디어의 이런 선견지명은 2023년 빛을 발한다. 2023년 3월 러시아는 자국 기업이 존디어의 러시아 자회사를 절반 이하의 가격에 인수했다고 발표했다. 러시아 정부가 우크라이나를 위해 러시아에 적대행위를 하는 국가의 기업들을 강하게 규제한다고 선언한 이후였다. 존디어와 캐터필러와 같은 기업들을 본보기로 보복한 것이다. 존디어는 러시아에 있는 공장이 러시아 기업에 매각됐다는 로이터 통신의 보도에 대응을 자제했으나 자사 제품의 수출금지는 풀지 않았다. 존디어재단을 통한 우크라이나 지원도 변함없이 지속했다. 존디어는 스스로 러시아를 손절해 러시아로부터 희망 고문을 당하지 않았고 윤리적인 기업이라는 명성도 훼손하지 않았다.

존디어는 러시아-우크라이나 전쟁으로 인해 큰 손해를 본 것일까? 단기적으로는 그렇지만 장기적으로는 아니다. 현재와 같은 상태에서 러시아-우크라이나 전쟁이 끝난다면 우크라이나에서는 막대한 건설 수요와 농업 수요가 발생할 것이다. 건물, 도로, 기반시설을 복구하기 위해서 상당한 규모의 건설 중장비가 필요하게 될 때 존디어는 우크라이나 정부로부터 최우선 기업으로 대우받을 것이다. '유럽의 빵 바구니'로 불리는 우크라이나가 농업을 다시 가동할 때 존디어 농기계들을 제일 먼저 구매할 것이다. 우크라이나에서 존디어 운영센터가 관리하는 자율주행 농업이 실행되면 유럽과 세계의 농업 판도를 존디어가 좌지우지할 수도 있다.

러시아-우크라이나 전쟁 발생 초기에 존디어 주가는 급격하게 상승했다. 전쟁이 종료돼도 유사한 상황이 발생할 것이다. 2025년부터 미국과 세계 금리가 떨어진다면 존디어의 '디어 스마트 산업 전략'은 더욱 탄력을 받을 수 있다.

## 첨단기술로 지정학의 장벽을 넘어서다

2023년 5월 국내 주요 일간지들이 중국 정부의 '퇴림환경退林還耕' 정책에 대해 보도했다. 중국은 1950년대에 마오쩌둥이 숲을 개간해 농지를 만들자는 퇴림환경 정책을 추진했다. 그러나 1998년 대홍수 이후로 경작지를 물려 숲을 조성하는 퇴경환림退耕還林 정책을 강력하게 추진했다. 2022년 러시아-우크라이나 전쟁이 터지며 식량안보 문제가 대두되자 그해 봄에 시진핑 중국 국가주석이 각 지방 정부에 농지를 철저하게 보호하라고 엄명을 내렸다. 러시아-우크라이나 전쟁의 여파뿐만 아니라 그동안 산업화와 도시화의 영향으로 경작지가 꾸준하게 줄어 식량안보가 위험한 수준에까지 도달하자 숲을 갈아 농지로 만드는 퇴림환경 조치를 2023년에 다시 추진했다. 중국 정부는 경작지 확보를 '정치 임무'라 규정하고 100억 위안을 농가에 뿌려 농지 개간을 독려했다. 그러자 상황이 예상하지 못한 방향으로 흘러갔다.

지방 정부는 큰돈을 들여 애써 일군 산림과 녹지를 다시 훼손해 농지로 전환했다. 쓰촨성 청두는 400억 위안을 들여 도심 외곽 순환도로 주변에 조성하던 녹지를 갈아엎고 농지로 만들어 밀 등 농작물을 심었다. 다른 지방 정부는 완공을 앞둔 공원을 철거하고 농지로 바꿨다. 심지어 도시지역에 건설한 건물을 부수고 농지로 만드는 사례도 있었다. 중국은 왜 이렇게 무리한 정책을 실행하는 것일까?

최근 중국 정부의 무리한 퇴림환경 정책은 미·중 갈등 때문이다. 사실 중국의 곡물자급률은 비교적 안정적인 상태다. 문제는 사료로 사용하는 곡물이다. 중국인은 돼지고기를 좋아하는데 만일 돼지고기 가격이 천정부지로 오른다면 대혼란이 발생할 것이다. 그런데 중국에서 돼지를 키우기 위한 사료는 상당수가 미국과 미국의 우방국에서 수입하고 있다. 미·중 갈등이 발생하자 중국은 안정적인 곡물 확보를 걱정하게 됐다. 그래서 한편으로는 곡물 수출을 금지하고 자국 내 생산을 독려하는 퇴림환경 정책을 시행하면서 다른 한편으로는 새로운 곡물 무역 파트너를 구했다.

브라질이 어부지리로 미·중 갈등의 최대 수혜국으로 떠올랐다.

브라질의 콩, 밀, 옥수수 농업은 현재 최대 호황을 누리고 있다. 중국으로의 수출이 급격하게 증가하자 자국에서 소비하는 물량을 넘어서까지 수출하고 있다. 자국 내 부족한 식량은 중국으로의 수출 판로가 막힌 미국 곡물을 수입한다. 그래서 미국 농민들은 큰 손해가 없다. 식량 무역을 통해 글로벌 사우스Global South의 중요한 축인 브라질과 중국 간 관계는 더 밀접해졌다.

2000년대 들어 브라질 진출에 힘쓴 존디어는 이번에도 선견지명이 빛을 발하는 중이다. 브라질 농업이 호황을 맞이하자 브라질인들은 아마존강 유역에 대규모 농장들을 조성하고 대규모 농업에 적합한 존디어 농기계들을 대량 수입하고 있다. 브라질의 존디어 판매 대리점들의 판매실적이 급성장하고 있다. 존디어의 주요 사업 부문인 브라질 사탕수수 농장은 규모가 광대하고 규제가 엄격하며 사람과 농기계가 혼재돼 있어 효율성, 협력, 안전이 위태위태하고 까다로운 사업 대상이다. 브라질 사탕수수 농장은 일반적으로 1,000명 이상의 노동자와 20대 이상의 수확기, 40대 이상의 트랙터, 5대 이상의 연료 수송차량이 4만 헥타르 규모의 농장에서 하루 24시간 내내 작업하는 곳이다.

브라질 사탕수수는 식품 산업에서 원료로 사용되는 동시에 신재생에너지 산업에서도 중요하다. 절반 이상의 사탕수수가 에탄올 추출에 사용돼 브라질에서 운용되는 약 80% 이상의 차량에 혼합 연료로 사용된다. 사탕수수는 다년생 식물로 한 번 심으면 5년 동안 계속 수확할 수 있다. 하지만 사탕수수 수확은 어려운 작업이다. 단숨에 깔끔하게 베어야 다시 자라난다. 수확하고 수송하는 데 비용도 많이 든다. 존디어는 2021년 사탕수수 수확에 특화된 CH950 수확기를 출시했다. CH950 수확기는 한 줄만 수확하는 기존 수확기와 달리 두 줄을 한 번에 수확해 대량수확이 가능했다. 사탕수수 농장은 평균적으로 헥타르당 80~100톤을 생산한다. 기존 수확기는 시간당 40톤을 수확하며 연간 3,000시간을 작업하는데 한 줄형 사탕수수 수확기가 옥수수 수확기보다 한 시즌에 6배 이상을 수확한다. CH950은 그 2배를 생산하는 것이다.

존디어는 판매대리점들이 고객들에게 더 적극적으로 지원할 수 있도록 '연결 지원' 서비스를 위한 플랫폼을 개발했다. 이 플랫폼이 브라질에서 큰 효과를 발휘하고 있다. 존디어 연결 지원 플랫폼은 농민들이 차세대 비즈니스를 수행해 더 큰 가치를 끌어낼 수 있도록 원격 지원, 전문가 경보, 농기계 모니터링 경보와 같은 서비스를 '커넥티드 솔루션 센터'라는 기관(일종의 운영센터)을 통해 제공한다. 브라질을 비롯해 남아메리카에서는 100여 곳의 커넥티드 솔루션 센터에서 350여 명의 요원이 연결 지원 서비스를 제공하고 있다.

존디어는 첨단기술, 농기계, 사람, 정보 역량을 통합해 농민들이 더 큰 가치를 얻도록 돕는다. 2022년 5개의 커넥티드 솔루션 센터가 전체 고객 전화의 89%를 담당해 원격으로 지원했다. 그중 26%는 아직 고장 같은 문제가 발생하지 않았는데 사전에 연락했다. 그대로 장비를 사용했다면 큰 문제를 일으키는 사례들이었다. 고객을 위한 중앙집중적인 연결 지원 전략이 적극적인 사전 원격 지원 서비스로 발전해 얼마나 효율적으로 작동하는지를 보여준다. 존디어는 전세계에서 시간마다, 파종되는 씨앗마다, 살포되는 비료와 제초제마다 농기계들이 최적의 성능으로 작동해 고객이 효율적이면서 지속가능한 수확을 할 수 있도록 연결 지원 서비스를 제공하고 있다.

존디어는 고객과 판매대리점을 실시간 다중채널 통신체계로 연결하는 혁신적인 소프트웨어 플랫폼을 개발한 애그리싱크를 인수해 이 시스템을 개발했다. 애그리싱크의 첨단기술과 솔루션을 제공하는 플랫폼을 통해 중앙집중형 연결 지원 디지털 허브인 '전문가 연결 시스템' 운영이 가능해졌다. 존디어의 농업과 건설업 고객들은 현재 이 시스템을 통해 단 한 번만 버튼을 누르면 가장 가까운 지역 판매대리점에서 부품, 서비스, 구매 후 지원 서비스를 받을 수 있다. 판매대리점들도 전문가 연결 시스템을 활용해 고객들과 계속 소통하고 더 빠르게 응답해 효율성을 높였다.

존디어는 "거리는 장벽이 아니다."라고 말한다. 전문가 연결 시스템은 기술력을 통한 통합지원체계라는 스마트 산업 전략의 실행력을 보여주는 대표적인 사례다. 다른 서비스들도 있다. '원격 조언 서비스'는 판매대리점이 원격으로 전문 진단을 통한 오류코드 분석을 실시간으로 제공한다. 기술자가 진단 결과를 참고해 농민의 농기계를 신속하게 수리할 수 있도록 적절한 부품과 도구를 가지고 현장에 도착할 수 있도록 만든다. 고객 연락, 원격 진단 서비스, 필요시 현장 출동으로 이루어진다. 이 서비스를 통해 '농기계 운영에 대한 원격 기록 데이터' 축적이 가능해진다. 원격 프로그래밍으로 수리하면 시간과 비용이 절약된다.

농기계 업계에서 유일한 전문가 경보는 농기계에서 잠재적인 문제가 발생하면 농민의 승인이 있는 경우 자동으로 판매대리점에 통보하는 사전 모니터링 시스템이다. 이 시스템은 농기계에 문제가 발생하려고 할 때 기술자가 원격으로 정밀 진단해 문제를 제거한다. 그리고 '원격 디스플레이 접근'은 농민이 동의하면 농기계를 운행할

때 최적의 성능을 발휘할 수 있도록 트랙터에 탑재된 모니터 설정을
원격으로 지원하고 수정하는 서비스다.

존디어 연결 지원 시스템은 '존디어운영센터 프로'와 연결되면서
더욱 향상된 서비스들을 제공하고 있다. 농장 작업을 통해 수집되는
빅데이터 관리와 자율주행 트랙터 안내, 다양한 파종과 비료 살포,
제초제 살포, 수확 작업, 농지와 수자원 관리에서 새로운 혁신들이
쏟아지고 있다.

존디어는 최근 글로벌 사우스의 다른 한 축인 인도에 역점을 두기
시작했다. 대만해협에서 무력 충돌과 같은 비상사태가 발생해 중국
이 식량안보를 위해 인도와 협력하게 된다면 존디어의 영향력에서
벗어날 수 없을 것이다.

# 5장

# 상생과 신뢰의
# 생태계를 구축하다

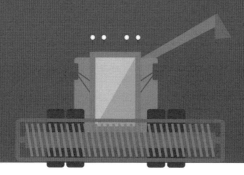

# 1
# 고객 중심의 가치를 최우선으로 하다

존디어는 정체성이 뚜렷한 기업이다. 19세기 후반부터 기업의 상징을 창업주의 이름인 디어Deere와 유사한 사슴Deer으로 정해 현재까지 사용하고 있다. 몰린에 있는 존디어 본사와 전 세계에 분포한 주요 건물들의 앞마당에는 우아한 모습으로 뛰는 거대한 사슴 청동상이 있다. 존디어는 임직원과 협력사, 판매 대리점과 고객, 지역주민이 정체성을 함께 공유하기를 바란다. 존디어는 관련된 모든 사람의 자긍심, 소속감, 유대감을 높일 기업문화를 계속해서 개발하고 발전시키려고 한다.

디자인과 컬러는 회사가 추구하는 정신과 가치를 이미지로 전달하는 훌륭한 수단이다. 충성도가 높은 고객이 쉽게 선택할 수 있도록 고안한 제품의 디자인, 컬러, 로고, 글자체는 장황한 문장을 읽지 않아도 단번에 회사의 이미지를 끌어낸다. 1930년대 미국 트랙터 업계에서 '컬러 혁명'이라고 부르는 디자인과 컬러 전쟁이 촉발됐다. 트랙터 업계를 산업디자인이라는 새로운 산업을 이끄는 주축으로 이끈 도약이었다.

존디어는 트랙터가 농민에게 일종의 이동형 거주 공간이 됐다고 판단했다. 그래서 1938년 산업디자인계의 혁신을 이끈 헨리 드레이퍼스와 계약했다. 트랙터의 기능성에 컬러, 형태, 크기, 편리성, 쾌적성을 접목하려고 한 것이다. 현대적인 스타일과 편리한 기능성이 조화를 이룬 존디어의 트랙터들은 엄청난 성공을 거둔다. 초록색과 노란색이 조화를 이룬 세련되고 기능적인 트랙터에 고무 타이어, 전기시동과 같은 다양한 옵션을 추가했다. 도시민과 여성도 쉽게 운전한다는 광고에 농민들은 환호했다.

**세련된 스타일과 혁신적인 기능을 결합하다**

1920년대 트랙터 대전을 거치면서 트랙터 제조업체들은 30여 개로 축소됐다. 상위권 제조업체들이 판매하는 트랙터들의 성능은 비슷해졌다. 1929년 대공황 이후에 급감했던 트랙터 수요는 루스벨트 대통령의 '농업 조정법'으로 회복됐다. 앨리스-챌머스 제조회사Allis-Chalmers Manufacturing Company가 새로운 시도를 한다. 이 시도는 곧 업계 선두인 인터내셔널 하비스터와 2위인 존디어의 디자인과 컬러 전쟁이라는 정면충돌로 확대됐다. 앨리스-챌머스는 위스콘신주 밀워키 대도시권의 위성도시인 웨스트앨리스에 있었는데 1929년 '모델 U'라는 트랙터를 출시했다. 이 트랙터가 컬러 혁명을 불러일으켰다.

트랙터 업계는 앨리스-챌머스의 모델 U를 두 가지 측면에서 주목했다. 첫 번째는 디자인이다. 이 트랙터 디자인이 포드가 제작했던 포드슨 트랙터와 유사했다. 모델 U 이전에 제작된 트랙터가 포드슨 트랙터의 디자인을 기반으로 했기 때문이다. 두 번째는 컬러다. 앨리스-챌머스는 모델 U가 포드슨 트랙터와 다르다는 것을 강조하고 싶었다. 강렬한 인상을 남긴다면 더 좋았다. 이 일에 1926년 앨리스-챌머스에 합류한 해리 메리트Harry Merritt가 나섰다. 그는 트랙터 업계의 초기 기업인 홀트 제조회사Holt Manufacturing Company에서 경력을 시작한 베테랑이었다. 컬러를 생각하던 그는 혁신적인 고무 타이어를 장착한 트랙터를 자신의 고향인 캘리포니아주 주화 금영화의 강렬하면서도 밝은 페르시안오렌지색으로 칠했다. 내공황 시대에 모델 U는 큰 성공을 거두었다. 업계는 색채가 주는 강렬한 매력에 푹 빠졌다. 모델 U는 트랙터 업계를 기술 혁신에서 산업예술의 시대로 전환하는 선도 모델이 됐다.

1930년대 전반기에 트랙터 업체들은 그동안 생각 없이 칠해왔던 회색을 버리고 각자의 컬러를 선정했다. 업계 상위권이었던 올리버는 1935년 고압축 6기통 엔진을 장착한 '모델 70'을 출시하면서 진한 녹색을 골랐다. 결국 업계 1위였던 인터내셔널 하비스터도 이런 흐름에 동참했다. 1936년 고민 끝에 붉은색을 선택했다. 1936년 11월부터 출시되는 트랙터들은 지면에 접하는 바퀴들을 제외하고 모두 붉은색으로 도색했다. 인터내셔널 하비스터는 그 붉은색을 향수 업계에서 하듯이 '하비스터 넘버 50 모터 트럭 합성 도료'라고 칭했다. 트랙터 바퀴들에는 '하비스터 레드 컬러 광택제'를 칠했다. 그러나 흰색과 노란색 글자 시리즈로 불렸던 산업용 트랙터들은 다른 컬러로 칠했다.

존디어의 4대 CEO인 찰스 와이먼은 이러한 흐름이 단지 컬러만

해당되지 않는다는 사실을 간파했다. 그는 당시 자동차 업계의 수요 변화에 주목했다. 존디어는 1938년 산업디자인계의 선구자인 헨리 드레이퍼스와 계약한 뒤 뉴욕 드레이퍼스의 사무실에서 새로운 혁신을 준비했다. 이곳은 경쟁사들의 눈길을 피해 보안을 유지하기에 안성맞춤이었다. 드레이퍼스는 산업디자인 관점에서 존디어가 요구한 트랙터의 기능성에 컬러, 형태, 크기, 편리성, 쾌적성 등을 훌륭하게 접목했다. 그는 초록색 몸체, 노란색 글자, 노란색 바퀴를 존디어 트랙터의 상징으로 제시했다. 기본적인 사양의 트랙터에 고무 타이어, 전기 시동, 전등과 같은 옵션을 추가한다는 사업 아이디어도 제공했다. 도시민과 여성이 운전해도 문제없다는 것을 보여주기 위해 농민의 친구와 여동생이 번갈아 운전하는 광고를 제작해 사람들의 호기심을 폭발시켰다.

세련된 스타일과 혁신적인 기능을 결합한 존디어의 트랙터 모델 A와 B는 큰 성공을 거두었다. 그동안 스타일은 대도시에서나 볼 수 있었지 농촌에서는 남의 일처럼 여겼다. 그런데 존디어가 자신의 컬러를 가지고 산업디자인 개념을 적용해 혁신적이면서 편안한 트랙터를 출시한 것이다. 이것은 트랙터 산업의 역사에서 한 획을 긋는 대전환이었다. 트랙터 업계는 새 시대를 맞이했다. 존디어의 디자인에 대한 관심은 1960년에 공개한 신세대 트랙터들의 디자인과 인체 공학적 설계로 꽃피운다. 존디어는 이들 트랙터로 농업용 트랙터 업계 1위를 차지한 후 한 번도 선두를 빼앗기지 않았다.

### 사람들의 가슴에 뛰는 사슴을 각인시키다

사슴이 존디어의 상징물로 처음 등장한 것은 1876년이다. '뛰는 사슴 이미지'로 회사 로고를 만들어 제품 카탈로그에 사용했다. 사슴 동상을 처음 제작한 것은 1893년이다. 2대 CEO인 찰스 디어가 1893년부터 1896년까지 실물보다 큰 사슴 청동상 수십 개를 제작해서 회사 건물과 공장의 정면 꼭대기에 설치했다. 몇몇 건물에는 지붕의 모서리마다 동상을 배치했다. 그때 설치했던 동상 중에서 오늘날까지 존디어가 보유하고 있는 것은 14개다. 동상들은 지붕에서 철거한 후 기업 역사의 일부로 복원 작업을 거쳐 보존하고 있다.

1880년대 후반 미국에서 새로운 교통수단인 자전거 바람이 불었다. 아직 자동차가 대중화되기 이전이었다. 노선을 따라 이동하는 철도는 접근성에 한계가 있었다. 포장된 도로가 거의 없었던 농촌 지역에서 자전거는 훌륭한 통행수단이 됐다. 존디어는 '디어 앤드 웨버Deere & Webber'라는 자전거 제작회사를 설립해 1894년에 1,000대 이상의 자전거를 팔았다. 자전거 붐을 조성하기 위해 1895년 8월 100여 명의 선수가 참가한 '디어 로드 경주'를 개최했다. 대규모 자전거 전시회도 여러 번 개최했다.

존디어는 1896년 홍보 전략을 변경했다. 자전거 모델을 소개하는 카탈로그 표지에 우아한 사슴이 그려진 디자인을 선보였다. 존디어가 제작한 자전거에는 동일한 디자인으로 만든 금속 명패를 부착했다. 자전거 경주를 개최하면 트레이드마크로 사슴이 자전거 경주를 하는 조각상을 제작해 행사를 홍보했다. 그런데 미국에서 자전거 붐이 오래 지속되지 않았다. 1900년 존디어가 자전거 생산을 중단하자 사슴 홍보물도 주춤했다.

1970년대 미국 경제는 황금기의 정점을 지나 서서히 침체하고 있었다. 두 차례 석유파동이 발생해 경제가 혼란과 고난을 겪었다. 미국은 20세기 들어 처음으로 무역 적자를 기록했다. 1974년에는 물가 상승률이 11%에 달했다. 스태그플레이션이 발생해 산업도시가 황폐화되자 '러스트 벨트Rust Belt'라는 용어가 탄생했다. 존디어도 성장률이 낮아지기 시작했다. 윌리엄 휴잇 회장은 새로운 먹거리를 찾아 나섰다. 미국에서 겨울철 야외활동이 인기를 끌자 눈 자동차인 스노모빌 사업에 주목했다. 당시 존디어는 잔디깎이와 가드닝용 트랙터 생산 분야에서 선두기업이었다. 마케팅 부서에서 한 시장조사에서 잔디깎이와 가드닝용 트랙터 구매층과 스노모빌 구매층이 유사하다는 결과가 나왔다. 그들은 시골 농장, 작은 마을, 고립된 산지에 사는 사람들이었다. 낚시, 사냥, 임산물 채취, 정원 조성과 같은 야외활동이 많은 것을 파악한 존디어는 스노모빌 시장에 진출하기로 한다.

스노모빌은 길이 아니더라도 눈이 쌓여 있다면 장애물이 없는 벌판이나 꽁꽁 언 강과 호수에서 이동할 수 있다. 최근에는 스노모빌 타기가 격렬한 겨울철 취미생활로 자리 잡았다. 1950년대 후반 스노모빌은 겨울철에 눈 쌓인 산지와 평지를 이동하는 교통수단으로 발전했다. 휘발유 엔진을 장착한 1~2인용 차량은 저속이나 중간 속도로 이동했다. 엔진출력은 초기의 10마력에서 200마력 이상으로 강력해졌다. 1971년 스노모빌 업계는 100개 이상의 스노모빌 제작사가 연간 50만여 대를 생산하는 큰 시장으로 성장해 황금기를 맞이했다. 미국에서만 150만 대가 운행됐다. 스노모빌 잡지사들은 제작사들로부터 신형 모델 광고 요청이 쇄도해 100쪽이 넘는 두꺼운 잡지를 발간했다. 언론사들은 스노모빌 타기를 미국의 최신 유행으로 보도했다. 업계는 1970년대 후반에 연간 100만 대를 판매할 것으로 예측했다.

존디어가 스노모빌 시장에 진입한 것은 합리적인 선택이었다. 1970년대에 스노모빌 중심 지역인 미국 중북부와 캐나다에서 강력한 판매망을 보유하고 있어 출시한 제품을 소개하는 데 다른 기업들보다 유리했다. 잔디깎이와 가드닝용품을 제작하는 공장들도 그곳에 있었다. 존디어는 1970~1971년에 시제품을 타사 제품과 비교한 후 개선해 처음으로 2개 모델의 스노모빌을 출시했다. 잔디깎이와 가드닝용품을 생산하는 위스콘신주 호리콘 공장에서 생산을 담당했다. 존디어는 스노모빌 탑승자들을 위한 전용 재킷과 의류도 판매했다.

존디어는 스노모빌 시장에 진입한 후 공격적으로 사업을 추진했다. 1972년에는 JDX4와 모델 600, JDX8의 3개 모델을 추가로 출시했다. 100개 이상의 제조업체가 연간 50만 대 규모의 판매 경쟁을 벌이는 시장에서 존디어는 진입 2년 만에 연간 스노모빌 판매 대수가 1만 2,000대를 넘어섰고 거의 2년마다 신제품을 출시했다. 1974년 크로스컨트리 경주대회를 창설한 후 경주팀을 구성해 1977년까지 지원하기도 했다. 팀은 몇 차례 경주대회에서 우승했다. 1980년에는 미국 뉴욕주 레이크플래시드에서 개최된 동계올림픽의 스노모빌 공식 제공업체로 선정됐다. 그런데 시장의 풍향이 바뀌었다.

스노모빌은 소음이 크고 대기오염 물질을 많이 배출한다. 사고와 눈사태로 인한 인명 피해 위험성도 높다. 야생 환경과 생태계에 대해서도 부정적인 영향을 미친다. 1973년 미국 환경보호청EPA이 스노모빌에 대한 소음 규제를 강화했다. 엎친 데 덮친 격으로 1차 석유파동이 발생해 휘발유 가격이 3배 이상 올랐다. 너무 많은 제조업체가 낙관적으로 보아 생산 능력을 키웠던 것이 시장 붕괴를 불러일으켰다. 여기에 다른 악재들이 문제를 더 키웠다. 겨울철에 따뜻한 기온이 지속되자 판매시장이 급속도로 위축됐다. 속도감 있는 여름철 여가 스포츠로 제트스키와 전지형차가 소개되자 스노모빌 붐이 식었다. 연간 스노모빌 판매량이 20만 대 이하로 줄어들자 수많은 업체가 파산했다.

존디어의 스노모빌 사업을 관장했던 로버트 칼슨<sub>Robert Carlson</sub> 부사장이 회사를 떠나자 사업은 추진력을 상실한다. 존디어는 스노모빌 사업을 1982년 업계 선두기업인 폴라리스<sub>Polaris</sub>에 매각했다. 매각 후에도 일본 가와사키<sub>Kawasaki</sub>는 존디어 엔진을 장착한 스노모빌을 1984년까지 판매했으나 그해 존디어의 스노모빌은 역사 속으로 사라졌다. 그러나 "디어(사슴)처럼 뛰는 것은 아무것도 없다."라는 광고 문구는 살아남았다. 존디어가 오늘날까지 사용하면서 세계적으로 유명해졌다. 사람들의 가슴에 사슴을 각인시킨 것이다.

# 2

# 고객과의 소통으로 더 큰 생태계를 만든다

　농촌에 살거나 농촌에 뿌리를 둔 미국인들은 존디어를 신뢰한다. 200년 가까이 지속된 이 유서 깊은 기업이 그동안 보여준 행동들을 보고 무한히 사랑하는 것이다. 2023년 6월 1일 국내 언론사들이 소개한 「악시오스 해리스폴 100」이라는 미국 소비자의 브랜드 선호도 조사 결과를 통해 존디어에 대한 미국인들의 신뢰를 알 수 있다. 존디어가 파타고니아와 코스트코에 이어 3위였다. 애플, 아마존, 테슬라를 포함한 매그니피센트 7뿐만 아니라 세계 가전 시장을 평정한 삼성과 LG를 앞섰다. 「악시오스 해리스폴 100」 순위를 결정하는 7개 평판기준 중에서 혁신 제품과 서비스 부문, 기업문화 부문에서는 2위를 차지했다.

　미국인들이 존디어를 신뢰하는 이유는 다양한데 그 중심에는 고객들과의 소통에 진심이라는 사실이 있다. 존디어는 매년 고객들을 초청해 그들의 요청과 불만을 가감 없이 청취한다. 농민들과 판매 대리점 직원들에게 존디어의 첨단 제품을 소개하는 자리에서 첨단기술 부서 최고책임자들이 질문에 답하기 위해 직접 선다. 존디어와 고객들의 소통은 정기적으로 개최하는 회의뿐만 아니라 고객들이 올리는 유튜브 영상과 그밖에 자발적인 참여와 홍보영상과 잡지 기사를 통해 확장된다. 존디어와 고객은 이런 쌍방 소통을 통해 더 큰 생태계를 만들어가고 있다.

### 공동의 선을 위한 시민 기업으로 인정받다

2023년 6월 1일 국내 언론사들은 삼성전자가 미국의 여론조사기관 해리스폴과 온라인 매체 악시오스가 공동으로 발표하는 미국 소비자 선호 브랜드 순위에서 7위를 차지했다고 일제히 발표했다. 언론사들은 삼성전자가 브랜드 선호도에서 매그니피센트 7이라고 불리는 7대 빅테크 애플, 마이크로소프트, 아마존, 알파벳, 메타, 테슬라, 엔비디아를 앞섰다고 했다. 그런데 브랜드 순위에서 삼성전자보다 앞선 3위 기업에 대해서는 별다른 보도가 없었다. 그 기업은 존디어였다.

「악시오스 해리스폴 100」을 상세하게 살펴보면 존디어가 어떤 기업인지 파악할 수 있다. 발전 방향에 대한 평판 기준인 비전에서 8위, 성장 추세에서 9위, 고품질의 혁신 제품과 서비스에서 파타고니아에 이어 2위를 기록했다. 신뢰에서는 5위를 차지했다. 특성에 대한 평판 기준인 기업문화에서 코스트코에 뒤이어 2위, 기업윤리에서 6위, 사람들과 기업가치를 공유하는 시민성에서 7위에 올랐다.

존디어가 미국인들에게 얼마나 신뢰를 얻고 있는지를 보여주는 또 다른 사례가 있다. 존디어는 2023년 5월 유서 깊은 비영리 자원봉사 단체인 포인트 오브 라이트POL, Points of Light가 미국에서 지역사회와 가장 잘 협력하는 50개 기업에 수여하는 '50대 시민기업'에 선정됐다. 2022년에 이어 2년 연속으로 수상한 쾌거였다.

존디어는 2022년 푸드뱅크에 300만 달러와 1,300만 끼의 식사를 지원했다. 그리고 지구촌 380만 명의 농민들의 식량안보를 위해서 500만 달러를 지원했다. 존디어가 이들 두 사업을 포함해 2022년 지역사회에 투자한 예산은 총 5,550만 달러에 달했다. 2021년보다 30%가 증가한 금액이있다. 존디어의 임직원들은 회사와 별노로 자원봉사를 위해 총 17만 5,000여 시간을 썼으며 500만 달러를 기부했다.

존디어의 글로벌 기업 협력 책임자인 네이트 클라크Nate Clark는 "우리는 포인트 오브 라이트를 통해 세계에서 가장 존경받는 기업들이 어떻게 목적과 사업을 지키면서 성공해가는지를 배운다. 그리고 우리가 공동의 선을 위해 함께 손잡고 일한다면 얼마나 세상을 바꿀 수 있는지를 알 수 있다."라고 말했다.

### 약속을 행동으로 옮기고 고객의 성장을 돕는다

존디어 홈페이지를 방문하면 회사가 고객들의 목소리를 직접 듣고 경영진이 어떤 각오로 행동하는지를 잘 보여주는 세션이 있다. 그 세션의 첫 페이지에 실린 존디어의 메시지는 이렇다.

"모두를 위한 식량, 섬유, 연료, 인프라 제공 분야에서 필수적인 역할을 하는 사람들을 도와주는 것이 우리가 하는 일의 전부다. 우리는 그들이 땅과 삶과 생계를 더욱 강력한 방법으로 유지할 수 있도록 힘을 보태려고 한다. 이 홈페이지는 우리가 약속을 어떻게 행동으로 옮기는지를 보여준다. 우리는 고객들의 성장을 돕고 미래를 위해 더 생산적인 방법으로 이익을 볼 수 있도록 노력한다."

존디어는 고객과 이러한 약속을 지키기 위해 다양한 방법으로 소통하고 있다. 한 예로 존디어는 해마다 '생산 시스템 부서-고객 동반 성장 회의'를 개최한다. 여기에서 생산 시스템과 관련된 기획, 연구, 개발, 제작 등 모든 부서 직원이 고객들의 요구와 불만을 가감 없이 듣는다. 2023년 3월 몰린 본사에 있는 콘퍼런스센터에서 개최한 이 회의에는 500여 명의 존디어 임직원이 현장에 참여해 주요 고객들의 목소리를 생생하게 들었다. 이 회의는 온라인으로 중계돼 회의에 직접 참가하지 못한 직원들도 고객의 요구와 불만을 실시간으로 청취했다.

2023년에는 3대째 수박 농사를 하는 한 농민이 연단에 서서 수박 농사가 얼마나 어려운 작업인지를 설명했다. 존디어의 주요 고객으로 선정된 그는 집안이 수박 농사를 위해 다양한 업체들의 농기계를 사용하다가 아버지 때부터 존디어 제품만을 사용한다고 말했다. 존디어 직원 중 한 명이 왜 그렇게 했냐고 질문했다. 그의 대답은 명쾌했다. "존디어는 되니까!" 그리고 그 이유를 다음과 같이 설명했다.

자신의 농장에서는 울퉁불퉁하고 굴곡 있는 토지에서 수박을 경작한다. 예전에는 여러 수박 파종기를 사용했는데 토지의 굴곡 때문에 파종된 씨앗의 깊이가 달라 생산성이 해마다 들쑥날쑥했다. 그런데 아버지가 여러 제품을 비교하더니 존디어 농기계가 생산성이 가장 높고 안정적이라고 판단했다. 그래서 아버지 세대부터 존디어 농기계만 사용했다. 더구나 존디어가 최근에 초음파 센서를 사용해 개발한 퍼로비전 기술을 적용한 트루셋 액티브라는 장비를 사용하니 지형에 상관없이 지정된 깊이대로 쟁기질이 돼 수박 수확량이 대폭 증가했다고 했다. 그는 수박 농사에서 존디어 농기계가 어떻게 생산성을 높이는지 상세하게 설명했다. 물론 존디어 제품이 어떤 점에서 문제가 있으며 앞으로 무엇을 더 개선해야 하는지도 말했다.

존디어가 고객과 소통하기 위해 매년 개최하는 또 다른 사례는 '존디어 기술 회의'다. 이 기술 회의는 존디어의 첨단기술 부서 책임자들이 모두 참가해 농민들과 대리점 직원들로부터 존디어가 개발하고 판매하는 모든 첨단 제품에 대한 질문을 받고 답변하는 자리다. 이렇게 존디어는 고객과 쌍방향 소통을 한다. 존디어가 출시한 첨단 농기계와 건설 장비를 사용한 고객들은 유튜브에 영상을 올려 어떤 작물을 위해 언제 어떻게 존디어 제품을 사용하는지, 주의해야 할 점은 무엇인지, 생산성이 얼마나 증가하는지를 소개한다. 자신의 농장과 생산된 농작물을 홍보하는 훌륭한 방법이다. 우수 사례로 선정된 농민들은 존디어 회의에 참가해 자신의 경험을 들려주거나 홍보영상과 잡지에 소개돼 자신의 노하우를 전파할 수 있다. 농민의 이런 활동들은 자신이 생산하는 제품의 가치를 높여 사업을 확장하는 데 크게 도움이 된다.

최근 존디어는 고객들에 대한 지원을 첨단기술 제품에 국한하지 않고 더 광범위하게 확장했다. 건조한 기후 여건에서 농사짓는 농민들을 위한 농업 기술 개발, 제품 판매 지원, 기후변화에 따른 불안정한 생산성으로 위기를 맞이한 농가를 위한 위기 지원, 증가하는 여성 농민을 위한 농업 교육과 농기계 작동 훈련, 미래의 농민이 될 농가 출신 청소년을 위한 교육과 훈련 프로그램 등이 대표적인 사례다.

존디어는 소수자 인권을 향상하는 노력도 하고 있다. 2020년 존디어는 미국 흑인농민협회, 서굿마셜대학기금과 함께 흑인 농민들을 위한 법률과 교육, 보호, 생산성 향상을 목적으로 하는 기관을 설립했다. 500만 에이커의 토지를 가진 흑인 농민들의 어려움을 해결하고 그들의 삶과 생계를 개선할 수 있도록 자원을 제공하고 있다. 고객들을 향한 존디어의 노력은 건설업과 산림업에서도 활발하다. 건설과 벌채 현장의 안전 확보와 건설업 종사자의 정신건강 상담 지원 등 다양한 사업을 한다. 존디어에게 고객은 함께 생태계를 구성하는 한 가족이다.

# 3
# 신뢰는 선언이 아니라 시간이 필요하다

미국인들의 존디어에 대한 신뢰는 하루아침에 형성된 것이 아니다. 100여 년의 역사를 가지고 있다. 그 시작은 1931년이었다. 그해에 존디어 창업자의 4개 핵심 가치 중에서 첫 번째인 정직을 위협하는 사건이 발생했다. 몰린에 있는 피플스 세이빙스 은행에서 대규모 횡령이 적발된 것이다. 은행 창구직원을 포함한 세 명의 직원이 120만 달러를 횡령해 부동산에 투자했으나 모두 날렸다.

존디어는 이 횡령사건에 직접적인 관련이 없었으나 간접적으로 연관돼 도의적인 책임이 있었다. 당시 존디어는 1929년 발생한 경제 대공황으로 회사 경영이 힘들었다. 그런데도 4대 CEO인 찰스 와이먼은 이 문제를 나 몰라라 하지 않고 적극적으로 나서서 해결했다. 존디어 직원들과 몰린 주민들은 와이먼의 결정을 똑똑히 지켜보았다. 그들 모두는 존디어의 도움으로 대공황을 무사히 넘겼다.

2000년대에 미국은 기업들의 탐욕과 부정행위가 발각돼 몸살을 앓고 있었다. 『포춘』이 6년 연속으로 '미국에서 가장 혁신적인 회사'로 선정했던 에너지 회사 엔론이 2001년 12월 파산을 신청했다. 이밖에도 여러 기업의 추문이 들끓었다. 미국인들은 정말 미국에 윤리적인 기업이 존재하는지 의구심을 품었다. 그 시기에 공신력 있는 언론계에서 존디어가 기업 윤리에 대한 미국인의 자부심이라며 치켜세우는 보도를 쏟아냈다. 저명한 경영 잡지인 『크레인스 시카고 비즈니스』가 2002년 일리노이주 최고 신뢰 기업으로 존디어를 선정했기 때문이다. 같은 해에 경영 잡지 『비즈니스 에식스Business Ethics』는 존디어를 100대 최고 시민 기업으로 선정했다. 2007년에는 『에티스피어Ethisphere』 잡지가 존디어를 세계 100대 윤리 기업 중 하나라고 발표했다. 이러한 훌륭한 명성은 존디어가 그동안 해왔던 노력을 보상하는 금자탑이었다. 존디어의 창업자 정신은 선언문 속에 박제돼 있지 않다.

## 고통 분담이 커다란 신뢰 자본을 만든다

1928년 창업주 존 디어의 증손자인 찰스 와이먼이 이사회에서 4대 CEO로 선출됐다. 전임자이자 이모부인 윌리엄 버터워스가 미국 상공회의소 의장이 돼 더 이상 경영을 이끌 수 없었기 때문이다.

찰스 와이먼은 존디어 가문에 대한 책임감이 남달랐다. 그는 1915년 존디어에 입사해 시간당 15센트를 받고 조립 라인 생산직원으로 일했다. 당시 미국은 아직 제1차 세계대전에 참전하기 전이었다. 그러나 언젠가는 전쟁에 참전할 것으로 생각한 미국인들이 많았다. 애국심이 강했던 찰스도 그렇게 판단했다.

1917년 미국이 제1차 세계대전에 참전했고 존디어 직원들을 포함해 많은 젊은이가 입대했다. 찰스도 자원입대해 소위로 임관한 후 계속 승진해 1919년 대위로 예편한다. 종전 후 다시 존디어로 돌아왔고 이사로 선출됐다. 그는 존디어 판매 대리점 직원들, 엔지니어들, 감독관들로부터 평판이 좋았고 빠르게 승진했다. 1924년 공장 운영을 책임지는 부사장을 거쳐 1928년 35세의 나이에 4대 CEO로 선출됐다.

대공황이 발생하고 2년이 지난 1931년 찰스는 큰 고민에 빠졌다. 연방정부 은행 감사원이 몰린에 있는 피플스 세이빙스 은행에서 120만 달러 횡령 사건을 적발한 것이다. 세 명의 은행 직원이 횡령한 돈을 부동산에 투자해 모두 날렸다. 이 은행은 존디어와 직접적인 관련이 없었지만 외할아버지인 찰스 디어가 은행 설립자 중 한 명이었다. 은행은 등록을 위해 이모부 윌리엄 버터워스의 명의를 빌려 사장으로 등록했다. 버터워스가 상공회의소 의장직을 수행하기 위해 은행의 모든 업무에서 손을 떼고 떠났는데도 은행은 버터워스의 명성을 이용하기 위해 그의 명의를 변경하지 않고 그대로 두었다. 버터워스는 은행 경영에 실질적으로 참여하지 않았으며 비리와도 무관했다. 그런데 존디어 직원들과 몰린 주민들이 74년의 역사를 가진 이 은행의 고객들이었다. 존디어도 200만 달러가 넘는 회사자금이 피플스 세이빙스 은행에 있었다.

대공황으로 언제 기업이 무너져도 전혀 이상하지 않았던 시절이었다. 존디어도 매출액이 7분의 1로 줄어 경영이 힘들었다. 감사원이 은행을 부도 처리해도 법적으로 문제될 일도 없었다. 대공황을 헤쳐나가던 찰스 와이먼에게는 두 가지 선택지가 있었다. 첫 번째는 은

행을 지원하는 것이다. 두 번째는 감사원이 부도처리하도록 내버려
두는 것이다. 찰스는 은행 계좌 대부분이 존디어 직원이거나 몰린 주
민의 것이라는 사실을 알고 있었다. 찰스는 그들을 외면하지 않고 은
행에 129만 달러를 지원해 파산을 막았다. 은행 계좌가 있던 사람들
은 파산을 면했다. 그들과 고통을 함께 분담하겠다는 와이먼의 결정
이었다.

존디어는 경영이 더 어려워졌지만 견뎠다. 2년 후 회사가 90% 이
상의 주식을 소유한 몰린 내셔널 은행을 설립했다. 그리고 존디어 직
원들과 몰린 주민들이 피플스 세이빙스 은행에서 몰린 내셔널 은행
으로 계좌를 이전하도록 도왔다. 그들이 계좌를 이전하면서 두 은행
간 이전으로 발생하는 문제에 대해 최대한 손해 보지 않도록 지원했
다. 존디어 직원들과 몰린 주민들은 대공황의 힘든 시기를 넘길 수
있었다.

대공황은 존디어와 직원들에게 큰 피해를 줬다. 회사 매출액이 급
감해 약 70%의 직원이 해고됐으며 남은 직원들도 조업시간이 줄었
다. 존디어는 해고한 직원들에게 의료보험을 제공했고 사택 임대료
를 내렸다. 수금하지 못한 농기계 금액이 수백만 달러에 달했으나 농
민들에게 농기계 장비를 회수하지 않았으며 연체 과태료를 부과하
지도 않았다. 상황이 개선돼 지불할 수 있을 때까지 기다렸다.

존디어도 다른 모든 농기계 업체처럼 극심한 재정적자로 회사의
안정성이 흔들렸으나 직원, 협력업체, 농민의 피해가 최소화하도록
노력했다. 이러한 찰스 와이먼의 정책은 고객과 직원의 충성심을 확
보하는 데 크게 도움이 됐다. 존디어는 이 시기를 통해 신뢰할 수 있
는 기업으로 인정받아 대공황을 무사히 극복한 후 도약한다. 오늘날

존디어의 성공에는 직원들과 주민들이 무조건으로 부여하는 신뢰가 바탕이 되고 있다. 존디어의 고통 분담이 결국 커다란 신뢰 자본을 만든 셈이다.

## 가장 윤리적인 기업으로 미국을 상징한다

존디어가 오늘날 글로벌 기업으로 도약하는 데 윤리적인 기업이라는 이미지가 크게 도움이 됐다. 윤리적인 기업이라는 평판은 세우기는 어려우나 무너지는 것은 한순간이다. 전 세계 수많은 국가에서 다양한 사업을 하는 글로벌 기업이 윤리성을 순수하기는 매우 어렵다. 특히 역사가 오래된 기업은 오랫동안 변함없이 평판을 유지하기가 더욱 어렵다. 200여 년의 역사를 가진 존디어가 그렇게 어려운 일을 지금까지 하고 있다.

경제주간지 『크레인스 시카고 비즈니스』가 2002년 전국을 대상으로 한 설문조사 결과를 발표했다. 설문지의 질문은 "일리노이주에서 가장 신뢰하는 기업은 어디입니까?"였다. 사람들은 존디어를 선택했다. 이 설문조사 결과는 2000년대 초반 미국을 뒤흔든 금융, 에너지, 통신, 보안, 바이오 분야 기업들의 불법행위에 성난 미국인들의 이목을 끌었다. 기업 윤리성에 실망한 사람들은 존디어를 눈여겨보기 시작했다. 그해에 『비즈니스 에식스』 잡지는 존디어를 '100개의 최고 시민 기업' 중 하나로 선정했다.

그다음 해인 2003년 존디어 경영진은 그동안 사업을 수행하면서 지켜왔던 정직과 기업 시민의식에 대한 사항을 명문화하도록 결정했다. 경영진, 부서장, 직원이 높은 윤리기준을 준수하도록 하기 위해서다. 2003년 12월 3일 '사업 운영 규정'에 '윤리 준수 규정'을 추가했다. 이 규정은 네 가지 부문에 적용된다.

첫째, 존디어 임직원은 고객, 공급자, 경쟁자 그리고 회사 내 다른 임직원에게 공정하게 대우해야 한다. 누구도 조작, 은폐, 특권으로 습득한 정보를 오용, 왜곡하거나 불공정하게 협상해 비윤리적인 이익을 취할 수 없다.

둘째, 존디어 임직원은 자신의 업무를 양심적으로 수행하는 데 문제가 있거나 회사와 직원이 부적절하게 영향받을 것으로 의심하거나 인지하는 사항을 보고해야 한다. 이러한 사항에는 회사 자산, 정보, 직위를 활용한 기회와 선물과 호의를 포함한다. 이런 문제가 발생하면 상급 관리자나 온라인 이익충돌 보고 시스템을 통해 알려야 한다. 임직원은 이 문제가 잘 처리될 수 있도록 회사로부터 정보를 받거나 상담받을 권리가 있다. 또한 부서장은 회사의 지배구조위원회 위원장과 함께 보고된 문제에 대해 주의를 기울이고 검토해야 한다. 만일 그러한 문제가 실제로 존재한다면 위원장은 위원회가 그 문제를 인지하도록 해야 한다. 위원장은 문제를 적절하게 해결한 후 위원회와 함께 문제해결 과정이 적절하게 진행됐는지 복기해야 한다.

셋째, 임직원은 회사 자산을 보호하고 효율적으로 사용해야 한다. 절도, 관리 소홀, 낭비는 회사 이익을 해치는 행위다. 회사 자산은 적법한 사업목적을 위해서만 사용해야 한다.

넷째, 임직원은 기밀정보를 적절하게 관리해야 한다. 존디어 또는 존디어와 협력해 사업을 하는 업체에 소속된 정보는 다른 기밀정보와 교환하기 위해 다른 사람에게 사용하거나 제공할 수 없다. 기밀정보는 회사에 해를 끼치거나 경쟁자들을 이롭게 하므로 외부에 노출되지 않아야 한다. 임직원은 개인적으로 사용하거나 사익을 얻거나 이익을 취하기 위해 회사 내부 정보를 사용하지 말아야 한다.

존디어는 사업을 잘하기 위해서가 아니라 높은 수준의 '윤리 준수 규정'을 적용하는 것이 옳기 때문에 한다. 이 규정을 미국뿐만 아니라 진출해 있는 모든 국가에 적용하고 있다. 현지에서 채용한 임직원에게도 차별 없이 적용하고 있다. 임직원이 단기적인 성공에 대한 압박 때문에 '윤리 준수 규정'을 어기지 말라고 경고한다. 만일 위반사항이 발견되면 단계별로 보고할 적절한 체계가 있다. 전화, 우편, 이메일과 같은 핫라인 보고 수단도 갖추고 있다. 존디어는 법률, 규정, 시스템과 점검 절차를 마련해 창업사 성신에 따라 기업이 추구하는 원칙을 지키려고 한다. 사실 대부분의 기업이 이러한 규정과 시스템을 갖추고 있다. 문제는 실제로 적절하게 운용하고 있는가다.

존디어는 창업자 정신을 따르기 위해 기업 윤리를 철저히 지킨다. 188년 기업 역사에서 경쟁업체에 대한 정보를 부적절하게 빼내거나 기술을 탈취한 적이 단 한 번도 없다. 뇌물을 주어 논란이 된 적도 없다. 동일 업계의 경쟁기업들과 불법으로 경쟁한 사례가 없다. 첨단 기술력으로 치열하게 경쟁해 이겼다. 공정한 경쟁을 중시하기 때문이다. 세계적인 기업윤리 평가기관인 『에티스피어』는 2007년 존디어를 세계에서 가장 윤리적인 기업 100개 중 하나라고 발표했다. 그때부터 2023년까지 존디어는 17년 연속으로 '세계에서 가장 윤리적인 기업'으로 선정됐다. 『에티스피어』는 그렇게 오랫동안 연속으로 선정한 이유로 기업 윤리에 대한 존디어의 지속가능성을 들었다.

존디어의 정직과 도덕에 대한 명성은 현재 세계적인 기업이라는 위상을 고려할 때 특히 주목할 만한 사항이다. 존디어는 중남미와 동아시아, 아프리카와 서남아시아, 호주와 구소련연방 지역에서 매우 크게 사업을 하는 세계적인 다국적기업이다. 유럽에서도 생산과 판매에서 매우 공격적으로 사업을 하고 있다. 아무래도 정치적인 불안정과 불투명한 법률·조세 시스템으로 인해 이런저런 위험과 부패의 먹이사슬에 노출될 가능성이 높다. 그런데도 저명한 여러 언론사로부터 가장 윤리적인 기업으로 선정된 것이다. 오늘날 존디어는 전 세계 고객들에게 경쟁력 있는 회사로서만이 아니라 미국의 긍정적인 이미지를 대표하는 기업으로 받아들여지고 있다.

# 4
# 더 나은 꿈을 실현하는 기업이 되다

상당수의 존디어 임직원은 집안 대대로 농사를 지으면서 전수된 경험과 지식을 가지고 있다. 미국에서 농민은 다른 나라에 비해 상대적으로 소득이 높다. 국민 평균 소득에 근접한다. 그래서 농민 가정들은 대대로 농사를 짓는다. 그들의 자녀 중에서 일부는 가족, 친척, 친구와 이웃이 농사를 더 잘 지을 수 있도록 농기계와 농업 기술을 발전시키고자 희망한다. 그런 꿈을 가진 사람들이 대학을 졸업하고 존디어에 입사해 경영부서 사무직으로서, 엔지니어로서, 공장 작업자로서 더 발전된 농업을 위해 헌신한다. 그들의 노력이 합쳐져 존디어가 발전해왔다.

안정적인 환경에서 꿈과 의지를 가진 사람들이 거대한 혁신을 이룬다. 존디어는 기업규모, 사업 영역, 성장성 측면에서 안정적이어서 다른 기업들에 비해 근속기간이 훨씬 길다. 연봉이 메그니피센트

7보다는 적지만 평균적인 미국 기업들보다는 높기 때문에 직원들은 만족한다. 기업 구조 조정은 드물게 일어난다. 존디어 경영진은 입사 후 실무부서에서부터 차근차근 올라온 사람들이다. 그들의 임기도 미국 기업 임직원들의 평균적인 임기보다 길다. 이런 환경 속에서 존 디어 임직원은 더 나은 농업이라는 자신의 꿈을 실현한다.

### 꿈을 키우는 최선의 선택지가 되다

존디어 직원의 상당수가 농민 가정 출신인 이유는 두 가지다. 첫 번째는 존디어가 미국 농업의 중심지인 중서부에서 성장한 기업이라는 것이다. 그 지역에서 글로벌 기업인 존디어는 높은 연봉을 받는 훌륭한 직장이다. 우리나라 호남에 기업 규모가 포스코보다 더 크며 보수는 삼성전자와 비슷하고 임직원의 상당수가 농촌 출신인 글로벌 농기계 제작기업이 있다고 상상해보라.

두 번째는 미국 농민들의 소득이 다른 나라보다 높기 때문이다. 대부분의 개발도상국에서는 대를 물려 농사를 짓기보다는 농촌을 떠나 다른 직업을 구하는 것이 경제적으로 더 많은 소득을 얻을 가능성이 크다. 그런데 미국에서 농민은 할만한 직업이다. 「2022년 세계 식량 농업 통계 연보」에서 농민의 1인당 생산물 가치는 세계 평균이 4,000달러, 한국이 1만 9,000달러, 미국이 7만 달러였다. 전 세계 1인당 평균 소득은 1만 3,400달러, 한국은 3만 3,600달러, 미국은 7만 5,200달러였다. 전 세계 사람들과 농민의 평균 소득을 비교하면 전 세계 농민의 소득은 일반인 평균 소득의 약 30%다. 그중에서 한국은 약 57%인 데 반해 미국은 약 93%다. 즉 전 세계 농부는 소득이 일반인보다 3분의 1에 미치지 못하며 한국은 절반이 조금 넘는데 미국은 평균에 근접한다. 미국 농부는 평균적인 다른 사람들과 소득 차이가 거의 없다.

미국 농민들은 자녀에게 농민이라는 직업을 대물림하는 데 망설이지 않는다. 농민이 땅에서 땀 흘려 정직하게 버는 소득이 도시에서 범죄와 환경오염으로 위협받고 몇 시간 동안 교통체증에 시달려 출퇴근하면서 직장생활로 버는 것과 별로 차이가 나지 않기 때문이다. 미국 농민들은 도시인들보다 삶의 질이 더 좋다고 생각한다. 도시의 작은 집에서 혼탁한 공기를 마시고 사람들과 부대끼며 사는 것보다 농촌의 넓은 집에서 쾌적하고 여유롭게 사는 생활에 만족한다.

오랫동안 미국 농민들의 고민은 농업인구는 적은데 경작할 농지가 넓다는 것이었다. 그래서 농기계 자동화와 농업 기술 혁신에 노력해 다른 나라들에 비해 생산성이 높아졌다. 「2022년 세계 식량 농업 통계 연보」 자료에서 전 세계, 한국, 미국의 농업인구와 주요 농산물 생산량, 농산물 가치를 비교하면 그 격차가 명확하다. 농민 1인당 주요 농산물 생산량은 세계 평균이 10.8톤, 한국이 12.6톤, 미국이 273.5톤이다. 농산물 가치는 세계가 3,000달러, 한국이 1만 8,000달러, 미국이 7만 달러에 이른다.

세계 농민 평균과 한국 농민과 미국 농민의 생산성을 비교하면 농산물 생산량 측면에서 한국은 세계 평균의 1.2배고 미국은 25.4배다. 미국 농민은 한국보다 21.8배를 더 생산한다. 농산물 가치 측면에서 한국은 세계 평균의 5.6배고 미국은 세계 평균의 22.3배다. 미국 농민이 창출하는 가치가 한국보다 4배나 더 높다. 소득이 4배 이상이라고 해석할 수도 있다. 그래서 우리보다 농업인구 비중이 적은데도 식량을 자급자족하고도 남아서 세계로 수출한다.

미국 농촌에서도 농민의 자녀 중에서 일부는 농촌을 떠난다. 농사와 관련 없는 다른 직업을 찾아 떠나는 사람들도 있지만 더 좋은 농업을 위해 떠나는 사람들도 많다. 그들은 더 나은 농업을 위해서 대학에 진학해 경영학, 공학, 자연과학을 전공한다. 농민인 부모, 친척, 친구들이 더 경쟁력 있고 친환경적인 농업을 더 편리하고 쾌적하고 안전하게 할 수 있도록 기술을 발전시키고 농업을 혁신하려는 게 이유다.

그런 꿈과 희망을 품은 사람들에게 존디어는 최선의 선택지다. 그들이 존디어에 입사한 목적은 자신의 가족, 친척, 친구들이 오랫동안 고민해온 문제를 기술, 경영, 제품으로 해결하기 위해서다. 존디어는 매년 임직원이 참석하는 다양한 콘퍼런스, 세미나, 회의를 개최한다. 그런 자리에서 경영부서 직원들, 엔지니어들, 공장 노동자들이 서로 자신이 가지고 있는 농업 관련 지식을 교류하고 뽐낸다. 한 직원이 아이다호주에서 3대째 감자칩용 감자 농사를 하면서 자신의 집안이 경험으로 체득한 지식을 소개하면 다른 직원이 펜실베이니아주에서 4대째 조리용 감자 재배 지식을 소개하고 또 다른 직원은 위스콘신주에서 5대째 씨감자를 생산하면서 고민했던 문제들을 들고 나온다. 마케팅 부서 직원은 성공적으로 마케팅을 하는 감자 농장 사례를 전하고 공장 직원은 감자밭에서 발생하는 트랙터 문제를 침이 튀도록 설명한다.

그들이 존디어에 입사한 이유가 있다. 더 친환경적인 농업과 고소득의 농장을 만들고 싶어 하기 때문이다. 그리고 고질적인 농기계 문제를 해결해 자신이 알고 있는 사람들이 더 높은 소득을 올려 농촌을 지키고 세계를 먹여 살리도록 하려는 것이다. 그들은 농업이라는 가업을 위해 어렸을 때부터 가족들과 함께 일하면서 체득한 암묵적인 지식이 풍부하다. 농장을 방문하면 작물의 잎이나 생장 속도를 보고 어떤 비료가 부족한지, 어떤 병충해로 시달리는지 금방 안다. 이런 지식이 부족한 도시 출신 신입사원들은 본사와 주요 지점에 조성한 시범농장을 수시로 방문해 현장 경험을 통해 농업을 이해하고 있다.

## 농촌 출신 임직원들로 농촌 발전을 이끈다

존디어는 안정적인 글로벌 기업이다. 기업규모가 미국 뉴욕증권거래소에서 100위권 안에 든다. 주력 부문인 농업과 조경과 가드닝 분야에서는 미국뿐만 아니라 글로벌 1위 기업이다. 건설업은 미국 내 2위이며 세계에서는 5위를 점유하고 있다. 최근 3년 주가는 300달러에서 450달러 사이에 있다. 기후와 전쟁, 경제 변동, 정치적 분쟁과 같은 외부 여건 변화에 영향을 크게 받는 농업과 건설업을 주력으로 하고 있지만 매출액과 순익이 증가 추세이며 급등락하지 않는다. 임직원 수는 계속해서 증가하고 있다.

존디어는 사업 영역 측면에서도 안정적이다. 농업 부문이 매출액의 40%, 건설과 산림 부문이 30%, 조경과 가드닝 부문이 30%로 균형을 이룬다. 따라서 한 사업 부문이 힘들어져도 다른 사업 부문이 버티기 때문에 쉽게 흔들리지 않는다. 미국과 해외의 매출액 비중이 거의 비슷해서 균형적이다. 따라서 국내 경기가 나쁘면 해외에 주력하고 해외가 악화하면 국내에 집중한다.

존디어의 미래도 밝다. 9대 CEO 새뮤얼 앨런 회장은 21세기 중반까지 세계 인구가 거의 30% 가까이 증가하는 것이 당면과제이자 커다란 기회라고 생각했다. 굶주림, 가난, 환경변화가 인구변화와 함께할 것으로 전망했다. 인구변화는 농산물, 농업 기계화, 지속가능한 기반시설을 건설할 장비들에 대한 수요를 높인다고 판단했다.

안정적인 사업의 특성만큼이나 조직도 안정적이다. 존디어에는 어렸을 때부터 존디어에 입사하기를 원했던 사람들이 많다. 대학에 다닐 때 존디어에서 인턴으로 근무한 경력을 가진 사람들도 많다. 대학 졸업 후에 존디어 입사를 최우선 목표로 해 차근차근 준비한 사람들이다. 그래서 임직원의 이직률이 매우 낮다. 존디어의 신입사원 입사 시스템은 까다롭다. 어떤 부서에 빈자리가 있더라도 금방 채용하는 것이 아니라 적임자가 지원할 때까지 기다린다. 입사 시험도 특정일에 모든 지원자를 한꺼번에 한 번 보고 결정하는 게 아니다. 공고한 자리에 지원자가 있으면 서류심사를 거쳐 다단계 면접을 한다. 선발기준은 발전 잠재력이 큰 사람이다. 입사 후에도 3년의 기간 동안 다양한 방법으로 평가해 본인과 회사가 협의한 후 근무 부서를 결정한다. 승진도 마찬가지다. 대량 해고와 대량 채용이 없기 때문에 존디어 직원들은 다른 미국 기업들에 비해 상당한 수준의 안정성을 누린다. 자신이 선택했기 때문에 근무 부서에 대한 만족도가 높다. 대다수 직원은 30년 이상 근무하고 퇴직해 지역사회를 위한 자원봉사와 같이 은퇴 후 제2의 인생을 산다. 경제적인 안정성이 보장되기 때문이다.

존디어는 직원들에게 매년 낮은 가격으로 자사주 매수 기회를 제공한다. 주식 가치가 계속해서 상승하고 있어 보유하고 있으면 은퇴 후 안정적인 생활이 가능하다. 재직기간이 5년을 넘으면 테크 기업들이 2배 이상의 연봉으로 스카우트를 제안하는 경우도 많다. 그래서 이직하는 사람도 가끔 있다.

존디어 경영진은 안정적인 기업경영 환경에서 리더십을 발휘한
다. 경영자들은 실무부서에서 시작해 차근차근 올라왔다. 외부에서
영입된 리더는 없다. 2019년 임기를 시작한 10대 CEO 존 메이 회
장을 포함해 두 세기 동안 10명의 CEO가 있었다. 평균 재임기간은
18년이 넘는다. 창업자 가문에서 나온 1~5대 CEO는 평균 약 30년
을 재임했다. 전문 경영인 체제에서 임명된 6~10대 CEO의 평균 임
기도 8년이 넘는다. 미국 대기업 CEO들의 평균 재임기간은 약 5년
이다. 기업 평가 사이트 CEO스코어는 2011~2020년 기간에 퇴임
한 한국 대기업 전문 경영인들의 평균 임기가 3년 반 정도라고 했다.
현직 CEO들의 임기를 반영하면 평균 4년이 약간 넘는다. 존디어
CEO의 임기가 2배 이상 길다.

존디어의 성장 이면에는 이런 안정적인 여건에서 가족, 친척, 이웃
들을 위한 농업 발전이라는 뚜렷한 목적의식을 가진 농촌 출신 임직
원들이 끊임없는 혁신으로 이룩한 성과들이 있다. 안정이 조직을 고
인 물이 되도록 만들지 않고 혁신을 향한 기반이 되도록 기능했다. 스
마트 기술을 통한 농업과 건설업 혁신이라는 사명감을 가진 사람들
이 모여 서로 가진 경험과 지식을 공유해 자신의 가족, 친척, 친구와
이웃을 위해 업계를 발전시키는 공동체가 존디어의 실체다.

# 5
# 지역과 함께하며 공생을 주도하다

존디어는 지역사회에 대한 정책이 뛰어나다. 1980년대에 존디어 본사가 자리 잡은 몰린은 인터내셔널 하비스터와 같은 주요 기업들이 파산하면서 쇠퇴하고 있었다. 몇몇 지역기업들은 본사를 대도시로 이전했다. 몰린을 포함한 주변 도시들은 인구 감소와 지역경제 침체를 되돌리기 위해 힘을 합쳐 '지역종합계획'을 수립했다. 몰린시 정부는 도시 활성화 사업을 위해 관내 기업들에 도움을 요청했다. 그러나 혹독한 불경기를 겪고 있던 기업들은 선뜻 나서지 못했다.

몰린 출신인 존디어의 6대 CEO 로버트 핸슨 회장이 1989년 몰린의 도시 활성화 사업에 참여한다고 발표했다. 당시 존디어는 6년 동안 지속된 미국 농업의 불황으로 현금보유율이 크게 낮아져 있었다. 내부적으로는 본사를 이전하자는 목소리도 나왔다. 존디어는 예산을 마련해 연방정부, 주정부, 지자체, 부동산 전문가들이 참여하는 도시재생 협력 기관인 '리뉴 몰린Renew Moline'을 설립했다. 일자리 창출, 세금 기반 확대, 몰린 도심 활력을 목표로 공공과 민간 파트너십PPP, Public-Private Partnership을 구축했다. 리뉴 몰린은 개발사업자들이 사업계획을 수립하면 관계기관들로부터 받는 인허가를 지원해 사업이 추진되도록 도왔다. 조직 구성, 사업 논의, 전문성 확보와 협력이 투명하게 진행되도록 노력했다. 존디어의 몰린 재생 사업으로 몰린을 포함한 중서부 지역이 부활했다.

## 내부 고객인 직원의 자긍심을 높이다

1960년을 전후해 존디어는 농기계 업계의 최상위 대기업이 됐다. 존디어의 기업 규모가 커지자 일리노이주 몰린에 있는 본부를 시카고와 같은 대도시로 이전해야 한다는 목소리가 나왔다. 그러나 윌리엄 휴잇이 존디어의 CEO로 선출되면서 이전 계획을 폐기했다.

윌리엄은 존디어 본부가 중서부 몰린을 떠나 동부, 서부, 또는 시카고와 같은 중서부 대도시로 이전한다면 중서부 시골에서 잉태된 존디어 정신으로부터 멀어진다고 생각했다. 그가 봤을 때 존디어는 중서부 대지와 그곳에서 일하는 농민들과 함께해야 초심을 잃지 않고 기업 경쟁력을 유지할 수 있었다. 당시 중서부 시골에서 창업한 많은 기업이 성공한 후 지역을 떠나 대도시로 이전하면서 창업자 정신을 잊어버리고 쇠락했다. 그는 본부가 몰린에 있으면 존디어를 방문하는 직원, 판매원, 협력업체와 고객이 존디어 정신과 전통을 되새기고 유지할 것으로 생각했다. 몰린에 있는 것이 오늘날의 존디어를 있게 한 중서부 지역민들의 믿음과 함께한다는 약속을 저버리지 않는 것이었다.

몰린에 남기로 한 존디어의 결정은 이후 지역에 공생의 터전을 마련하는 것으로 이어진다. 1960년 디어 데이의 대성공으로 존디어가 농기계 업계 1위로 등극하는 것이 가시화되면서 직원들의 존디어에 대한 자긍심이 넘쳐났다. 그럼에도 직원들은 본사 사옥에 대한 불만을 가지고 있었다. 윌리엄 휴잇은 자신을 따라온 경영진과 직원들에게 항상 감사하는 마음이었다. 그래서 직원들의 불만을 고려해 새로운 시도를 하기로 한다. 그는 존디어가 첨단기술뿐만 아니라 디자인과 기업문화에서도 경쟁자들을 압도하는 현대적인 브랜드가 되기를 원했다. 존디어의 기업 정신과 자신의 문화적 취향을 결합해 기업문화를 새롭게 정립하려고 했다. 그는 글로벌 기업으로 도약할 존디어의 위상을 위해 당시 세계 최고 건축가였던 에로 사리넨Eero Saarinen에게 설계를 맡겼다. 존디어 본부는 사리넨의 유작이 됐다.

윌리엄이 존디어 본부를 위해 매입한 부지는 강과 숲이 있는 협곡이었다. 사리넨은 높낮이가 있는 지형의 특성을 살려 인공 호수 위에 견고하면서도 투박한 현대적인 형태의 건물을 건설했다. 건물의 철제 빔을 그대로 드러냈고 커튼이나 블라인드가 필요하지 않도록 금속미늘창으로 해를 가렸다. 부지에 들어선 3개의 건물은 서로 연결돼 있다. 본관은 유리와 철제구조물로 지어진 7층 건물로 숲이 우거진 협곡에서 솟아올라 두 연못을 마주 보고 있다. 모든 사무실은 전망이 탁 트여 안에서 근무하는 사람들이 휴식을 위해 고개를 돌리면 마치 나무 위에서 아름다운 자연을 보는 듯한 느낌을 받는다. 본관 건물, 제품 전시 건물, 400명을 수용하는 강당은 유리로 둘러싸인 다리로 연결된다. 복도에는 세계 최고 미술품들을 전시했다.

직원들은 새로운 본부가 농기계 회사라는 존디어의 정체성을 잘 표현한 "선이 굵고 기발하며 창조적인" 건물이라고 평가했다. 붉은색 녹 코팅을 한 수직과 수평 철제 빔들은 현대적이면서도 장엄하게 보였다. 건물이 일리노이의 다채로운 계곡을 바라보며 호수 앞에 서 있는 모습은 오늘날에도 존디어 방문자들에게 경이로움을 선사한다. 호수, 나무, 잘 손질된 잔디밭과 시골의 정적은 시공을 초월한 풍경을 선사한다. 존디어 본사는 세계 주요 건축상들을 여러 차례 수상했다. 몰린에 있는 처가를 방문했다가 존디어 본사를 관광한 한 은행 임원은 이 전경에 마음을 빼앗겨 존디어로 이직을 결심했다. 나중에 존디어의 8대 CEO가 되는 로버트 레인이다.

1964년 업계 1위로 올라선 존디어는 본사 신축 건물에 입주했다. 직원 수도 1만 1,000명이 증가해 4만 명이 됐다. 존디어 경영진은 창업자 정신이 조화를 이루는 기업문화를 새롭게 정립했다. 농촌 전원이 가진 힘을 지키면서도 도시적인 스타일과 안락함을 누린다는 '도시적 거칢'이라는 개념이 탄생했다. 존디어는 기업문화를 전파하기 위해 새로운 방법을 고안한다.

## 지역을 살려 경제의 중심지로 만들다

레이건 행정부 시기에 미국의 화려한 영광을 다시 불러일으키자는 바람이 '선벨트Sunbelt' 지역에서 불어왔다. 선벨트는 미국의 남동부 해안가에서 남서부 해안가까지 이르는 남쪽 지역을 말한다. 햇볕이 강하고 따뜻하며 맑은 날이 많다고 해서 선벨트라고 불린다.

선벨트 지역은 제2차 세계대전 이후 개발되면서 햇볕이 강하고 따뜻한 기후를 선호하는 인구가 몰려들기 시작했다. 처음에는 농업, 석유 산업, 방위 산업, 관광 산업이 성장을 주도했다. 여름철 폭염 때문에 거주 여건이 좋은 편이 아니어서 곧 인구 유입이 주춤해졌다. 그런데 에어컨 기술이 발전하면서 선벨트 지역에 거주하는 것이 더 이상 문제가 되지 않았다. 베이비부머 은퇴자들과 IT 산업, 항공우주 산업과 같은 첨단 산업 분야의 기업들이 선벨트 지역의 쾌적한 기후를 찾아 이주했다. 1980년대가 되자 선벨트의 인구가 북동부와 중서부의 전통적인 산업 지역을 추월했다. 북동부와 중서부의 제조업이 쇠퇴하면서 그 지역이 '러스트 벨트Rust belt'로 불리자 선벨트 지역으로 인구 이동이 가속화했다. 존디어 본사가 자리 잡은 일리노이주 몰린도 예외가 아니었다.

인구가 적었던 몰린은 주변의 대븐포트, 베튼도프, 록아일랜드와 힘을 합쳐 중서부 지역의 시카고, 미니애폴리스, 세인트루이스, 캔자스시티 대도시권과 경쟁하자고 주장했다. 그들은 스스로를 '쿼드시티Quad Cities'라고 명명하고 '뉴욕시의 행정구들처럼 함께 협력합시다.'라는 모토를 내세웠다. 그러나 인구 감소 추세를 되돌릴 수 없었다. 서서히 죽어가는 도시가 몰린의 현실이었다.

1980년대 이후 쿼드시티와 같은 중서부 지역 중소도시들은 더 이상 산업이 성장하지 못했고 인구 유입도 별로 없었다. 오히려 젊은 연령층이 대도시와 선벨트 지역으로 빠져나갔다. 1980년대 농기계 산업의 침체로 인한 쿼드시티 실업률 상승으로 도시 경제는 더욱 위축됐다. 몰린의 부와 명성의 상징으로 도시에서 가장 높았던 레클레어 호텔이 문을 닫자 몰린 시민들은 큰 충격을 받았다.

몰린의 또 다른 문제는 도시 경제가 농기계 산업에 전적으로 의존했다는 것이다. 19세기 중반부터 20세기 중반까지 미국 중서부 지역은 농업 성장과 함께 발전했다. 몰린은 존디어뿐만 아니라 인터내셔널 하비스터와 케이스와 같은 다른 농기계 기업들과 관계가 깊었다. 그런데 1980년대 들어 상황이 나빠졌다. 록아일랜드에 대규모 파몰 트랙터 공장을 가진 인터내셔널 하비스터가 1985년에 무너졌다. 1984년 인터내셔널 하비스터를 인수한 테네코는 자회사인 케이스와 인터내셔널 하비스터를 합병해 구조 조정을 실시했다. 존디어도 대규모 구조 조정을 했다. 이런 상황이 일자리 유지에 고심하던 몰린에는 재앙으로 다가왔다. 타개책이 필요했다.

1987년 몰린을 포함한 쿼드시티의 부활을 위해 지역종합계획을 수립해 공공과 민산 부문으로부터 수백만 달러의 자본 투자를 유도하자는 시민들의 목소리가 나왔다. 2년 후인 1989년 '미래를 위한 쿼드시티 비전'이라고 불린 지역종합계획이 확정됐다. 계획의 핵심은 기업이 중심이 돼 추진하는 도시재생사업이었다. 몰린시 정부는 관내 기업에 도움을 요청했다. 존디어는 당시 1980년대의 불황기에서 빠져나오고 있었다. 인터내셔널 하비스터가 몰락하고 트랙터 업계가 재편되면서 1990년대 이후 상황이 어떻게 전개될지 아직 불확실했다. 국제적으로는 소련과 동구권이 붕괴해 지구촌이 대전환의 시대를 맞이하고 있었다. 많은 기업이 이런 상황에서는 투자를 보류하고 상황을 모니터링하며 현금 보유에 힘쓴다. 그런데 존디어는 달랐다.

로버트 핸슨 회장은 몰린에서 태어나고 자라 존디어의 최고위직에 오른 인물이다. 그는 1989년 몰린의 도시 활성화 사업에 참여하기로 한다. 당시에 존디어는 6년이나 이어진 미국 농업의 불황으로 손실이 커져 현금보유율이 상당히 낮아진 상태였다. 그래도 창업주 존 디어가 회사의 고향으로 선택한 몰린의 쇠퇴를 나 몰라라 하고 두고 볼 수만은 없었다. 10만 달러의 예산을 마련해 연방정부, 주정부, 지자체와 부동산 전문가들이 참여하는 도시재생 협력 기관인 리뉴 몰린을 설립한다. 존디어는 리뉴 몰린에 지역기업들과 정치인들을 끌어들여 진정한 공공과 민간 파트너십을 구축했다. 목표는 일자리 창출, 세금 기반 확대, 몰린 도심의 활력이었다.

도시재생 사업의 성공은 효과적인 사업 대상을 선정해 투명하고 적절하게 추진하는 것에 달려 있다. 존디어는 리뉴 몰린에 사업관리 팀PMT과 설계·건설관리팀DBMT을 설치해 토지 소유주들과 개발업자들과 함께 사업을 추진하도록 했다. 리뉴 몰린은 개발업자들이 사업 계획을 수립하고 관계기관에서 사업 승인을 받으면 개발사업을 지원했다.

사업관리팀은 몰린시청위원회로 시장, 4명의 시의원, 4명의 민간 부문 대표자로 구성했다. 리뉴 몰린 직원들과 몰린시 공무원들이 위원회를 지원했다. 사업관리팀은 매년 몇 차례 공개 회의를 열어 사업 계획과 추진을 논의했다. 몰린 시의회에 제출된 제안은 투표로 결정했다. 설계·건설관리팀은 사업관리팀의 하위 위원회로 개별사업을 담당했다. 사업관리팀 구성원 중에서 공공 부문 한 명과 민간 부문 한 명을 선정해 개발업자, 건축가, 컨설턴트, 리뉴 몰린 직원, 몰린시 공무원과 함께 사업을 진행했다.

리뉴 몰린이 추진한 초기의 대표적인 사업이 '쿼드시티 더마크Quad Cities The Mark' 사업과 '존디어 파빌리온John Deere Pavilion' 사업, '존디어 컬렉터센터John Deere Collector's Center' 사업이다. 쿼드시티 더마크는 미시시피 강가에 있는 민간 경기장 조성사업이다. 1990년대 중반에 완공했다. 존디어가 대부분의 자금을 지원했지만 경기장에는 존디어의 이름을 붙이지 않았다. 규모 측면에서 미국 경기장 중 상위권으로 콘서트, 프로 경기, 대학 스포츠 경기, 대형 컨벤션 등을 개최하는 장소로 활용된다.

몰린의 존디어코먼스 구역에 있는 존디어 파빌리온은 1997년에 개관한 존디어 방문센터다. 다양한 전시물로 연간 15만 명이 방문하는 몰린의 대표적인 명소로 일리노이주에서 시카고를 제외하면 관광객 수가 가장 많은 곳이다. 존디어는 이곳에서 회사의 역사와 제품을 소개한다. 존디어와 관련해 모든 연령대가 좋아하는 다양한 활동들을 경험해볼 수 있는 곳이다. 입장료는 없다. 파빌리온은 코카콜라나 캐터필러와 같은 다국적기업들이 방문센터를 건설하는 데 참고 모델이 됐다.

파빌리온이 위치한 존디어코먼스는 원래 존디어가 1964년 본사를 11킬로미터 떨어진 곳으로 이전하기 전에 본사와 공장이 있던 구역이다. 몰린의 도시 활성화를 위한 재생 사업으로 존디어는 이 구역에 래디슨 호텔과 존디어 자회사가 입주한 존디어 스토어를 건설했다. 존디어 스토어에서는 방문객들을 위해 존디어에서 생산하는 다양한 물건들을 판매한다. 존디어코먼스 주위에는 파빌리온과 존디어 스토어를 방문하는 관광객들을 위한 레스토랑과 선물 가게가 많이 입주해 있다.

존디어는 이곳에 적십자사 지사의 청사가 들어서도록 토지를 기부했다. 적십자사 주위에 사무실 건물들이 새로 건설됐다. 근처에는 쿼드시티 주변을 오가는 정기여객선 선착장이 새로 들어섰다. 파빌리온 인근에 있는 존디어 컬렉터센터는 존디어 트랙터와 농기계 골동품들을 전시하는 곳이다. 2001년 5월부터는 센터에서 자체 제작하는 잡지를 발간하고 있다. 입장은 무료이며 존디어재단이 운영하다가 최근에 몰린시로 이관했다.

리뉴 몰린은 현재까지 4억 달러를 투자해 29개 사업을 추진했고 2만 3,000개의 일자리를 창출했다. 리뉴 몰린과 몰린시는 국제 경제 개발위원회IEDC로부터 다년도 경제 개발 우수사업 홍보상을 받았다. 몰린은 부활해 미국 중서부의 경제 중심지가 됐다.

# 6
# 혁신의 공유와 선순환 구조를 만든다

존디어가 정밀농업 기술을 개발하고 보유하려는 이유는 기후변화와 인구폭발 시대에 농업이 경제적이고 지속가능한 방향으로 가야 한다고 판단해서다. 이를 위해 정보 협력 허브를 구축하고 스타트업과 협력을 추진해왔다. 존디어가 1990년대 이후 농업과 건설업에서 테크 자이언트로 도약한 비법이다. 이 두 비법을 통해 기술을 매개로 한 상생 모델을 구축해온 방법을 다양한 사례들을 통해 살펴보겠다.

존디어의 정보 협력 허브는 3개의 축을 중심으로 한다. 첫 번째 축은 미국 실리콘밸리다. 나브콤 테크놀로지는 2020년 존디어와 합병하기 전까지 20년 이상을 실리콘밸리에서 존디어를 위한 정보 협력 허브로 기능했다. 지금은 베어플래그 로보틱스, 블루리버 테크놀로지, 라이트가 그런 역할을 하고 있다. 두 번째 축은 프랑스가 파리 인근 오를레앙에 조성한 산업 클러스터인 아그린테크밸리다. 존디어는 이 산업 클러스터에 2015년부터 참여했다. 세 번째 축은 학계와의 정보 협력 체계와 고객·판매 대리점과의 정보 협력 플랫폼이다.

존디어가 매년 개최하는 스타트업 협력 프로그램은 존디어가 추구하는 혁신기술 네트워크를 더욱 풍성하게 만드는 기회의 플랫폼이다. 존디어는 2019년부터 스타트업 협력 프로그램을 운영하면서 첨단기술을 모니터링하고 있다. 이 프로그램에 참여하는 스타트업들은 존디어와 1년 동안 고객과 판매원들을 위한 혁신기술을 테스트한다. 스타트업들은 협력 프로그램 종료 후 기업가치가 높아져 외부 투자자의 투자가 늘어나거나 투자금액이 증가한다. 스타트업들이 원할 경우 존디어 네트워크를 통해 자사 제품과 서비스를 판매할 수 있다. 인수합병 등을 통해 존디어 패밀리로 합류할 수도 있다.

## 정보 공유로 상생하는 정보 협력 허브를 구축한다

실리콘밸리는 첨단기술을 보유한 기업들과 정보 협력 허브를 구축하기에 좋은 장소다. 존디어는 1990년대에 GPS 기반 위치 추적 시스템을 개발할 때부터 실리콘밸리 IT 기업들의 동향을 모니터링해왔다. 캘리포니아주가 스타트업 인큐베이터 센터들을 설립하고 대기업들과의 협력을 지원하자 존디어는 캘리포니아 첨단기술 스타트업들과 워크숍을 개최하고 자금을 지원했다. 1999년 정밀 GPS 스타트업 나브콤 테크놀로지를 인수한 후에는 첨단기술의 발전 수준과 첨단기업들의 동향을 파악하는 허브로 활용했다. 실리콘밸리 기업들도 신뢰할 수 있는 존디어에 자사 정보가 공개되는 것을 두려워하지 않았다.

2000년대에 미국은 디지털 경제로 전환됐다. 그때 경제위기가 두 번 발생했다. 2000년 5월에 시작한 닷컴버블과 2007년 8월에 촉발된 세계 금융위기다. 2010년 새뮤얼 앨런이 회장직에 올랐을 때 미국의 스타트업들은 고난을 딛고 경쟁력 있는 첨단기술들을 보유하고 있었다. 존디어는 실리콘밸리에 있는 자회사 나브콤을 통해 정밀농업에 적용할 수 있는 첨단기술을 보유한 기업들과 접촉했다. 2017년 9월에는 캘리포니아 샌프란시스코에 본부가 있는 블루리버 테크놀로지를 3억 500만 달러에 인수했다. 2011년에 설립된 블루리버 테크놀로지는 면화 잡초 제기에 특화된 컴퓨터 기반의 농업용 로봇을 설계하고 제작해 판매하는 첨단기술 기업이다.

첨단기술 기업은 또 다른 첨단기술 기업을 부른다. 그들이 함께하면 더욱 강해지기 때문이다. 2020년 존디어는 농업 수익성 산정 소프트웨어 회사인 하베스트 프로핏을 인수했다. 2015년 노스다코타주 파고에서 설립된 이 회사는 농민들의 의사결정을 위해 농지별 수익성을 예측하는 경제성 분석 소프트웨어로 유명했다. 다음은 실리콘밸리 서니베일에 있는 베어플래그 로보틱스였다. 2억 5,000만 달러에 합병한 이 스타트업은 농지에서 트랙터의 자율주행을 위한 장비와 소프트웨어를 만드는 사업을 했다. 2022년 5월에는 자율주행 트랙터 개발을 위해 수많은 특허와 지적 재산을 가진 인공지능 스타트업 라이트를 인수했다. 캘리포니아주 팰로앨토에 있는 라이트는 블루리버 테크놀로지, 베어플래그 로보틱스와 연계되는 자율주행 차량을 위한 딥 센싱과 카메라 기반 감지 기술을 보유했다. 블루리버 테크놀로지, 베어플래그 로보틱스, 라이트는 인수된 후에도 실리콘밸리에 남아 존디어가 추구하는 정밀농업 기술 혁신을 위해 첨단기술 생태계에서 허브로 기능했다.

존디어는 2023년 3월 뉴욕에 위치한 인공지능 스타트업 스파크 AI를 인수했다. 2020년에 설립된 스파크AI는 극단적인 상황에서 실시간으로 로봇이 문제를 해결하는 기술을 개발하는 기업이다. 7월에는 과도한 제초제 살포로 환경오염이 심각해지고 농업의 경제성이 떨어지는 문제를 해결하기 위해 정밀 살포 장비 제조업체인 스마트 어플라이를 인수했다. 이 회사는 과수원과 숲에서 사용하는 스마트 어플라이 지능형 살포 통제 시스템을 개발했다.

존디어는 2015년 프랑스가 파리 인근 오를레앙에 조성한 산업 클러스터인 아그린테크밸리를 통해 유럽의 정밀농업 기술 기업들과 협력 체계를 구축했다. 아그린테크밸리는 프랑스가 지속가능하고 회복력 있는 고품질의 농업 서비스를 목표로 곡물과 식물 관리를 위해 잠재력 있는 디지털 기술들을 발전시키려고 출범했다. 존디어는 아그린테크밸리를 출범시킨 9개의 주요 기금회원 중 하나다. 오를레앙 학술생태계가 주도하는 아그린테크 캠퍼스에는 대학과 연구개발R&D연구소, 아그린랩과 함께 90개 이상의 기업들이 참여하고 있다.

존디어는 학계와의 정보 협력 체계와 고객-대리점과의 정보 협력 플랫폼 구축에도 열심이다. 학계와의 정보 협력 체계는 미국 노스다코타주립대학교의 존디어 ISG지부를 통해서 한다. 2021년 12월 인수한 아이오와주 스타트업인 애그리싱크가 고객-판매 대리점과의 정보 협력 플랫폼의 핵심이다. 2015년에 설립된 애크리싱크는 농업 비즈니스와 장비 판매원을 위한 원격 지원과 고객 티케팅 서비스 플랫폼을 사업 영역으로 한다. 고객이 제품을 구매하려고 할 때 제기하는 수많은 질문에 대해 웹사이트를 통해 상세하게 답변하는 서비스를 운영하고 있다. 애그테크 기업을 추구하는 존디어에 첨단기술 정보를 확보하기 위한 협력은 필수다.

**정밀농업의 미래를 여는 기술 혁신 협업 생태계를 만든다**

존디어는 자사의 사업과 관련된 첨단기술을 보유한 스타트업들과 함께 레벨업을 할 기회를 찾는 데 뛰어난 기업이다. 첫 번째 사례는 나브콤 테크놀로지인데 본격적인 시도는 정보솔루션그룹의 주도로 2019년 스타트업 협력 프로그램을 출범하면서부터다. 존니어는 프로그램에 참여하는 스타트업이 보유한 첨단기술을 1년 동안 존디어 고객과 판매원들에게 테스트할 수 있도록 지원했다. 필요하면 존디어의 인력과 자산을 사용할 수 있도록 허가했다. 1년 후 스타트업이 보유한 첨단기술이 존디어에 필요한 핵심 기술이라고 판단하면 협의해 협력관계를 맺거나 스타트업이 원하면 인수했다.

2019년 처음으로 스타트업 협력 프로그램을 시작할 때 참여한 기업은 베어플래그 로보틱스, 헬로 트랙터Hello Tractor, 타라니스Taranis였다. 베어플래그 로보틱스는 농업용 자율주행 트랙터 기술을 보유했다. 헬로 트랙터는 아프리카 사하라 사막 이남의 농업에 대한 이해도가 높은 나이지리아 기업으로 소규모 농장을 운영하는 아프리카 농민들이 트랙터 장비들을 공유해서 운영하는 앱을 개발했다. 타라니스는 이스라엘 기업으로 정밀 항공 이미지를 활용해 농업 문제를 파악하고 인공지능 기술을 활용한 자동 정찰 서비스를 개발했다.

2020년에 참여한 기업은 데이터팜DataFarm, 파우나포토닉스Fauna Photonics, 필드인Fieldin, 어스센스EarthSense였다. 브라질 기업 데이터팜은 농민이 최적의 수익을 거둘 수 있도록 지능형 기후 기반 농법을 제공하는 디지털 시스템을 보유했다. 덴마크 기업 파우나포토닉스는 지속가능한 친환경 곡물 관리를 위한 실시간 해충 탐지 기술을 보유했다. 이스라엘 기업 필드인은 특수작물을 위한 데이터 관리 시스템을 운영했다. 미국 기업 어스센스는 농장 현장 데이터를 수집하는 초소형 자동 로봇 테라센티아TerraSentia를 개발했다.

2021년에 참여한 기업은 노리Nori, 앤비전애그NBision Ag, 스캔잇Scanit, 텔레오Teleo였다. 노리는 기후변화를 완화하기 위해 개인부터 대기업까지 다양한 고객이 농민에게 직접 탄소 크레딧을 구매할 수 있게 하는 사업을 한다. 앤비전애그는 옥수수 경작 농민이 효과적으로 질소비료를 관리할 수 있도록 데이터 모델링과 항공 이미지를 제공한다. 스캔잇은 질병이 창궐하기 전에 공기 전염 식물 병원체를 감지하고 분류하는 사업을 한다. 텔레오는 건설과 광산 현장에서 원격으로 로봇을 조종하는 기술이 있다.

2022년에 참여한 기업은 버로Burro, 크롭존Crop.Zone, 포그로워스Four Growers, 시디바이스SeeDevice, 유크롭잇Ucropit, 뷰ARViewAR, 야드스틱Yard Stick이었다. 버로는 노동력이 필요한 농장 일을 자동화하는 휴머노이드 로봇 플랫폼 기업이다. 크롭존은 잡초를 통제하고 잔여물 없이 곡물을 건조하는 지속가능한 전기 솔루션 기술을 보유했다. 포그로워스는 온실 토마토와 같은 고소득 농작물을 위한 로봇 수확과 분석을 하는 기업이다. 시디바이스는 자율주행, 바이오와 의료, 머신비전 스마트 장비들을 위한 사진 감지 기술을 사용해 CMOS 단파적외선CMOS SWIR 이미지 감지 역량을 높이는 기술을 가졌다. 유크롭잇은 농부와 기업이 지속가능성 추적 기술로 곡물 스토리Crop Stories를 창출하고 통합할 수 있도록 한다. 뷰AR은 10년 이상 고품질 증강현실 사업을 해온 오스트리아 기업이다. 야드스틱은 농업에서 연간 10억 톤의 탄소를 제거할 수 있는 저비용 토양 탄소 측정 기술이 있다.

2023년에 참여한 기업은 알베도Albedo, 아넬로포토닉스Anello Photonics, GrAI매터랩GrAI Matter Lab, 임파서블센싱Impossible Sensing, 인텔리컬처IntelliCulture, 프리시즌AIPrecision AI, 로드레이더RodRadar, 베가Vega였다. 알베도는 초고해상도UHR 시각과 온도 이미지를 수집하는 저공비행 위성을 개발했다. 아넬로포토닉스는 자동화를 위한 저소음, 저진동 자이로스코프 스마트 센서인 실리콘 포토닉스 광학 자이로스코프 기술을 보유했다. GrAI매터랩은 실시간으로 인간 두뇌처럼 행동하고 인간 활동을 돕는 장비를 만드는 라이프레디AILife-Ready AI 사업을 한다. 임파서블센싱은 전 세계의 탄소 중립을 위해 항공 기술을 농업에 채용한 항공우주 기업이다. 인텔리컬처는 효율성을 높이고 위험을 줄이는 실용적인 통찰력을 통해 지속가능한 농사를 짓게 하는 농기계 장비 관리 소프트웨어를 가지고 있다. 프리시즌AI는 광활한 농지에서 농작물 한 포기마다 제초제 살포를 관리하는 인공지능 농업용 드론을 세계 최초로 발명했다. 로드레이더는 실시간 굴착 레이더Live Dig Radar 기술을 사용해 굴착하는 동안 지하에 있는 유틸리티 인프라가 파손되지 않도록 실시간으로 현장에서 자동 경보한다. 베가는 전 세계에서 농업, 식량 추적, 위험 분석, ESG 모니터링을 통해 공급망에 영향을 미치는 농업 사업의 지속가능성을 인증하는 기업이다.

2024년에 참여한 기업은 콘스텔Constellr, 제미노스Geminos, SB퀀텀SB Quantum, 퍼마타에너지Fermata Energy, 고플럭스goFlux, 클라우드스케이프랩스Cloudscape Labs였다. 콘스텔은 지속가능한 미래를 위해 정밀위성을 활용해 지표면 온도와 수자원을 측정하는 기술을 가졌다. 제미노스는 향상된 의사결정을 위해 사업의 인과관계 이해도를 높이는 인공지능 기술이 있다. SB퀀텀은 항행을 위한 혁신적인 양자 센서 기업이다. 퍼마타에너지는 차량-모든 시설v2x 쌍방향 충전 플랫폼 기술을 보유하고 있다. 브라질 기업 고플럭스는 디지털 물류 시스템 솔루션 기술이 있다. 클라우드스케이프랩스는 건설 시장에서 생산, 비용, 안전을 돕는 생산 관리 소프트웨어 기업이다.

존디어는 스타트업 협력 프로그램에 참여하는 첨단기술 기업들과 함께하면서 점점 더 강해지고 있다. 정밀농업을 한 차원 높게 도약시킬 야망이 있는 스타트업들은 존디어 패밀리에 합류하고 싶어 한다. 그 사실은 존디어가 보여준 정직과 약속의 자산이 얼마나 가치가 있는지를 증명한다. 우리는 존디어의 스타트업 협력 프로그램에 참여하고 있는 스타트업들을 보며 정밀농업이 만드는 미래가 어떤지를 파악할 수 있다.

후기

# 식량안보 위기를 넘어 새로운 혁신으로

지금 농업과 농촌이 위기다. 우리 문명이 위험에 처해 있다. 우리 나라뿐만 아니라 전 세계적으로 그렇다. 지구촌에서 인구는 계속 늘어나고 있는데 농지가 줄어들고 있다. 기아와 영양부족으로 고통받는 사람들의 숫자가 증가한다. 기후변화가 전 지구적으로 사막화, 토지 황폐화, 생태계 변화를 촉진하고 있다. 농업환경이 변하고 식량 생산량의 진폭이 커져 식량안보가 위협받는다. 농업에 종사하는 인구가 감소하고 있으며 전망도 밝지 않다. 농촌 고령화와 숙련도가 낮은 인력에 대한 과도한 의존성은 농촌이 한계점에 도달했다는 사실을 증명한다.

농업과 농민을 둘러싸고 있는 내외부 여건도 우호적이지 않다. 현재의 농업은 환경 감수성이 낮다. 생산성을 높이기 위해 해마다 더 많은 비료, 살충제, 제초제, 물을 사용한다. 토양과 하천이 심각하게 오염되고 있다. 효율적으로 사용하지 않은 질소비료가 온실가스인 아산화질소 배출을 증가시킨다. 자연 재난이 더 빈번해지고 강해져 식량 취약 지역에 거주하는 사람들의 굶주림과 영양실조가 더 심해졌다. 유가는 상승과 하락의 진폭이 커지면서 에너지 위기가 빈번하게 발생해 농가의 수익과 경쟁력을 갉아먹고 있다. 러시아-우크라이나 전쟁이 식량 보호주의로 향하는 길을 열었다.

우리 문명은 이대로 주저앉을까? 그런데 희망이 보인다. 창업자 정신과 기술 혁신으로 새로운 농업의 길을 열고 있는 기업이 있다. ESG 경영과 스마트 ESG 농업이라는 새로운 비전을 보여준 글로벌 농기계 제조기업 존디어다. 존디어가 말하는 2030년의 미래는 첨단 농업뿐만 아니라 혁신 기업의 미래이기도 하다. 그때가 되면 세계 곡물 생산 면적의 13%를 존디어운영센터가 친환경적으로 관리한다. 우리나라 곡물 생산 총면적의 100배가 넘는다. 자율주행 트랙터들이 고도의 분석 결과를 기반으로 최적의 농법을 자동으로 수행한다. 우리나라 곡물보다 저렴하고 알차며 환경 측면에서 안전한 곡물이 대량으로 생산된다. 농기계들도 신소재로 가볍고 친환경적으로 생산됐다. 동력원도 전기나 바이오연료다.

존디어는 정직하고 투명하다. 정도경영을 실천하기 때문에 두려운 존재다. 인구폭발과 기후변화의 시대에 "농민이 더 편하게 큰 이익을 얻고 지속가능하도록 첨단 농업 기술을 통해 더 적게 투입해 더 많이 생산한다."라는 명분도 뚜렷하다. 존디어가 꿈꾸는 새로운 세상에서 우리 농업의 위치는 어디일까?

2023년 1월 19일 전국경제인연합회(현 한국경제인협회)는 '농기계 산업 글로벌 동향과 한국의 과제'라는 제목으로 보도자료를 언론에 발표했다. 한국 농업이 직면하고 있는 복합위기를 극복하고 신성장 동력 확보를 위해 농기계 산업의 혁신이 필요하다는 주장이었다. 자율주행, 로보틱스 등 첨단 산업으로 진화하는 농기계 산업에 대해 적극적인 정책으로 지원해 취약한 식량안보, 농촌 고령화, 농업 생산성 하락이라는 삼중고에 직면한 한국 농업에 돌파구를 마련해야 한다는 의견이었다. 세계 농기계 시장은 200조 원 규모의 고성장 산업인데 국내시장은 세계 시장의 1% 수준인 2조 3,000억 원에 불과해 한국판 '존디어'를 키워야 한다고 했다.

## 우리나라도 첨단 농업의 기회가 있다

언론은 때때로 정부가 수립하는 「새만금기본계획」에서 일부 농업용지를 첨단 산업 용지로 전환하는 방안을 검토한다고 보도한다. 자문에 참여한 전문가가 "1990년대 농사를 위해 조성하려 했던 농업용지의 비중을 줄이고 2차전지 특화단지로 지정된 새만금 산단에 국내외 유수의 첨단기술 기업을 유치할 필요가 있다."라고 조언했다는 기사도 있다. 그런데 현재 우리나라는 식량자급률 40%, 곡물자급률 20%에 불과한 식량안보 위험 국가다. 우리는 한 발짝 뒤로 물러나 현재 한 치 앞만 바라보고 미래에 황금알을 낳을 수 있는 거위의 배를 가르는 실수를 하는 것이 아닌지 다시 한번 생각해볼 필요가 있다. 그러면 새만금뿐만 아니라 우리가 그동안 간과해왔던 영산강 간척지와 서산의 숨겨진 가치가 보인다.

전라북도 군산시, 김제시, 부안군에 있는 새만금사업지구는 1991년부터 2010년까지 군산에서 부안을 연결하는 세계 최장 33.9킬로미터의 방조제를 축조해 탄생한 간척지다. 약 23조 원의 사업비를 투입해 409제곱킬로미터의 새로운 땅이 생겨났다. 개발이 완료되면 약 27만 명이 거주하는 동북아 경제중심지가 탄생한다고 발표했다.

정부는 새만금개발청을 신설해 새만금 사업을 추진해왔다.

30년 넘게 진행된 새만금 사업은 환경단체의 재검토 운동, 소송, 정부 교체 등으로 여러 차례 계획이 변경됐다. 1991년 초기 구상안은 100% 농수산 중심으로 개발해 농업 식량 생산기지로 조성한다는 것이었다. 2007년도 복합개발 구상에서는 농업용지와 비농업용지가 72:28로 바뀌었다. 2008년도에는 다기능 융복합 기지를 조성한다고 목표를 변경해 농업용지와 비농업용지 비율이 30:70으로 뒤바뀌었다. 그 이후에도 2010년 명품 복합도시개발 구상, 2011년 창조적 녹색도시와 수변도시 구현, 2014년 경제협력특구 도입, 2021년 글로벌 녹색성장 중심지 구현을 목표로 계속 토지이용계획을 변경했다. 현재의 토지이용계획은 도시용지와 농업용지 비율이 약 7:3으로 결정됐다. 새만금 동쪽에 있는 농생명권역은 103.6제곱킬로미터로 전체 부지의 약 36%에 달한다.

새만금 농생명권역은 주로 농업 용도로 사용되는 지역이다. 토지이용계획에서는 일부 공간에 농촌도시, 농촌관광, 식품 산업, 농생명 관련 연구개발 기능을 배치한다고 기술하고 있다. 구체적으로는 농생명 산업 첨단화를 위해 31.47제곱킬로미터, 식량자급률 제고와 친환경 농업을 위해 53.07제곱킬로미터, 농업생태 관광 자원화와 살기 좋은 정주 공간 조성을 위해 9.76제곱킬로미터를 계획했다. 농생명 산업 첨단화의 대표 사업으로 미래 농업의 경쟁력 확보를 위한 시험연구와 교육 기능을 위해서는 용지 면적 4.2제곱킬로미터에 정밀농업 시험단지를 조성한다고 했다. 그런데 이러한 계획들은 아직도 실현되지 못하고 있다.

존디어가 현재 구현하는 자율주행 트랙터를 활용한 대규모 농장에서의 빅데이터 기반 정밀농업을 가장 잘 실현할 수 있는 곳이 새만금 사업지구다. 우리나라에서 이 정도의 대규모 간척지는 그리 흔하지 않다. 사업의 방향성이 흔들리면서 정부 정책에 제동이 걸려 표류하는 새만금사업지구가 존디어 방식의 첨단 농업으로 초기의 조성 목적을 달성한다면 우리나라의 식량안보를 강화할 수 있다.

농림축산식품부는 2022년 4월 국내 최대 규모의 지능형 농기계 실증단지에 대한 예비타당성조사를 최종적으로 의결하면서 2026년까지 새만금 지구에 조성하겠다고 발표했다. 농림축산식품부가 1,092억 원의 예산으로 고성능·고품질 지능형 농기계를 개발해 농기계 산업을 세계적 수준으로 육성하겠다는 것이다. 지능형 농기계는 일반 농기계에 인공지능, 사물인터넷, 빅데이터 등의 정보통신기술을 융복합해 자동화, 무인화, 자율화를 구현하는 첨단 농기계를 말한다. 전기, 수소 등 대체에너지를 기반으로 하는 친환경 기술을 접목해 농업 생산성을 높이겠다는 야심도 내비쳤다. 모두 존디어가 현재 구현하고 있다.

2021년 우리나라의 간척지 규모는 총 91개 지구 186.55제곱킬로미터다. 그중에서 국가가 관리하는 간척지는 공사 중에 있는 새만금 지구, 시화 지구, 화웅 지구를 포함해 총 11개다. 새만금 지구 다음으로 주목할 만한 곳은 영산강 지구다. 다른 지구들은 조성된 지 오래됐거나 규모가 상대적으로 작다. 토양에 염분 농도가 높아 대규모 농업이 힘들다. 영산강 지구는 존디어가 추구하는 정밀농업을 적용할 대상으로 적절하다.

영산강 지구는 1970년대 이후 조성된 지역이다. 정부는 1976년부터 1998년까지 전라남도 목포시, 나주시, 무안군, 함평군에 매립 면적 108.23제곱킬로미터, 간척지 면적 48.65제곱킬로미터의 영산강 2지구를 조성했다. 영산강 2지구 사업이 마무리되던 1995년부터 2단계에 걸쳐 영산강 3지구 사업이 시작됐다. 영산강 3-1지구 사업은 2026년 준공을 목표로 1995년 전라남도 영암군, 해남군, 강진군에서 시작됐다. 매립 면적은 128.16제곱킬로미터이며 간척지 면적은 79.6제곱킬로미터다. 전라남도 해남군에 조성된 영산강 3-2지구 사업은 1997년에 착공돼 원래 계획했던 준공 연도보다 1년이 늦은 2023년 5월에 준공됐다. 매립 면적은 74.33제곱킬로미터이며 간척지 면적은 45.4제곱킬로미터다.

영산강 3지구를 추진할 때 농민들은 매각을 통해 농지로 분양하는 것으로 이해했다. 그런데 정부는 분양이 아니라 임대로 추진해 반발이 일었다. 최근에는 영산강 3지구의 일부 지역에 태양광 집적화단지를 추진해 농민들이 반대하고 있다. 더욱이 정부가 영암그린뉴딜시티를 조성하고 영암스마트팜센터를 건립한다고 발표한 후 태양광발전사업을 추진하고 기존 사업이 불투명해지자 큰 우려를 표명하고 있다. 해당 지역의 행정을 책임지는 영암군은 초대형 태양광발전단지가 들어서게 된다면 기간 산업인 농업의 근간이 무너진다고 반대하고 있다. 영암군은 태양광발전사업이 지역 농업 기반에 심대한 타격을 안겨주는 동시에 주민 간 갈등 조장으로 지역 공동체에 심각한 분열이 불러일으킬 것으로 전망했다. 이러한 영산강 3지구에 존디어 방식의 첨단 농업은 모두를 만족시키는 해결방안이 될 수 있다.

폐유조선을 동원해 물막이 공사를 한 '정주영 공법'으로 유명한 현대서산농장도 존디어 방식의 첨단 농업을 구현하기에 좋은 대상지다. 현대건설이 조성한 서산 간척지는 총매립 면적 154.1제곱킬로미터에 간척지 면적이 111.1제곱킬로미터다. 2023년 6월 현대건설은 농림축산식품부와 손잡고 서산 간척지 내 농지에 농업바이오단지와 스마트팜 인프라를 조성하겠다고 발표했다.

존디어의 정밀농업은 정보솔루션그룹과 같은 농업기술혁신센터와 스마트 기술을 실험해볼 수 있는 대규모 농지, 그리고 그런 기술들을 보유한 기업의 삼박자가 맞아서 가능했다. 글로벌 식량안보 시대를 맞이해 우리나라에서는 농업기술혁신센터를 위한 정부의 투자가 이제 시작되고 있다. 우리는 그동안 정밀농업을 구현할 새만금지구, 영산강 3지구, 서산 간척지의 잠재력을 간과해왔다. 생각을 바꿔보면 이러한 대규모 농지는 우리나라 농업의 미래를 위한 소중한 보석이다. 첨단 농업 기술을 적용하고 검증해 K-농업 시대를 여는 핵심기지가 될 수 있다.

'농자천하지대본農者天下之大本'이라는 말이 있다. 농업이 세상에서 가장 중요한 기반이라는 뜻이다. 농업이 잘돼야 백성의 삶이 풍요로워지고 나라가 안정되기 때문이다. 지금도 강대국이 되려면 농업이 튼튼해야 한다. 한국형 '존디어'를 키운다면 우리나라는 식량안보 위험국가에서 정밀농업을 기반으로 한 식량안보 안전국가로, 나아가 경쟁력 있는 고품질 식량 수출국가로 나아갈 수 있다. 식량 주권 국가로 가는 길을 함께 고민해야 할 때다.

## 참고문헌

강진규, 2022, "세계 인구 80억 명 돌파…"15년 후 90억 명"," 한국경제 2022년 11월 15일자 기사.

고도예, 2023, "[단독]정부, 새만금 농업용지 등 일부 산업 용지 전환도 검토," 동아일보 2023년 11월 7일자 기사.

김경태, 2023, "벼농사서 질소비료 과다 사용하면 온실가스 배출량 급증," 연합뉴스 2022년 11월 9일자 기사.

김대영 외, 2023, ""경제 분열로 세계 GDP 7% 증발 위기"…新국제공조 길 찾는다," 매일경제 2023년 1월 17일자 기사.

김동원, 2023, "전라남도, 존디어 등 해외 기업과 AI 기반 실질적 농업 발전 방향 모색," 디지털 조선일보 2023년 9월 1일자 기사.

김동원, 2023, "이병운 순천대 총장, '존디어' 만나 인재 양성 논의," 디지털 조선일보 2023년 9월 1일자 기사.

김은빈, 2006, 『한 권으로 읽는 미국사』, 지경사.

김중한, 2022, 『FAANG 2.0의 등장 인플레 시대의 투자 대안!』, 삼성증권.

김태우, 2024, ""It's 공짜예요'…'셀럽 아이템' 소문난 녹색 새마을모자 정체[CES 현장]," 뉴스1 2024년 1월 12일자 기사.

김태종, 2023, "[특파원 시선] 3년 만에 돌아온 CES…한국 기업의 잔치?," 연합뉴스 2023년 1월 29일자 기사.

김효인, 2024, "'농기계 1위' 존디어, 스타링크 손잡기로," 조선일보 2024년 1월 18일자 기사.

남재작, 2022, 『식량위기 대한민국』, 웨일북.

노태민, 2024, "[CES 2024] 글로벌 첨단기술 각축장 CES 개막…국내 770여 개 기업 참여," THEELEC 2024년 1월 10일자 기사.

농림축산식품부, 2023, 『2023년 주요업무 추진계획-멈추지 않는 농업 혁신, 미래로 도약하는 K-농업』, 농림축산식품부.

농림축산식품부, 2023, "식량자급률·농식품 수출은 올리고! 유통비용·농가 경영부담은 낮추고!-식량자급률 상승 전환, 농식품 수출 100억불, 아프리카 K-라이스벨트 구축, 온라인거래소 출범 등 2023년 농식품부 업무계획 보고," 농림축산식품부 보도자료 2023년 1월 3일.

농림축산식품부, 2023, 「2023년 주요업무 추진계획-멈추지 않는 농업 혁신, 미래로 도약하는 K-농업」, 농림축산식품부.

농림축산식품부, 2023, 「농업의 미래산업화를 위한 발전계획('23-'27)」, 2023년 4월 6일자 보도자료.

농림축산식품부 · 한국농수산식품유통공사, 2019, 『미국 4차 산업혁명에 따른 농업 제조공정의 변화 및 사례』, 2019년 해외 이슈조사 보고서.

데이비드 머기, 2009, 『평범한 사람들이 만든 특별한 회사 존디어』, W미디어.

루스 슈워츠 코완, 2012, 『미국 기술의 사회사』, 궁리.

박상준, 2022, "미 5대 기술주 '팽'이 팽 당했다: 불안 먹고 크는 '뉴 팽'시대 성큼," 동아일보 2022년 12월 22일자 기사.

박찬규, 2023, "레벨4 주행을 일상으로… 정부, 도시 단위 자율주행서비스 모델 만든다," Money S 2023년 4월 20일자 기사.

박팔령, 2023, "농지기금 끌어 쓰려 편법… 물 안 빠지는 농업용지에 야영장," 문화일보 2023년 8월 8일자 기사.

성문재, 2016, "[CES 이모저모]빈방 없어 호텔 이산가족..햄버거세트 2만 원 넘어," 이데일리 2016년 1월 10일자 기사.

세르히 플로히, 2022, 『유럽의 문 우크라이나』, 한길사.

아틀라스뉴스, 2019, "[물과 문명] 본격적 美서부개척 시대 연 이리운하," 아틀라스뉴스 2019년 4월 11일자 기사.

앨런 그린스펀 · 에이드리언 올드리지, 2020, 『미국 자본주의의 역사』, 세종서적.

앨런 브링클리, 2005, 『있는 그대로의 미국사 1: 다양한 시작-식민지 시기부터 남북전쟁 전까지』, 휴머니스트.

앨런 브링클리, 2005, 『있는 그대로의 미국사 2: 하나의 미국-남북전쟁에서 20세기 초까지』, 휴머니스트.

앨런 브링클리, 2005, 『있는 그대로의 미국사 3: 미국의 세기-제1차 세계대전에서 9.11까지』, 휴머니스트.

양대규, 2023, "'CES 10년' 기조연설 살펴보니… 한국 기업 5차례 맡아," 디지털 투데이 2020년 1월 6일자 기사.

유상철, 2023, "산림 갈아엎어 농지 만드는 중국," 중앙일보 2023년 5월 8일자 기사.

윤종채, 2023, "광주시, 농기계 세계 1위 '존디어'와 협력 물꼬," 남도일보 2023년 8월 31일자 기사.

이경탁, 2023, "[AWC 2023] 무쿨 바르슈니 존디어 부사장 "자율주행 농기계로 전 세계에 고품질 식량 · 음식 제공"," 조선비즈 2023년 8월 31일자 기사.

이병철, 2024, "농기계 1위 기업이 스페이스X와 손잡은 이유…디지털 농업 기술 보급 확대 전략," 조선비즈 2024년 1월 18일자 기사.

이성원, 2023, "美 농업용 로봇업체 존디어, 직원들에게 伊 코마우 외골격," 로봇신문 2023년 5월 4일자 기사.

이수환, 2017, "미국의 농업 현황과 농업 정책," 세계농업 2017년 11월호.

이은광, 2022, "온실가스 배출량 "Scope1 · 2 · 3" 알아야 할 사항," 디지털 비즈온 2022년

7월 2일자 기사.

이재학, 2022, "[해외포커스-존디어] 소프트웨어로 돈을 벌고 싶은 '존디어'," 한국농기계신문 2022년 9월 20일자 기사.

임상수, 2022, "'인도, 쌀 수출 일부 금지…일부 품종 20% 수출관세 부과'," 연합뉴스 2022년 9월 19일자 기사.

임종빈, 2024, "'CES 2024' 참관객 총 13만5천명…지난해 대비 17% 증가," KBS 2024년 1월 14일자 기사.

임선명, 2022, "밀 생산 2위 인도, 수출 빗장…전세계 '식량보호주의' 번진다," 중앙일보 2022년 5월 15일자 기사.

장길수, 2022, "농업용 기계기업 '존디어', '베어플래그 로보틱스' 인수," 로봇신문 2021년 8월 6일자 기사.

장길수, 2023, "존디어, 인공지능 스타트업 '스파크AI' 인수: 자율주행 트랙터 기술에 스파크 AI 기술 적용," 로봇신문 2023년 3월 7일자 기사.

장병훈·양준빈·이현지, 2022, 「글로벌 식량보호주의의 경제적 영향 및 향후 리스크 요인」, 한국은행 해외경제 포커스 제2022-18, 2022년 7월 29일.

전국경제인연합회, 2023, 『농기계 산업 글로벌 동향과 한국의 과제』, 전경련 보도자료 2023년 1월 19일.

조기원, 2022, "'세계 두 번째 밀 생산국' 인도 수출 금지에 국제 밀 가격 급등," 한겨레 2022년 5월 18일자 기사.

존 엘킹턴, 2021, 『그린 스완: 회복과 재생을 촉진하는 새로운 경제』, 더난콘텐츠.

최정섭, 2005, "미국, 20세기 100년간의 농업과 농정," 미국 농무부 ERS, 한국농촌경제연구원 Economic Information Bulletin No. 3.

케네스 데이비스, 2004, 『미국에 대해 알아야 할 모든 것, 미국사』, 책과함께.

황정수·김익환, 2024, "'새마을 운동 모자 아냐?'…CES 강타한 '핫템'의 정체," 한국경제신문 2024년 1월 11일자 기사.

Cynthia Brumfield, 2022, "'스마트팜이 위험하다' 도난 트랙터 원격 비활성화로 불거진 농업 보안 우려," IT World 2022년 5월 30일자 기사.

Martin Bayer, 2022, "'트랙터가 아니라 로봇' 정밀농업을 위한 농기계의 변심," IT World 2022년 11월 9일자 기사.

AGweekTV, 2023, "The high-tech stars of John Deere's Intelligent Solutions Group," AGweek Jan. 12, 2023.

AgroSpectrum, 2023, "John Deere invests R$180 Mn in Technology Development Center with a focus on Tropical agriculture," AgroSpectrum Dec. 5, 2023.

Akiko Fujita, 2024, "Deere aims for autonomous crop harvests by 2030: CES 2024," Yahoo! finance Jan. 13, 2024.

Alex Gray, 2022, "John Deere Ramps up Battery Production with Kreisel Electric,"

Successful Farming Sep. 23, 2022.

Angie Tran, 2022, "Home and Garden: The Businesses Thriving in a Time of Crisis," AdRoll Blog Sep. 16, 2022.

AP, 1990, "Deere Names Hans W. Becherer as Chairman and CEO," AP May. 31, 1990.

Aurée de Carbon, 2018, "PreCision Agriculture: New Technology Increasing Agricultural Productivity," Linked in May 28, 2018.

Autonomy & Robotics, 2021, "Deere Acquires Tech from AI Visioning Startup Light." PreCision Farming Dealer May. 20, 2022.

Bob Tita and Jacob Bunge, 2022, "Deere Invests Billions in Self-Driving Tractors, Smart Crop Sprayers: Equipment maker, rivals roll out software to boost yield, but some farmers voice concerns over their data," The Wall Street Journal Sep. 11, 2022.

ByJoe Deaux, 2022, "Caterpillar, Deere Join Firms Suspending Business in Russia," The Bloomberg Mar. 10, 2022.

Charlotte Hebebrand, Joseph Glauber, 2023, "The Russia-Ukraine war after a year: Impacts on fertilizer production, prices, and trade flows," World Bank IFPRI Blog: Issue Post.

Cision, 2015, "Deere announces agreement to acquire Monosem, Europe's market leader in preCision planters," Cision Nov. 2, 2015.

Cision 2019, "Deere & Company Board Elects John May as CEO and Board Member," Cision Aug. 29, 2019.

Cision 2022, "John Deere Acquires Majority Ownership in Kreisel Electric," Cision Feb. 8, 2022.

Cision 2023, "John Deere Debuts New Planting Technology & Electric Excavator During CES 2023 Keynote," Cision Jan. 5, 2023.

Dan Marcec 2018, "CEO Tenure Rates," Harvard Law School Forum on Corporate Governance.

DCVC, 2017, "John Deere acquires Blue River Technology for $305 million, bringing full stack AI to agriculture," DCVC Sep. 7, 2017.

Donnelle Eller, 2019, "Deere's new $33 million tech center in Urbandale will make farm machines smarter," Des Moines Register Aug. 23, 2019.

Donnelle Eller, 2014, "Waterloo cuts push Deere layoffs to 1,000," Des Moines Register Aug. 22, 2014.

Donny Jackson, 2024, "John Deere features automated cotton picking at CES 2024," Iot World Today Jan. 11, 2024.

Emily Beal, 2020, "John Deere acquires North Dakota-based Harvest Profit,"

AGWeek Dec. 28, 2020.

Farm Equipment, 2018, "Deere to Acquire Carbon Fiber Technology Manufacturer King Agro," Farm Equipment Mar. 2, 2018.

Farm Equipment, 2020, "John Deere Acquires Harvest Profit," Farm Equipment Nov. 12, 2020.

Farm Life Staff, 1981, "The Hart Parr Story," Gas Engine Magazine Jan. 1, 1981.

FitchRatings, 2023, "Fitch Upgrades Deere to 'A+'; Outlook Stable." FitchRtings Feb. 10, 2023.

Food and Agriculture Organization of the United States, 2022, 『Statistical Yearbook: World Food and Agriculture 2022』.

Food and Agriculture Organization of the United States, 2021, 『Statistical Yearbook: World Food and Agriculture 2021』.

Fred Lambert, 2016, "John Deere unveils latest all-electric tractor prototype for zero-emission agriculture," Electrek Dec. 5, 2016.

Grace Donnelly, 2022, "As John Deere digitizes, some experts worry about cyber risks," Tech Brew Sep. 20, 2022.

Future Farming, 2019, "John Deere connects to start-ups," Future Farming Feb. 1, 2019.

Harris Insights & Analytics LLC., 2023 『2023 Axios Harris Poll 100』.

Harvard Business School, 2022, 『Great American Business Leaders of the 20th Century: Hans W. Becherer, Deere & Company, 1989~2000』.

Heavy Equipment Guide, 2023, "John Deere donates $300,000 to the AED Foundation," Heavy Equipment Guide Dec. 5, 2023.

High Plains Journal, 2001, "Deere buys Richton International," High Plains Journal May. 31, 2001.

Hitesh Bhasin, 2024, "Top 24 John Deere Competitors & Alternatives in 2024," Nov. 29, 2024.

James Riswick, 2024, "We pilot John Deere's autonomous tractor 1,300 miles away in Texas-New autonomous tractor tech, now in beta testing, can be a game changer for farmers," Autoblog Jan. 10, 2024.

Jeremy Weber, 2016, "Business, Service, and Sensibility," Wheaton Magazine Vol. 19 Issue 3.

Jon Brodkin, 2023, "Colorado governor signs tractor right-to-repair law opposed by John Deere," ars Technica Apr. 27, 2023.

John Deere, 『John Deere Announces Strategic Partnership with SpaceX to Expand Rural Connectivity to Farmers through Satellite Communications』, Jan. 16,

2024.

John Deere, 「John Deere Construction & Forestry Makes $300,000 Donation to AED Foundation」, Dec. 4, 2023.

John Deere, 「John Deere Invests R$180 Million in Technology Development Center with a Focus on Tropical Agriculture」, Nov. 30, 2023.

John Deere, 「John Deere Foundation Celebrates 75th Anniversary」, Nov. 28, 2023.

John Deere, 「John Deere Makes $100,000 Donation Match Commitment to Construction Angels Nonprofit Organization」, Nov. 20, 2023.

John Deere, 「Deanna Kovar Named President, Worldwide Agriculture & Turf Division: Small Ag and Turf, Regions 1 and 2」, Nov. 20, 2023.

John Deere, 「John Deere Operations Center™ Named CES 2024 Innovation Awards Honoree in Sustainability, Eco-Design, and Smart-Energy」, Nov. 16, 2023.

John Deere, 「John Deere Foundation announces $19 million in grants aimed at eliminating global hunger」, Oct. 26, 2023.

John Deere, 「John Deere, Kreisel To Build Batteries and Chargers in Kernersville, North Carolina」, Aug. 14, 2023.

John Deere, 「Reborn, Not Rebuilt: The Story of John Deere Reman」, Aug. 13, 2023.

John Deere, 「John Deere acquires Smart Apply」, Jul. 14, 2023.

John Deere, 「John Deere Extends Partnership With First Tee Through 2026」, Jul. 6, 2023.

John Deere, 「John Deere Announces New Partnership With EGO」, Jun. 28, 2023.

John Deere, 「Green Start Academy 2023 Application Period Begins June 15th」, Jun. 15, 2023.

John Deere, 「John Deere Recognized as One of the 50 Most Community-Minded Companies in the United States in 2023」, May 24, 2023.

John Deere, 「Meet Two Students who Met Our Cyber Tractor Challenge」, May 24, 2023.

John Deere, 「John Deere Expands Options by Introducing New E-Drive and E-Power Machines at CONEXPO-CON/AGG 2023」, Feb. 28, 2023.

John Deere, 「John Deere Debuts New Planting Technology & Electric Excavator During CES 2023 Keynote」, Jan. 5, 2023.

John Deere, 「John Deere Reports Record Community Investments in 2022」, Jan. 5, 2023.

John Deere, 「Financial Conflicts of Interest Policy for US Department of Energy Grants」, Jan. 2023.

John Deere, 2023, "John Deere announces its 2023 Startup Collaborators," John Deere Press Release Jan. 9, 2023.

John Deere, 2023, "John Deere introduces Operations Center PRO for ag retailers," John Deere Press Release Jan. 18, 2023.

John Deere, 2023, "John Deere Offering HarvestLab 3000 Grain Sensing for Combines," CropLife Jan. 30, 2023.

John Deere, 2023, "John Deere earns three 2023 AE50 Awards for innovative product engineering from ASABE," John Deere Press Release Jan. 31, 2023.

John Deere, 2023, "John Deere Operations Center™ users can now import SmartApply- System sprayer data," John Deere Press Release Feb. 2, 2023.

John Deere, 2023, "Deere offers new displays, modems and receivers as aftermarket options," John Deere Press Release Mar. 2, 2023.

John Deere, 2023, "John Deere offers new See & Spray™ Premium performance upgrade kit for sprayers," John Deere Press Release Mar. 2, 2023.

John Deere, 2023, "John Deere offers new Electric Variable Transmission for select 8 Series Tractors, new JD14X engine for 9 Series," John Deere Press Release Mar. 3, 2023.

John Deere, 2023, "John Deere offers new See & Spray™ Premium performance upgrade kit for sprayers," John Deere Press Release Mar. 2, 2023.

John Deere, 2023, "John Deere Property Center™ now available for consumers," John Deere Press Release Apr. 21, 2023.

John Deere, 2023, "John Deere Establishes Allied Agreement With PCT Agcloud," CropLife Apr. 25, 2023.

John Deere, 「German Supply Chain Due Diligence Act」, Oct. 2022.

John Deere, 「Global Conflict Minerals Policy」.

John Deere, 「Global Environmental, Health, and Safety Policy」, Jun. 2022.

John Deere, 「John Deere Quality Policy」.

John Deere, 「Support of Human Rights in Our Business Practices」.

John Deere, 『The Plowshare: News for John Deere Collectors』, Issue #34.

John Deere, 2022, 『2022 Deere & Company At a Glance』.

John Deere, 2020, 『2020 Sustainability Report』.

John Deere, 2021, 『2021 Sustainability Report』.

John Deere, 2022, 『2022 Sustainability Report』.

John Deere, 2022, 『2022 Annual Report』.

John Deere, 2022, 『2022 John Deere Chairman's Letter』.

John Deere, 『Your Farm Runs on Data: Data is fuel for your operation』.

John Deere, 2019, "John Deere opens new Intelligent Solutions Group facility in Urbandale, Iowa," John Deere Press Release Aug. 20, 2019.

John Deere, 2020, "Focused on Unlocking Customer Value, Deere Announces New Operating Model," John Deere Press Release Jun. 17, 2020.

John Deere, 2020, "John Deere reaches agreement with Smart Guided Systems? to sell Smart-Apply? Intelligent Spray Control System™ for use in high value specialty crops," John Deere Press Release Dec. 17, 2020.

John Deere, 2021, "Deere adds new companies to its 2021 Startup Collaborator program," John Deere Press Release Jan. 27, 2021.

John Deere, 2021, "John Deere offers industry's first factory-installed, integrated tractor and planter solution," John Deere Press Release Mar. 2, 2021.

John Deere, 2022, "Deere adds seven companies to its 2022 Startup Collaborator program," John Deere Press Release Jan. 19, 2022.

John Deere, 2022, "New Herbicide Guss sprayer to be available at select John Deere dealer locations," John Deere Press Release Sep. 27, 2022.

John Deere, 2022, "John Deere Reveals Fully Autonomous Tractor at CES 2022," John Deere Press Release Jan. 4, 2022.

John Deere, 2022, "Deere launches See & Spray™ Ultimate: in-season targeted spray technology combined with a dual product solution system for corn, soybeans, and cotton," John Deere Press Release Mar. 3, 2022.

John Deere, 2022, "Kreisel Electric to expand battery production capacities to over 2 GWh," John Deere Press Release Sep. 21, 2022.

John Deere, 2003, 『Deere & Company Code of Ethics Compliant with SOX §406/ NYSE』, Dec. 3, 2003.

John Deere, 2016, 『Deere & Company Corporate Governance Policies』, Dec. 7, 2016.

Julia Paolillo, 2022, "John Deere: pioneering the ag-tech of the future," Havard Business School Digital Innovation and Transformation Apr. 19, 2022.

John Stone, 2023, "CES gives us a chance to talk technology first, and how it is a hand-in-glove fit with agriculture," CES, Jan. 5-8, 2023.

Kelvin Heppner, 2018, "Deere to buy Argentinian sprayer and planter manufacturer PLA," Realagriculture, Jul. 31, 2018.

Lee Klancher, 2017, 『The Farmall Dynasty』, Octane Press.

Lee Klancher, 2018, 『Tractor: The Heartland Innovation, Ground-Breaking

Machines, Midnight Schemes, Secret Garages, and Farmyard Geniuses that Mechanized Agriculture』, Octane Press.

Laurie Bedord, 2019, "John Deere Transforming From a Machinery Company to a Smart Technology Company," Successful Farming Nov. 10, 2019.

Laurie Bedord, 2016, "Deere Acquires Hagie Manufacturing," Successful Farming Mar. 29, 2016.

Lawn & Landscape, 2000, "Deere Acquires Regional Parts Distributor," Lawn & Landscape Mar. 2, 2000.

Lawn & Landscape, 2001, "John Deere Acquires McGinnis Farms, Extends Market Reach in Green Industry," Lawn & Landscape.

Machinefinder, 2014, "John Deere Foundation Agrees to Sell Former Collectors' Center to Moline," Machinefinder Jan. 13, 2014.

Mark Allinson, 2023, "Comau equips John Deere with wearable exoskeletons," Robotics & Automation Apr. 27, 2023.

Matt Hamblen, 2022, "John Deere shows fully autonomous tractor at CES 2022," Electronics Jan. 4, 2022.

Mike Lessiter and Al Myers, 2018, "A Candid Conversation with Al Myers, Founder of Ag Leader Technology," PreCision Farming Dealer Sep. 27, 2018

Mike Wiles, 2019, "Al Myers Paves a Path as PreCision Farming Pioneer," PreCision Ag Sales & Service, Manufacturer News Aug. 9, 2019.

MIT-BCG Report, 2021, 『The Hidden Cultural Benefits of AI』 MIT-BCG Report Nov. 2, 2021.

Molly Sweeney, 2022, "Deere Foundation Helps Feed the Hungry in Ukraine," WVIK, Quad Cities NPR May. 18, 2022.

Nathan Owens, 2023, "John Deere acquires preCision agtech startup Smart Apply," Agriculture Dive Jul. 18, 2023.

National Museum of American History, 『PreCision Farming』, Smithsonian.

Neil M. Clark, 2015, 『John Deere: He Gave to the World the Steel Plow』, Andesite Press.

Neil Dahlstrom, 2022, 『Tractor Wars: John Deere, Henry Ford, International Harvester, and the Birth of Modern Agriculture』, Matt Holt.

Neil Dahlstrom, 2021, "Did William Butterworth Oppose John Deere's First Tractor?" Neil Dahlstrom Author Landing Page Jan. 25, 2021.

Neil Dahlstrom and Jeremy Dahlstrom, 2005, 『The John Deere Story: A Biography of Plowmakers John and Charles Deere』, Northern Illinois University Press.

Noria Corporation, "Deere board elects Samuel Allen president and COO,"

Reliable Plant news wires, Noria Corporation.

No-Till Farmer, 2016, "Deere Acquires Majority Ownership of Hagie Manufacturing," No-Till Farmer Mar. 29, 2016.

Olexsandr Fylyppov and Tim Lister, 2022, "Russians plunder $5M farm vehicles from Ukraine-to find they've been remotely disabled," CNN May. 1, 2022.

Patrick Seitz, 2019, "Nothing Runs Like A Deere At CES; Farm Gear Giant Crashes Gadget Show," Investor's Business Daily Jan. 11, 2019.

Prachi Agarwal and Yohannes Ayele, 2022, 「Rising food protectionism: who pays the price?" World Bank Emerging Analysis June 2022.

Publications International Ltd., 2018, 『John Deere』.

Randy Leffingwell, 2020, 『The John Deere Century』, Crestline Books.

RER, 2007, "Deere & Co. Completes Acquisition of Lesco," Rental Equipment Register May. 11, 2007.

Reuters, 2023, "Russia-based Insight Group acquires Deere & Co leasing arm," Reuters Mar. 9, 2023.

Robert N. Pripps, 2018, "Who Was Charles Deere?" Farm Collector Jun. 6, 2018.

Ryan Roossinck of Tractor Zoom, 2022, "John Deere 4010: The Miracle From The Meat Market," Successful Farming Jun. 10, 2022.

Sam Francis, 2018, "Deere to acquire sprayer and planter manufacturer PLA," Robotics & Automation Aug. 4, 2018.

Sam Moore, 2012, "Farm Machinery Manufacturers and the Great American Bicycle Craze," Farm Collector Jun. 4, 2012.

Sam Ransbotham. et. al, 2021, 『The Cultural Benefits of Artificial Intelligence in the Enterprise』, MIT Sloan Management Review.

Sara Goodenberger, 2021, "John Deere's most successful product in the 1800s: The Sulky-Plow," Suiter|Swantz intellectual property Jun. 28, 2021.

Scott Francis, 2018, "John Deere to acquire carbon fiber manufacturer King Agro," Composites World Mar. 7, 2018.

Sebastian Blanco, 2019, "CES 2019: John Deere Highlights Tractors' Autonomy," Trucks Jan. 10, 2019.

Spencer Chase, 2016, "John Deere announces layoffs following earnings decline," Agri Pulse Aug. 23, 2016.

Steve Crowe, 2021, "John Deere acquires camera-based perception tech from Light," The Robot Report May. 19, 2022.

Steve Crowe, 2023, "John Deere acquires SparkAI's human-in-the-loop tech," The Robot Report Mar. 6, 2023.

Successful Farming Staff, 2021, "Deere Acquires Agrisync," Successful Farming Dec. 15, 2021.

The Associates Press, 2001, "Company News: Deere to Buy Distributor of Irrigation Equipment," The New York Times May. 31, 2001.

The Washington Post, 2012, "Washington Post Live: Samuel Allen," The Washington Post Jun. 14 2012.

Tony J. Vyn and Martin Parco, 2014, "Hohn Deere ExactEmerge™ Planter Demonstration," 2014 Interim Report December 2014.

Total Landscape Care, 2007, "John Deere enters merger with Lesco," Total Landscape Care Mar. 22 2007.

Tractors & Machinery, 2007, "Deere invests in Kreisel Electric," Tractors & Machinery Sep. 26 2022.

Wirtgen Group, 『The Wirtgen Group to join with Deere & Company』.

World Economic Group, 『The Global Risks Report 2023: 18th Edition』.


1907년 공황(https://ko.wikipedia.org/wiki/1907%EB%85%84_%EA%B3%B5%ED%99%A9).

2022년 세계 50대 건설기계 기업: 중국 10위, 세계 3위 XCMG(http://m.ko.goodloader.com/ info/top-50-global-construction-machinery-enterpris-71376872.html).

소비자 가전 전시회(https://ko.wikipedia.org/wiki/%EC%86%8C%EB%B9%84%EC%9E%90_%EA% B0%80%EC%A0%84_%EC%A0%84%EC%8B%9C%ED%9A%8C).

자율 주행(https://terms.naver.com/entry.naver?docId=6515253&cid=40942&categoryId=32358).

자율주행자동차(https://namu.wiki/w/%EC%9E%90%EC%9C%A8%EC%A3%BC%ED%96%89%20%EC%9E%90%EB%8F%99%EC%B0%A8).

환경 발자국(https://ko.dict.naver.com/#/entry/koko/8f0f2bd977bb49108e93be89cd366f72).

유튜브 동영상(CTA State of the Industry and John Deere Keynote).

유튜브 동영상(Leading the Tech Revolution to Feed & Build A Growing World | John Deere CES 2023 Keynote Address).

2021 John Deere strike(https://en.wikipedia.org/wiki/2021_John_Deere_strike).

Agricultural Adjustment Administration United States history(https://www.britannica.com/event /New-Deal).

AED Foundation(https://aedfoundation.org/).

A & I Products(https://www.aiproducts.com/index.html).

All-terrain vehicle(https://en.wikipedia.org/wiki/All-terrain_vehicle).

Allis-Chalmers(https://en.wikipedia.org/wiki/Allis-Chalmers).

Baby boomers(https://en.wikipedia.org/wiki/Baby_boomers).

Benjamin Holt(https://en.wikipedia.org/wiki/Benjamin_Holt).

Best Manufacturing Company(https://en.wikipedia.org/wiki/Best_Manufacturing_Company).

Better Homes and Gardens (magazine)(https://en.wikipedia.org/wiki/Better_Homes_and_Gardens_(magazine).

Blue River Technology(https://golden.com/wiki/Blue_River_Technology-DBER5JP).

Business Ethics(https://business-ethics.com/).

Case Corporation(https://en.wikipedia.org/wiki/Case_Corporation).

CES(https://namu.wiki/w/CES).

CES(https://www.ces.tech/).

CES Human Security for All(HS4A)(https://www.ces.tech/explore-ces/human-security-for-all-hs4a/).

Charles H. Deere(https://all-biographies.com/business/charles_h_deere.htm).

Charles Deere Wiman 1892-1955(https://www.earlyaviators.com/ewiman.htm).

Charles Walter Hart(https://en.wikipedia.org/wiki/Charles_Walter_Hart).

Charles Henry Parr(https://en.wikipedia.org/wiki/Charles_Henry_Parr).

C. L. Best(https://en.wikipedia.org/wiki/C._L._Best).

Complete John Deere History Timeline-1837 to Today(https://www.equipmentradar.com/blog/complete-john-deere-history-timeline-1837-to-today-R642753).

Crain's Chicago Business(https://en.wikipedia.org/wiki/Crain%27s_Chicago_Business).

Deere & Company-Company Profile, Information, Business Description, History, Background Information on Deere & Company(https://www.referenceforbusiness.com/history2/71/Deere-Company.html).

Deere & Company and Consolidated Subsidiaries(https://www.sec.gov/Archives/edgar/data/315189/000155837020014436/de-20201101ex2109968ca.htm).

Digital Millennium Copyright Act(https://en.wikipedia.org/wiki/Digital_

Millennium_Copyright_Act).

Ethisphere Institute(https://en.wikipedia.org/wiki/Ethisphere_Institute).

Exelon(https://en.wikipedia.org/wiki/Exelon).

Family Tree & Genealogy Tools for Charles Deere Wiman(https://www.wikitree.com/genealogy/Wiman-Family-Tree-7).

Farmall(https://en.wikipedia.org/wiki/Farmall).

Fordson(https://en.wikipedia.org/wiki/Fordson).

Gilded Age(https://en.wikipedia.org/wiki/Gilded_Age).

Great Compression(https://en.wikipedia.org/wiki/Great_Compression).

Great Depression(https://en.wikipedia.org/wiki/Great_Depression).

Hagie(https://www.hagie.com/).

Hagie(https://www.hagie.com/articles-stories/timeline/hagie-and-john-deere-partnership-evolves/).

Harvest profit(https://www.harvestprofit.com/).

Hans W. Becherer(https://en.wikipedia.org/wiki/Hans_W._Becherer).

Harold Fowler McCormick(https://en.wikipedia.org/wiki/Harold_Fowler_McCormick).

Heinrich Lanz AG(https://en.wikipedia.org/wiki/Heinrich_Lanz_AG).

Henry Ford(https://en.wikipedia.org/wiki/Henry_Ford).

Henry Ford Ⅱ (https://en.wikipedia.org/wiki/Henry_Ford_II).

Henry Ford Company(https://en.wikipedia.org/wiki/Henry_Ford_Company).

HGTV(https://en.wikipedia.org/wiki/HGTV).

History of golf(https://en.wikipedia.org/wiki/History_of_golf).

Home garden(https://en.wikipedia.org/wiki/Home_garden).

Home and Garden Companies(https://www.crunchbase.com/hub/home-and-garden- companies).

Homelite Corporation(https://en.wikipedia.org/wiki/Homelite_Corporation).

Homes & Gardens(https://en.wikipedia.org/wiki/Homes_%26_Gardens).

House & Garden (magazine)(https://en.wikipedia.org/wiki/House_%26_Garden_(magazine)).

International Harvester(https://en.wikipedia.org/wiki/International_Harvester).

John Deere(https://www.deere.com/en/index.html).

John Deere(https://en.wikipedia.org/wiki/John_Deere).

John Deere (inventor)(https://en.wikipedia.org/wiki/John_Deere_(inventor).

John Deere Classic(https://en.wikipedia.org/wiki/John_Deere_Classic).

John Deere Gator(https://en.wikipedia.org/wiki/John_Deere_Gator).

John Deere Pavilion(https://en.wikipedia.org/wiki/John_Deere_Pavilion).

John Froelich(https://en.wikipedia.org/wiki/John_Froelich).

Moline, Illinois(https://en.wikipedia.org/wiki/Moline,_Illinois).

Monosem(https://fr.wikipedia.org/wiki/Monosem).

Monosem(https://www.monosem.com/).

Oliver Farm Equipment Company(https://en.wikipedia.org/wiki/Oliver_Farm_Equipment_Company).

Quad Cities(https://en.wikipedia.org/wiki/Quad_Cities).

Renew Moline(https://www.renewmoline.com/).

Shareholder value(https://en.wikipedia.org/wiki/Shareholder_value).

StarFire(navigation system)(https://en.wikipedia.org/wiki/StarFire_(navigation_system).

Sunbelt Outdoor Products(https://www.sunbeltparts.com/index.html).

The Early Years of Ford Tractors (1907-1961)(https://www.motorcities.org/story-of-the-week/2017/the-early-years-of-ford-tractors-1907-1961).

Timberjack(https://en.wikipedia.org/wiki/Timberjack).

Waterloo Gasoline Engine Company(https://en.wikipedia.org/wiki/Waterloo_Gasoline_Engine_Company).

Wheel Horse(https://en.wikipedia.org/wiki/Wheel_Horse).

William Alexander Hewitt(https://en.wikipedia.org/wiki/William_Alexander_Hewitt).

William Alexander Alexander Hewitt(https://prabook.com/web/william_alexander.hewitt/511088).

William Butterworth(businessman)(https://en.wikipedia.org/wiki/William_Butterworth_(businessman).

William Dwight Wiman-1890-1914(https://www.butterworthcenter.com/william-dwight-wiman-1890-1914).

Wirtgen Group(https://en.wikipedia.org/wiki/Wirtgen_Group).

**존디어** 애그테크 1위 기업

**초판 1쇄 인쇄** 2025년 1월  6일
**초판 1쇄 발행** 2025년 1월 13일

**지은이** 김근영
**펴낸이** 안현주

**기획** 류재운 **편집** 안선영 김재열 **브랜드마케팅** 이민규 **영업** 안현영
**디자인** 표지 정태성 본문 장덕종

**펴낸 곳** 클라우드나인      **출판등록** 2013년 12월 12일(제2013-101호)
**주소** 우) 03993 서울시 마포구 월드컵북로 4길 82(동교동) 신흥빌딩 3층
**전화** 02-332-8939    **팩스** 02-6008-8938
**이메일** c9book@naver.com

**값** 20,000원
**ISBN** 979-11-94534-03-7 03320